"十四五"职业教育国家规划教材

浙江省普通高校"十三五"新形态教材

国际贸易系列教材

CROSS-BORDER
E-COMMERCE PRACTICE
（2ND）

# 跨境电商实务

## （第二版）

主　编 / 龚文龙　王宇佳

副主编 / 钱　倩　曹晶晶　姜申心　杨璐宁

何　璇　胡　璇　叶悦青　邱　勇

ZHEJIANG UNIVERSITY PRESS
浙江大学出版社
·杭州·

# 第二版前言

本教材自2019年出版后，受到了业界的广泛认可，并于2020年成功入选"'十三五'职业教育国家规划教材"。但跨境电商作为国际贸易的新业态，更新和变化较快，因此，我们融合多轮教学实践经验，在此基础上，结合跨境电商最新产业政策及行业发展成果，对之前版本加以调整和修订。

作为跨境电商相关专业的核心课程教材，本教材针对当前跨境电商的发展和职业教育的特点，以实践能力为根本，以实际应用为主线，以跨境电商平台实操为重点，努力达到使读者全面掌握跨境电商平台运营技能的目的。我们既是教材的编写者，也是教材的使用者。自本教材第一版出版之日起，我们便一直不断地对其进行检查和审视。为保证充分发挥培养高素质、高技能跨境电商人才的作用，在教材修订的过程中，我们力求在系统更新跨境电商新知识、新技能的同时，尽可能保证语言精练，内容契合实际，避免因教材内容影响教学。本次主要在以下几方面对教材进行了修订。

（1）融入党的二十大报告精神和课程思政元素。党的二十大报告提出，推进高水平对外开放，逐步扩大规则、规制、管理、标准等制度型开放，加快建设贸易强国，推动共建"一带一路"高质量发展，维护多元稳定的国际经济格局和经贸关系，对于做好新时期的对外开放工作具有重要的指导意义。本教材将以党的二十大报告所提出的高水平对外开放为指引，在内容中注重融入更新、更前沿的跨境电商理论与做法。在每个项目后增加"学以致用"板块，从国家政策、区域特色等宏观层面，行业发展、地市推进等中观层面，以及民营企业新模式探索、选品、个人创业等微观层面，选取了不同的案例、材料，并在解析中突出党的二十大精神的引领作用，通过思政元素的无缝切入，让学生深刻体会道路自信、理论自信、文化自信和制度自信。

（2）突出"双创"人才培养导向。在每个项目开头以二维码的形式嵌入"引导案例"，结合每一个项目的核心知识点，重点介绍了跨境电商的行业、产业政策，平台运营和操作实战等相关内容，以及个体的创业案例，指导学生创新创业实践。

（3）根据最新的行业政策和平台规则更新了相关知识点，为进一步增强教材的技能性和可读性，在每个项目中增加了5~6个技能提示，同时对相关操作视频也进行了更新。

（4）配套赠送模拟真实职场场景的实训手册。通过事件和有趣的情景将每一个项目需要掌握的技能和知识串联起来，结合引导式问答，促使学生主动投入实训，进而达到强化学生相关技能的目的。实训手册的内容基本涵盖了跨境电商的实际操作流程，是教材的有机补充，为学生较全面系统地巩固和掌握跨境电商操作技能提供了训练途径。

（5）全书改为双色排版，同时优化版面，突出重点内容，增加阅读和学习的趣味性。

在对本教材反复使用的过程中，我们不断发现教材中的不足，并进行改进和完善，力求使之更加符合职业教育人才培养目标的要求，使之更加具有可操作性和实用性，以方便教师教学和学生学习。本次修订得到了义乌市墨闻贸易有限公司、义乌市畅麦电子商务有限公司等企业的大力帮助，在此一并致谢。但由于修改时间有限，加之我国跨境电商行业发展日新月异，难免会存在错误和不妥之处，恳请各位专家、同行和广大读者批评指正。

编者

2022年12月

CONTENTS
目录

# 走近跨境电商

## 项目目标

### 知识目标

1. 理解跨境电商的概念。
2. 了解我国跨境电商现状及发展趋势。
3. 熟悉跨境电商主要模式。
4. 了解当前主流跨境电商平台。

### 能力目标

1. 能够区分进口跨境电商和出口跨境电商。
2. 能够区别跨境电商B2B、B2C和C2C。

### 素质目标

1. 培养学生良好的自学能力。
2. 培养学生良好的创新创业能力。

项目一
引导案例

## 项目背景

预计2022年，我国跨境电商市场规模将达到12.8万亿元，占整个外贸交易额的比重将超过40%。在传统外贸形势越来越严峻的情况下，跨境电商交易规模的高速增长让在义乌开办外贸公司的小张激动不已。当初小张选择来到义乌创办外贸公司，正是因为义乌作为全国首个县级国际贸易综合改革试点城市，在新型贸易方式、优化出口商品结构、推动产业转型升级等方面进行了积极探索并取得了有目共睹的成绩。如今，义乌更是成为中国（义乌）跨境电商综合试验区，并被正式纳入中国（浙江）自由贸易试验区，力争率先实现贸易发展方式的转变。在新时代中国特色社会主义思想的指引下，义乌的经济和社会生活取得了长足的发展，充分彰显了中国特色社会主义制度的优越性。想到这里，小张对自己当初的选择更加坚定了信心，面对跨境电商如此优越的政策环境和快速发展的势头，小张迫不及待地想开展跨境电商业务，但又不知从何着手。不要着急，下面先来了解一下跨境电商的基本知识。

## 任务一　跨境电商的概念与特征

### 一、跨境电商的概念

跨境电商全称为跨境电子商务（cross-border e-commerce），始于2005年。当时，以个人为主的买家借助互联网平台从境外购买自己所需的产品，通过第三方支付手段完成付款，卖家以快递的方式将产品送到客户手中。跨境电

跨境电商的概念与发展历程

商正是在这种"小额贸易"模式的基础上发展而来。直到今天，其含义越来越丰富，可以从狭义、广义层面上进行理解。

从狭义层面来看，跨境电商等同于跨境网络零售（cross-border online retailing），是指分属不同关境的交易主体，通过电子商务平台达成交易，进行支付结算，并通过跨境物流（主要是快件、小包等行邮的方式）将产品送达消费者手中的商业模式。根据海关的统计口径，狭义的跨境电商就是在网上进行的小包交易，主要的客户群基本上是个人客户，或者说是终端消费者［即通常我们所指的B2C（business to consumer，企业对消费者）或是C2C（consumer to consumer，消费者对消费者）模式］。随着跨境电商的快速发展，一部分碎片化、小额批发买卖的小B类商家也逐渐成为消费群体，模式表现为B2小B，但在实际操作中，很难将这类客户与C类个人客户进行严格的区分和界定，因此狭义层面的跨境电商也将其纳入其中。

从广义层面来看，跨境电商是电子商务在对外贸易中的应用，是指分属不同关境的交易主体，通过电子商务手段从事各种国际商业活动的行为。在该层面上，跨境电商基本等同于外贸电商。因此，广义的跨境电商，不但包含狭义层面的跨境网络零售，而且还包含了跨境电商的B2B（business to business，企业对企业）部分。

## 二、跨境电商的特征

跨境电商是基于网络发展起来的，是网络技术应用的全新发展方向，同时也是国际贸易和电子商务的融合，具有更大的复杂性。互联网所具有的全球性、无形性、匿名性、及时性等特点，也成为跨境电商的内在特征。跨境电商的出现不仅改变了企业的生产经营活动方式，也影响了整个社会的经济运行模式。跨境电商表现出以下几方面的特点。

### （一）全球性

网络是一个没有边界的媒介，具有全球性和非中心化的特征。依附于网络产生的跨境电商也因此具有全球性和非中心化的特性。与传统的交易方式相比，电商的一个重要特点在于它是一种无边界交易，丧失了传统交易所具有的地理因素。互联网用户不需要考虑跨越国界的问题就可以把产品尤其是高附加值产品和服务提交到市场上。网络的全球性特征带来的积极影响是信息的最大程度共享，消极影响是用户必须面临因文化、政治和法律的不同而产生的风险。任何人只要具备一定的技术手段，在任何时候、任何地方都可以让信息进入网络，与全世界的客户相互联系并进行交易。美国财政部在其财政报告中指出，对基于全球化的网络建立起来的电子商务活动进行课税是困难重重的。因为电子商务基于虚拟的电脑空间展开，丧失了传统交易方式下的地理因素；电子商务中的制造商容易隐匿其住所，而消费者对制造商的住所是漠不关心的。比如，一家很小的爱尔兰在线公司，凭借一个可供世界各地的消费者点击观看的网页，就可以通过互联网销售其产品和服务。很难界定这一交易究竟是在哪个国家（地区）发生的。

### （二）虚拟性

跨境电商将传统的商务流程进行了电子化和数字化，一方面以流量代替了实物流，减少了人力、物力的使用，从而降低了成本；另一方面则是突破了时间和空间的限制，使跨境交易在任何时间、任何地点都能进行，大大提高了交易的效率。互联网的出现，颠覆了传统的空间概念。目前，处于全球任何一个地方的个人或是公司，都可以通过互联网进行联系，通过建立虚拟社区、虚拟公司、虚拟商场等，实现信息共享、资源共享、智力共享等。

不管是企业还是个人，在进行跨境电商各项活动时，不需要有实体店，只需要在网络市场上进行交易即可。例如在亚马逊或是速卖通上的卖家，他们中的很大一部分都没有实体店或是零售网点，但通过该平台，产品可以销往世界各地。

### （三）零库存定制

各跨境电商企业在网络市场中并不需要将产品一一陈列出来，只需要借助互联网，展现给客户产品（服务）的图片、相关数据或是文字说明即可，给客户留下很大的选择空间。企业甚至可以在接到客户的订单后，再根据订单组织生产和配送等服务。在这种模式下，跨境电商企业就可以减轻库存压力，加速资金的周转，还可以最大限度地满足客户的个性化需求。

### （四）运营成本低

跨境电商能够使企业以较低的成本进入全球电子化市场，使得中小企业也有可能拥有和大企业一样的信息资源，从而提高中小企业的竞争力。和传统的贸易方式相比，跨境电商大大减少了中间环节，只需要8个步骤即可完成交易。传统贸易方式与跨境电商贸易方式流程比较如表1-1所示。

**表1-1　传统贸易方式与跨境电商贸易方式流程比较**

| 流程 | 传统贸易方式 | 跨境电商贸易方式 |
|:---:|:---:|:---:|
| 1 | 买方准备一份请购单 | 买方准备一份请购单 |
| 2 | 卖方收到请购单并回复 | 卖方收到请购单并回复 |
| 3 | 获得批准或授权 | 获得批准或授权 |
| 4 | 输入请购单数据 | 输入请购单数据 |
| 5 | 打印采购单 | — |
| 6 | 邮寄采购单给买方 | — |
| 7 | 卖方接受采购订单 | — |
| 8 | 买方确认所采购货物清单 | — |
| 9 | 卖方确认订单 | — |
| 10 | 进行订货记录 | — |
| 11 | 卖方打印装箱单或订单 | — |
| 12 | 卖方装运货物给买方 | 卖方装运货物给买方 |
| 13 | 卖方报关及报验 | 卖方报关及报验 |
| 14 | 卖方缮制发票记应收账款 | — |

续表

| 流程 | 传统贸易方式 | 跨境电商贸易方式 |
|---|---|---|
| 15 | 卖方将发票寄给买方 | — |
| 16 | 买方收到货物 | 买方收到货物 |
| 17 | 买方收到发票 | — |
| 18 | 买方登记所收货物存货科目 | 登记所收货物存货科目 |
| 19 | 买方将发票输入应付款系统 | — |
| 20 | 买方缮制支票 | — |
| 21 | 买方将支票寄给卖方 | — |
| 22 | 卖方收到支票 | — |
| 23 | 卖方登记应收款账户冲账 | — |

跨境电商生产者和客户的直接交易成为可能。具体而言，跨境电商运营成本低主要体现在以下几点。

1. 降低销售成本

一般而言，传统企业在经营过程中的费用包括店面租金、装潢费用、水电费、增值税及人事管理费用等项目，跨境电商在网络市场的销售成本则主要包括Web站点建设成本、硬件和软件费用、网络使用费和维持费用等。将两者进行比较，可以发现网络销售方式的成本要比实体企业低得多。

※ 技能提示1-1

### 思科（Cisco）的在线销售

Cisco在这方面是一个典型的成功案例。Cisco在其网站上建立了一套专用的在线订货系统，销售商与客户能够通过此系统直接向Cisco公司订货。该系统的优点是不仅能提高订货的准确率，而且还缩短了出货时间，降低了销售成本。据统计，在线销售的成功使Cisco每年在内部管理上能够节省数亿美元的费用。

2. 全天候经营

在跨境电商交易中，企业或个人可以通过互联网实现7×24（一周7天，每天24小时）的经营模式，并且不需要增加额外的经营成本。原因在于客户可以进行自主咨询、下单和采购，人工干预较少，一般只需要数量不多的客服人员，借助计算机自动完成即可。

3. 无空间限制

互联网的发展使得地球村越来越小，跨境电商消除了与不同国家、地区客户进行交易的时间与地域限制，也吸引越来越多的企业和个人参与到跨境电商交易中。同时，跨境电商又提供了丰富的信息资源，为交易提供更多的可能性。例如，浙江省海宁市皮革服装城利用互联网，将男女皮大衣、皮夹克等17种产品的样式和价格信息输入线上平台，不到2小时，就分别收到了英国威斯菲尔德有限公司等10家境外客户发来的电子邮件和传真，表明了订货意向。仅仅用了半年的时间，服装城通过跨境电商交易就吸引了美国、意大利、日本、丹麦等30多个国家和地区的5600多个客户。

### 4. 扁平化渠道

在跨境电商交易中，中间商的作用被大大削弱，取而代之的是网络直销。因此，网络市场的渠道逐渐缩短，趋于扁平化。跨境电商企业或是个人可以借助第三方平台或是自己建立的网站，直接向境外客户销售。通过这种方式，卖家可以获取并掌握客户的第一手资料，经过分析挖掘，及时了解客户的需求，并据此有针对性地提供相应的产品和服务，以满足不同国家和地区不同客户的需求。

### （五）销售机会增加

互联网的全球性给跨境电商带来更多的机遇。借助第三方平台或是自己的网站，可以接触到不同国家、不同地区的客户，而不仅仅只是局限在境内。当潜在客户的数量大量增加后，将其变为客户的可能性也将大大提高，销售机会也将增加。

同时，互联网也具有互动性。通过互联网，卖方和买方可以直接进行交流、谈判，在这一过程中，就可以快速与客户建立关系，收集相关的资料，形成客户数据库，进而就可以进行有针对性的销售，激发客户潜在的购买欲望。此外，客户也可以直接将自己的意见或建议反馈在相应的网站上，而商家则可以根据客户的反馈情况进行处理改进，形成良好的互动，为后续的销售打好基础。

---

### ※ 技能提示1-2

#### 亚马逊书店是如何增加销量的？

网上虚拟书店亚马逊（http://www.amazon.com）使购物变得便捷和具有享受性。其精密的网上查找工具可以帮助境内外的消费者在大量的图书中迅速找到自己所需的图书，网站提供的详细的书评、简介，以及低廉的价格，可以促使客户在短时间内做出购买决定，许多访客最后都成了亚马逊的客户。同时，亚马逊简便的购书方式与迅捷的付款过程进一步锁定了客户——亚马逊书店58%的订单都来自回头客。

---

### （六）跨境电商平台成为卖家网络贸易的主要场所

跨境电商平台在商家的运营和发展过程中起着非常重要的作用，是其开展跨境交易、客户管理的窗口，全球速卖通（AliExpress，以下简称速卖通）、亚马逊（Amazon）、eBay（亿贝）、Wish等都是目前较为热门和成熟的平台。除了自己建立跨境电商网站，现在大多数商家都选择在第三方平台上开展交易。平台围绕客户需求这一中心，充分考虑到客户在网上交易时遇到的各种困难及需要的帮助和技术支持，开展网上自助服务。同时，平台也可以为客户提供专有在线购物体验，如定制广告、开展促销活动等。

概括而言，跨境电商平台的出现，不管是对商家还是对客户而言，都是极其有利的。一方面，它可以提供庞大的信息，双方可以在海量的信息中搜寻自己的目标对象；另一方面，对交易双方来说提高了沟通的效率，进而也提高了客户的接受度。

# 任务二　跨境电商的现状与发展趋势

## 一、我国跨境电商发展现状

目前我国跨境电商行业的发展现状呈现出4个特征。

### （一）跨境电商交易规模持续扩大，实现逆势增长

当前世界贸易增速趋于收敛，为开拓市场、提高效益，越来越多的商家开始着力于减少流通环节、降低流通成本、拉近与境外消费者距离，而跨境电商正为此提供有利的渠道。尽管全球贸易增速放缓，中国跨境电商增速也

有所下降，但是跨境电商增速仍大幅高于传统进出口贸易增速。中国进出口贸易中的跨境电商渗透率持续提升。2013年，中国跨境电商交易规模达3.1万亿元，同比增长超过31%，渗透率为12.2%，到2019年跨境电商交易规模已达到10.5万亿元，渗透率超过33%，如图1-1所示。最新统计数据显示，2021年，中国跨境电商市场交易额达14.2万亿元，比2013年增长超3.5倍，占中国进出口总值的36%以上。

图1-1　2013—2019年中国进出口总值及同比增长率与跨境电商行业渗透率

### （二）在进出口比例上，我国跨境电商出口额远超进口额

中国跨境电商以出口为主。网经社（http://www.100ec.cn）监测数据显示，2019年，中国跨境电商中出口交易规模达到8.03万亿元，占跨境电商交易总额的76.5%，跨境电商中进口交易规模占比23.5%，出口远超进口，如图1-2所示。造成该现象的原因主要有两点，一方面是由于中国跨境电商进口处于起步阶段，远不如出口成熟；另一方面在于大量海外代购数据由于海关监管的难度使得统计数据不完整。短期内，这种格局将持续。

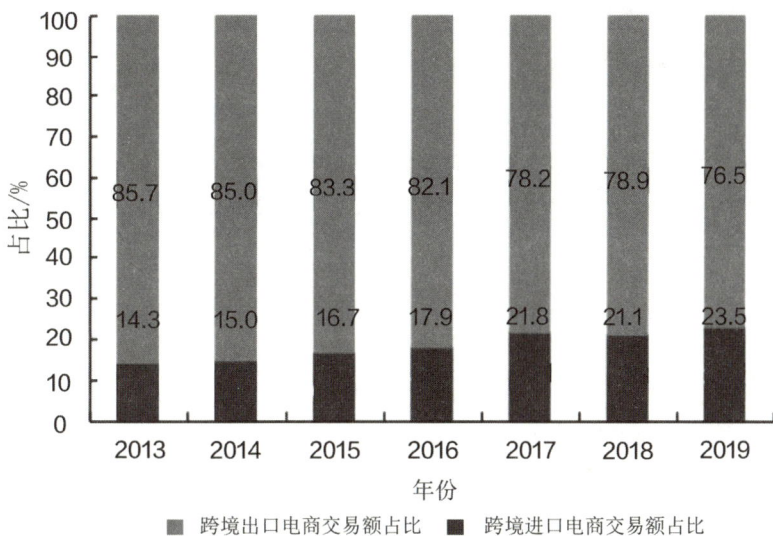

图1-2　2013—2019年中国跨境电商出口及进口交易额占比

### （三）以业务模式来看，跨境电商以B2B业务为主，B2C跨境模式逐渐兴起

按业务模式分，中国跨境电商目前以B2B为主。网经社的数据显示，2015年，跨境电商B2B交易额占跨境电商交易总额的84.3%，跨境电商B2C交易额仅占15.7%。到2016年，这一比例继续提高，跨境电商B2B交易额占比达88.7%，占据绝对优势，跨境电商B2C交易额占比11.3%，但B2C交易增长后劲较强。2021年，跨境电商B2C交易额占比超过30%。

### （四）政策红利持续释放，催生行业大发展

随着跨境电子商务的蓬勃发展，国家持续发布有关跨境电商的利好政策。目前，国家一方面通过推出系列政策，从信息、支付、清算、物流、保税等多方面支持、监督跨境电商行业，推动跨境电商行业的发展和逐渐规范。另一方面，自2012年开始，国家通过"综试区+试点城市"两种模式，继续以政策红利带动行业踏上新征程。国务院在2015年3月7日批复设立首个跨境电子商务综合试验区中国（杭州）后，又分别于2016年1月6日设立12个、2018年7月24日设立22个、2019年12月15日设立24个、2020年4月27日设立46个跨境电商综合试验区，并于2021年7月建立中国跨境电子商务综合试验区考核评估与退出机制，组织开展综试区的首次考核评估，促进优胜劣汰。我国跨境电商行业发展的相关政策已基本确立。

---

※ **技能提示1-3**

#### 海关监管代码9610和1210分别指什么？

9610指的是跨境电商的海关监管代码，全称为跨境贸易电子商务，简称为电子商务，适用于境内个人或电子商务企业通过电子商务交易平台实现交易。9610俗称集货模式，一般是指把网络平台上完成的订单集中在一起发到境内，再按照单个订单逐个清关，查验放行后转境内快递。

1210全称为保税跨境贸易电子商务，简称为保税电商。这种监管方式适用于境内

个人或电子商务企业在经海关认可的电子商务平台实现跨境交易，并通过海关特殊监管区域或保税监管场所进出的电子商务零售进出境商品［海关特殊监管区域、保税监管场所与境内区外（场所外）之间通过电子商务平台交易的零售进出口商品不适用该监管方式］。1210俗称备货模式，即网络平台可以将未销售的货物整批发至境内保税物流中心，再进行网上零售，按照订单进行清关，查验放行后转境内快递。

## 二、我国跨境电商发展趋势

对于我国跨境电商未来的发展趋势，我们分别从出口和进口两方面来进行阐述。

### （一）出口跨境电商未来发展趋势

出口跨境电商未来的发展趋势表现为以下4个方面。

1. 产品品类和销售市场呈现多元化趋势，新兴市场崛起

在跨境电商交易过程中，产品品类经历了由少到多，由简单到复杂的过程——从最初非常单一的产品，到服装服饰、计算机及配件、珠宝、化妆品和消费类电子产品等便捷运输产品，再到家居、汽车等对物流要求较高的产品。随着多样化跨境物流解决方案的不断出现，产品品类将得以不断拓展。

因此，销售市场的多元化发展将成为未来跨境电商的发展趋势。欧美主流市场依旧是行业的主力，但新兴市场的发展速度远远高于欧美市场。在保证欧美等成熟销售市场持续增长的情况下，新兴的市场将成为跨境电商新的方向和目标。诸如巴西、东南亚地区的市场，由于其自身产业结构不合理，尤其是消费品行业欠发达，积累了大量的消费需求，而线下销售渠道不够成熟，本土市场规模较小而难以满足消费者日益增长的消费需要。同时，这些地区互联网基础好，人口众多，优势非常明显。跨境电商交易便利化程度的进一步提高让这些市场的跨境消费需求一触即发，迅速增长。这对中国的跨境电商产业而言，可以说是一次巨大的机会。同时，其他一些新兴市场也有较大发展潜力，具体的表现及趋势如下：印度市场比较封闭，但拥有十几亿的人口，未来市场容量非常巨大；俄罗斯市场轻工业品缺乏，速卖通布局较早；非洲和南美，因为基础设施落后，发展相对慢些；而随着"一带一路"倡议的持续推进，巴基斯坦、土耳其等国家也逐渐显示出其发展空间。

2. 卖家两极分化

目前中国跨境电商行业呈现两极分化的马太效应。一方面，强者愈强。该现象在未来还将持续一段时间，许多跨境电商企业业绩增长显著，甚至超过了兰亭集势等著名电商平台。这在很多人看来是不可思议的。另一方面，中小卖家的发展却不尽如人意。无论是销售额还是利润，都远远不及往年。

速卖通的快速扩张及转型，对跨境电商行业影响很大，对中小卖家的影响更大。大卖家对跨境电商有更加深刻的理解，在人员规模、产品类目、资金等方面都具有优势，能够有效地利用各种电商营销工具，采用多种电商营销方案，在供应链和团队管理上能够更加精细和

高效，因而高歌猛进，充分享受跨境电商发展所带来的红利。而小卖家由于人数少、管理无法精细化，产品少、难以批量采购，资金少、抗风险能力差等现实原因，生存比较困难，在竞争中处于劣势。

**3. 品牌争夺战激烈，中国品牌发力**

2015年是中国跨境电商品牌元年，不仅各大电商平台开始盯上有限的品牌资源，中小电商也在激烈的价格战中意识到品牌的重要性。各大跨境电商平台纷纷将目光锁定品牌商，先前敦煌网提倡OBM（own branding & manufacturing，自有品牌生产），寻找全球梦想合伙人，目的就在于鼓励跨境创牌，而如今速卖通平台出台的新规更是体现了这一点。

整个跨境电商行业都意识到了品牌的重要性，未来各项资源在品牌上的倾斜力度将更大，竞争的焦点也将逐渐集中在品牌争夺上。未来，要想在这个行业有所作为，中国跨境电商企业需要提升自主品牌开发和设计的能力，由"中国制造"向"中国创造"转型。

**4. 出口跨境电商的产业链将更加完善**

中国出口跨境电商从传统的链状模式向基于平台的生态系统模式发展，支持跨境交易的跨境金融、跨境物流、外贸综合服务、衍生服务（代运营、搜索关键词优化、人员培训咨询等）、大数据和云计算等环节，构成跨境电商生态系统，生态系统内的各方均得益于整个生态圈，并为之服务。

**（二）进口跨境电商未来发展趋势**

进口跨境电商未来的发展趋势表现为以下4个方面。

**1. 市场进一步扩大，平台间竞争加剧**

2016年中国进口跨境电商零售业务发展迅速，但相对于境内电商渗透情况，海淘用户规模有待进一步提升，手机海淘应用打开频率、使用时长及购买频率均有进一步提升空间。此外，手机移动端在中国进口跨境电商用户设备选择中占比或将进一步扩大。

未来，平台间竞争将进一步加剧，头部地位争夺激烈，优势平台地位将逐渐确立。在垂直领域，自母婴领域后，面向男性、成熟女性等群体的进口跨境电商平台在未来或将进一步扩展。

**2. 政策红利消失，监管进一步规范化**

2015年，中国跨境电商零售进口负税时代终结，之后进入了为期两年半的跨境电商零售进口过渡期。国家于2018年颁布了多项跨境电商新政，有力地促进了跨境电商行业规范有序的发展。

很明显，中国跨境电商政策红利逐步消失，未来相关部门在税收、清关、支付等方面将进一步走向规范化。中国进口跨境电商平台需提升用户体验，创新盈利模式，增强政策适应能力及自身抗风险能力。

**3. 丰富品类，推动正品保障**

艾媒咨询分析师认为，目前跨境电商平台产品类别多集中于美妆护肤、服饰箱包等品类，且以境内外爆款为主要销售对象，用户选择面较为狭窄。进一步丰富产品类别，为消费者提供多样化可供选择的产品，将更好满足消费者需求，提升用户黏性和购买率。

此外，消费者对于正品保障要求强烈，应严格采购流程，确保货源正宗，采用多种方式降低消费者疑虑，这对于提升消费者满意度具有重要作用。

### 4.增强物流水平，提升用户体验

随着我国进口跨境电商政策发展，保税进口模式出现并进一步完善。但现有物流模式仍有待进一步优化。加强境内保税仓建设，提升境内物流水平，为用户提供更为快捷的物流服务及更为方便的物流追踪服务，是提升消费者满意度的重要方式。境外发货模式除物流耗时较长外，难以进行物流追踪也是海淘用户的痛点，有待各跨境电商平台进一步提升物流能力，优化物流信息沟通渠道。

## 三、全球主要跨境电商市场

### （一）北美市场——最受欢迎

北美（Northern America）市场通常指的是美国、加拿大和格陵兰岛等地区，是世界上经济最发达的地区之一，其人均GDP超过了欧洲，也是世界15个大区之一。2020年，北美地区约占全球电子商务销售额的19.1%，位居世界第二。

北美市场是中国跨境电商出口的主要市场，其中美国是世界上最大的电子商务市场之一，在线买家数量众多，在线消费能力极强，市场容量非常大。2020年，美国消费者在线购买零售商品交易额达7950亿元。美国人不但极少储蓄，而且很多人都会办理几张信用卡进行超前消费，因此也使得美国成为全球最人的消费品市场。出于历史的原因，美国存在着大量的移民，他们来自不同的国家和地区，拥有不同的文化习俗，所以他们对市场上的产品拥有很强的接受度，非常愿意尝试和购买新产品。只要产品的质量和品质不错，他们便会产生对品牌的忠诚度，产生重复购买行为。美国跨境电商的最大节日都集中在下半年，比如圣诞节、"网购星期一"、"黑色星期五"等，这些节日是美国跨境电商平台的销售旺季，加在一起能够占到全年销售额的1/3以上。

■ 全球主要跨境电商市场介绍

目前，北美仍是全球消费者跨境电商产品重要的输出地区，也是跨境电商产品重要的输入地区。总之，未来几年，北美市场仍是跨境电商进出口企业的必争之地。

### （二）欧洲市场——最为资深

欧洲电商市场在全球电商市场中起到了举足轻重的作用。根据欧洲电商协会的统计数据，2021年，欧洲电商交易额达到7180亿欧元，比2020年增长13%，欧洲电商市场一直保持较快增长趋势。

欧洲市场之所以有这样的表现，一方面在于欧洲拥有成熟的西部、北部市场，以及增长迅速的南部市场和新兴的东部市场，增长空间巨大；另一方面，早在2012年，欧洲8.20亿居民中就有5.30亿为互联网用户，2.59亿为在线购物用户，电子商务为欧洲贡献了大约5%的GDP。随着时间的推移，这个数值还在不断攀升。不论是在成熟的还是新兴的欧洲市场里，移动设备渗透率已达到100%，这意味着每个人拥有一部以上的手机。平均来说，5.5%的电子商务交易是通过移动设备进行的，这一数字在将来还会大幅提高。按照16~74岁的人口统计，2019年，欧盟平均有60%的人口进行线上购物。英国电商渗透率最高，网购比例较高的是斯堪的纳维亚地区，以及英国、德国、法国等发达国家，这一比例均在70%以上，而在南欧地区，如希腊、葡萄牙、意大利等国，仅有约1/3的消费者会选择线上购物，如图1-3所示。

图1-3 2019年欧洲各国（含欧盟）线上购物人数（16~74岁）

### （三）亚太市场——增速最快

亚太地区是全球增速最快的跨境电商市场，也是全球最大的电商零售市场。全球知名市场研究机构eMarketer报告，2020年，亚太地区的电商零售额达到27250亿美元。综合来看，日本和韩国电商成熟度较高，有80%的人活跃在网上，大部分人都会网购。日本是亚洲第二大电子商务市场，18%的日本网购者都会海淘。日本互联网普及率为93%，网购人数达到了75%，已成为继中国和美国后的世界第三大电子商务市场。2021年，日本电商销售总额为1120亿美元，具有广阔的发展前景。2021年，韩国电商交易额达1260亿美元。韩国是全球平均网速最快、网络文化程度最高的国家之一。从网络用户规模来看，中国和印度庞大的人口基数使得其在亚太地区拥有别的地区无法比拟的优势。据统计，截至2021年6月底，中国网民数量达10.11亿人，中国互联网普及率达71.6%，手机网民占99.6%，网购十分活跃。截至2021年年底，印度网民总数达到8.29亿人，电商销售额达667.6亿美元，增长率高达26%。马来西亚也是未来电子商务发展的"潜力股"，超过半数的人口都上网，并且银行客户比例很高。

亚太地区将以其庞大的市场规模和强劲的增长潜力成为全球最重要的区域市场，且其B2C电商交易额占比持续增加，其中，东亚地区（以中、日、韩为主）是整个亚太地区跨境电商发展的核心，其交易额占亚太地区跨境电商交易总额的86%和全球跨境电商交易总额的39%，余下部分则由东南亚区域贡献。

### （四）俄罗斯、南美市场——最具活力

俄罗斯市场和中国市场是一个高度互补的市场。俄罗斯国内的重工业和轻工业比例严重失衡，对日常消费品的进口需求很大，其中包括服装、鞋子、电子产品、配饰等。截至2021

年，俄罗斯约有1.3亿的人口，市场容量和规模很大。多项数据显示，2021年，俄罗斯电商市场规模达394亿美元，较上一年增长52%。近几年俄罗斯跨境电商市场发展迅猛，中国作为其主要交易国，占据了一半以上的市场。

俄罗斯跨境电商的快速发展得益于互联网的普及与广泛的使用。从2010年开始，俄罗斯便加大基础设施建设，普及互联网。俄罗斯的互联网普及率从2010年的37.1%发展到2020年的85%，提高了一倍多。

此外，南美人并不热衷于储蓄保值，更热衷于分期购物和消费。随着互联网普及率日益提高及社交媒体的广泛使用，南美人口红利带来的潜在消费群体在不断增长。巴西的移动电话普及率非常高，截至2021年，巴西智能手机用户超过1.3亿，智能手机的普及率超过了65%，且这个比例还有相当大的上升空间。

### （五）其他市场

除了上述几大跨境电商市场外，中东市场和非洲市场的表现也比较出色，引起了大众的普遍关注。

中东的人口基数庞大，市场广阔，消费者的平均年龄较小。同时，由于互联网的高普及率，中东的跨境网购行为较为频繁，尤其是当地的产油国，物资缺乏但很富裕，也促成了人们对于网购的热情。例如，以色列和沙特阿拉伯两个国家在中国的兰亭集势、敦煌网和速卖通上都有较好的流量表现。

非洲人口众多。南非和尼日利亚网络零售的发展速度在非洲居于领先位置，它们都被视为非洲重要的新兴市场，当地越来越多的居民都参与到了跨境购物的群体当中，未来值得期待。

# 任务三　跨境电商模式及主流平台

## 一、跨境电商主要模式

跨境电商可以根据不同的分类维度，划分为不同的类别。

### （一）根据产品流向可以划分为进口跨境电商和出口跨境电商

#### 1. 进口跨境电商

进口跨境电商的传统模式是海淘，即境内消费者直接到境外B2C网站上购买产品，然后通过转运或直邮等方式邮寄回境内。除了直邮品类外，中国消费者只能借助转运物流的方式完成收货。

随着跨境电商的发展，进口跨境电商模式有了新的发展，直购进口模式和保税进口模式构成了进口跨境电商业务试点的两大阵营，并保持了良好的发展态势。

■ 跨境
电商模式

（1）直购进口模式

直购进口模式是指消费者在购物网站上确定交易后，产品以邮件、快件方式运输入境的跨境贸易电子商务产品通关模式。也就是说，产品在境外就已经被分装打包，然后以个人物品的形式通关，被送到境内各消费者的手中，如图1-4所示。

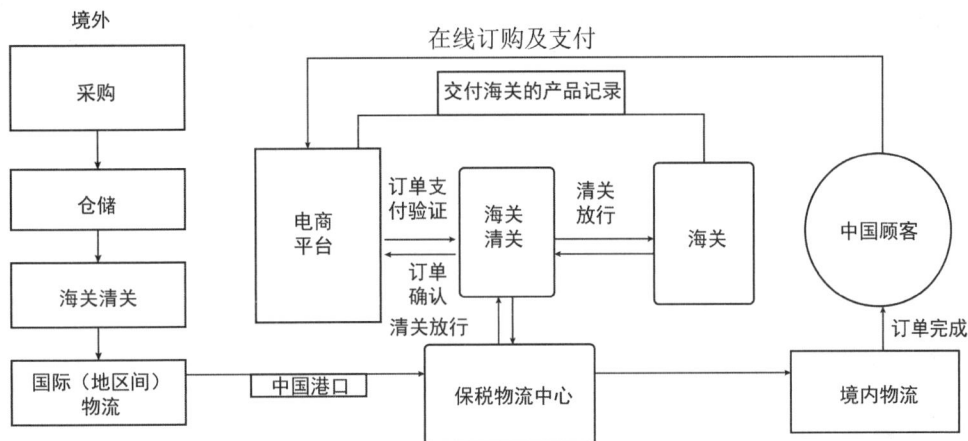

图1-4 直购进口模式

（2）保税进口模式

保税进口模式则是指境外产品整批抵达境内海关监管场所——保税区（保税仓），消费者下单后，产品从保税区直接发出，在海关等监管部门的监管下实现快速通关，几天内可配送到消费者手中，如图1-5所示。

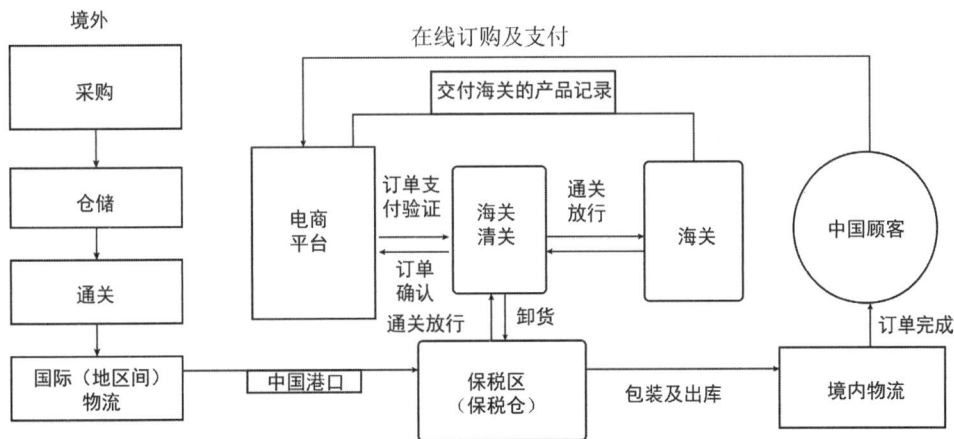

图1-5 保税进口模式

2. 出口跨境电商

对于出口跨境电商，目前还没有一个明确的概念。比较流行的一种说法是出口跨境电商是指境内电子商务企业通过电子商务平台达成出口交易、进行支付结算，并通过跨境物流送达产品、完成交易的一种国际（地区间）商业活动。

## （二）根据对象可以划分为跨境B2B、B2C和C2C

### 1. 跨境B2B

跨境B2B，即企业对企业，是指分属不同关境的企业，通过电商平台达成交易、进行支付结算，并通过跨境物流送达产品、完成交易的一种国际（地区间）商业活动。目前，中国B2B跨境电商市场交易额占整个跨境电商交，企业级市场始终占据主导地位。

延伸阅读：
跨境电商B2B平台

### 2. 跨境B2C

跨境B2C，即企业对消费者，是指分属不同关境的企业直接面向消费者个人开展在线销售产品和服务，通过电商平台达成交易、进行支付结算，并通过跨境物流送达产品、完成交易的一种国际（地区间）商业活动。跨境B2C所面对的客户是个人消费者，以网上零售的方式为主，销售产品一般以个人消费品居多。

### 3. 跨境C2C

跨境C2C，即消费者对消费者，主要是指通过第三方交易平台实现的个人对个人的电子交易活动。具体而言，跨境C2C是指分属不同关境的个人卖方对个人买方开展在线销售产品和服务，由个人卖家通过第三方电商平台发布产品和服务信息，个人买方进行筛选，最终通过电商平台达成交易，进行支付结算，并通过跨境物流送达产品、完成交易的一种国际商业活动。在这种模式中，买方和卖方都为个人。

延伸阅读：
跨境电商C2C平台

---

### ※ 技能提示1-4

#### 跨境电商中的B、C、M、A、G、O……分别代表什么？

这些是指交易对象的类型，B是指企业（business），C是指消费者（consumer）或者客户（customer），作为最传统的交易对象，组合成了B2B（business to business,企业对企业）、B2C（business to consumer,企业对消费者）、C2C（consumer to consumer,消费者对消费者）3种模式。

M在有的情况下指经理人（manager），但是在跨境电商领域一般指生产商或工厂（manufacturer），C2M（consumer to manufacturer）模式即消费者对工厂模式。

A是指代理人（agent），ABC（agent, business, consumer）模式是指代理人、企业、消费者共同搭建的生产、经营、消费于一体的电子商务模式。

G是指政府（government），B2G模式即企业对政府管理部门的电子商务，在跨境电商中包括政府采购、海关保税平台等。

O是指线上（online）或线下（offline），目前跨境电商应用的主要是O2O（offline to online，线下到线上）模式，如在商场体验实物产品后，在线上下单，从保税区发货。

## （三）根据服务类型划分为在线交易平台和信息服务平台企业

在线交易平台不仅提供企业、产品、服务等多方面信息展示，并且可以通过平台在线上完成搜索、咨询、对比、下单、支付、物流、评价等全购物链环节。在线交易平台模式正在逐渐成为跨境电商中的主流模式。

信息服务平台主要是为境内外会员商户提供网络营销的平台，传递供应商或采购商等商家的产品或服务信息，促成双方完成交易。

### （四）根据销售经营模式划分为纯平台、自营+平台和自营平台企业

纯平台企业仅提供平台，不涉及采购和配送等；自营+平台企业一方面自营部分产品赚取差价，另一方面作为平台提供者收取佣金；自营平台企业则是自营型电商，通过在线上搭建平台，平台方整合供应商资源，通过较低的进价采购产品，然后以较高的价格出售，盈利模式主要是赚取产品差价。

## 二、跨境电商主流B2C平台介绍

目前跨境电商平台可以分为B2B、B2C和C2C这3类，本书主要为高职高专学生使用，综合考虑3类平台的特点和适用性，这里主要介绍B2C平台，后续内容也将以B2C平台为主。当前，B2C平台的典型代表有阿里巴巴全球速卖通、亚马逊、Wish等。

1. 速卖通（https://www.aliexpress.com）

速卖通正式上线于2010年4月，是阿里巴巴旗下唯一面向全球市场打造的在线交易平台，被广大卖家称为"国际版淘宝"。速卖通面向境外买家，通过支付宝国际账户（Escrow）进行担保交易，并使用国际快递发货，是全球第三大英文在线购物网站。

速卖通是阿里巴巴帮助中小企业接触终端批发零售商，小批量多批次快速销售，拓展利润空间而全力打造的融合订单、支付、物流于一体的外贸在线交易平台。2015年12月7日，速卖通对外宣布，全面从跨境C2C平台转型为跨境B2C平台，提高商家入驻门槛，帮助中国优质中小企业开拓全球市场。

2. 亚马逊（https://www.amazon.com）

亚马逊是美国最大的一家网络电子商务公司，位于华盛顿州的西雅图，是网上最早开始经营电子商务的公司之一。亚马逊成立于1995年，一开始只经营网络的书籍销售业务，现在则扩大到了范围相当广的其他产品，已成为全球产品品种最多的网上零售商和全球第二大互联网企业，旗下还包括Alexa Internet、a9、lab126和互联网电影数据库（Internet Movie Database，IMDB）等子公司。

亚马逊及其销售商为客户提供数百万种独特的全新、翻新及二手产品，如图书、影视、音乐和游戏、数码产品、电子产品、家居园艺用品、玩具、婴幼儿用品、食品、服饰、鞋类、珠宝、健康及个人护理用品、体育及户外用品、汽车及工业产品等品类。

目前，亚马逊美国市场的新增卖家中，有50%来自美国本土以外的国家（地区），这些国家（地区）中又有56%的卖家来自中国。换句话说，亚马逊美国市场每新增4个卖家，就有一个来自中国。

3. Wish（https://www.merchant.wish.com）

Wish于2011年12月上线，是北美地区最大的移动跨境购物平台。Wish平台60%~70%的

商家来自中国，其交易额占总交易额的80%~90%。Wish打造了一套自有的推荐算法，根据用户在Wish上的购物行为，以瀑布流形式向用户推荐其可能感兴趣的产品，以最快、最简单的方式帮助商户把产品卖出去，为数量众多的中国小卖家提供了产品走出国门的机会，也为移动跨境电商的发展起到了示范作用。

**学以致用**

▶ **资料一　加快构建新发展格局，着力推动高质量发展**

党的二十大报告指出，高质量发展是全面建设社会主义现代化国家的首要任务。发展是党执政兴国的第一要务。没有坚实的物质技术基础，就不可能全面建成社会主义现代化强国。必须完整、准确、全面贯彻新发展理念，坚持社会主义市场经济改革方向，坚持高水平对外开放，加快构建以国内大循环为主体、国内国际双循环相互促进的新发展格局。[①]

▶ **资料二　我国跨境电商发展历程**

跨境电子商务行业作为互联网的新兴行业，同其他行业一样，也经历了从无到有、从小到大的过程。以时间截点为划分依据，我国的跨境电子商务行业主要经历了3个阶段。

（一）跨境电商1.0阶段（1999—2003年）

1999年阿里巴巴集团在杭州成立，拉开了中国跨境电子商务发展的序幕。最初，阿里巴巴中国供应商只是在互联网的黄页上向全球各地区的客户展示中国的产品，定位于B2B大宗交易。双方通过线上了解，再通过线下洽谈，最后达成交易。

2000年前后，国内出现了一些尝试在eBay和Amazon等国外平台上做电商销售的人群，但由于人数较少，并未形成规模。

因此，跨境电商1.0阶段的主要商业模式表现为线上展示、线下交易。在该阶段，第三方平台发挥的作用仅仅是给企业或个人提供商品展示的渠道，这一过程并不涉及任何交易。此时第三方平台的盈利点在于向在其平台上展示产品或是信息的企业收取会员费（如年服务费）。在该阶段的发展历程中，逐渐也出现了竞价推广、咨询服务等针对供应商的衍生服务。

（二）跨境电商2.0阶段（2004—2012年）

2004年，敦煌网（DHgate.com）在北京成立，表明跨境电商2.0阶段来临。与1999年成立的阿里巴巴中国供应商网上黄页定位不同，敦煌网的侧重点在为买卖双方提供一个更为方便的场所，使买卖双方能够及时完成在线交易，因此该平台基本上以B2B小额贸易为主。

2007年，兰亭集势（Lightinthebox）成立。作为一家整合了供应链服务的在线B2C（内部叫做L2C，Lightinthebox to customer）。该公司拥有一系列的供应商，并拥有自己的数据仓库和长期的物流合作伙伴，截至2010年，兰亭集势是中国跨境电子商务平台的领头羊。

2009年，阿里巴巴速卖通（AliExpress）成立，2010年3月开放免费注册，2010年4月正式上线。速卖通以B2C和C2C为主要的跨境电商模式，是阿里巴巴旗下唯一面向全球市场打造

---

① 1. 习近平. 高举中国特色社会主义伟大旗帜　为全面建设社会主义现代化国家而团结奋斗：在中国共产党第二十次全国代表大会上的讲话（2022年10月16日）[N]. 人民日报，2022-10-26（01）.

的在线交易平台，曾被广大卖家称为"国际版淘宝"。经过几年的发展，速卖通已迅速赶超其他平台，成为境内卖家最集中的跨境电商平台。

在跨境电商2.0阶段，跨境电商平台发生了质的变化，由原来单纯的信息展示平台变成了在线交易平台，线下交易、支付、物流等流程实现了电子化。与1.0阶段相比，这时候的跨境电商在资源、服务等方面进行了整合，使上下游供应链之间的关系更为顺畅。平台模式以B2C和B2B为主，B2B平台模式则更为主流，通过直接对接中小企业商户实现产业链的进一步缩短，提升了商品销售的利润空间。

在跨境电商2.0阶段，第三方平台实现了营收的多元化，同时实现后向收费模式，将"会员收费"改为以收取"交易佣金"为主，即按成交效果来收取百分点佣金。同时还通过平台的营销推广、支付服务、物流服务等获得增值收益。

（三）跨境电商3.0阶段（2013年至今）

2013年成为跨境电商重要的转型年，跨境电商全产业链都出现了商业模式的变化。随着跨境电商的转型，跨境电商3.0"大时代"随之到来。

首先，跨境电商3.0具有大型工厂上线、B类买家成规模、中大额订单比例提升、大型服务商加入和移动用户量爆发五方面特征。与此同时，跨境电商3.0服务全面升级，平台承载能力更强，全产业链服务在线化也是3.0时代的重要特征。

在跨境电商3.0阶段，用户群体由草根创业向工厂、外贸公司转变，且具有极强的生产设计管理能力。平台销售产品由网商、二手货源向一手货源好产品转变。

3.0阶段的主要卖家群体正处于从传统外贸业务向跨境电商业务艰难的转型期，生产模式由大生产线向柔性制造转变，对代运营和产业链配套服务需求较高。另一方面，3.0阶段的主要平台模式也由C2C、B2B、B2C向M2C模式转变，工厂将与越来越多的直接和最终消费者搭上关系。

▶ 根据以上案例内容请思考：

1.近几年我国跨境电商行业发展迅猛，如今我国的跨境电商不论是规模还是质量，都已进入世界前列。结合党的二十大报告中关于"构建国内国际双循环相互促进的新发展格局"的论述，谈谈你的想法。

2.请结合书本知识并查询相关资料，谈谈当前跨境电商行业呈现出的新特征。

▶ 解析

1.当前，世界经济发展日趋复杂和多元化，任何一个行业的健康快速发展都离不开国家的政策指导和国家综合实力的提升，离开国家的大环境就无从谈论地区和行业的发展。案例中跨境电商行业的发展亦是如此，正是由于进入21世纪以来，我国的国民经济发展进入了新的阶段，尤其是党的十八大之后，在习近平新时代中国特色社会主义思想的指引下，我国的经济社会发展进入了全新时代。

2.跨境电子商务呈现出新的特征，具体表现为：

一是参与主体由单一向多元化发展。2012年以前，跨境电商的参与者主要以小微企业、个体工商户或是个人网商为主，而随着外贸形势的进一步严峻，传统贸易的主体（如外贸企业、品牌商家和工厂等）也开始加入跨境电商行业。对这些主体而言，跨境电商是传统贸易以外又一个新的增长点，在很大程度上是对传统贸易的补充。参与者的多元化给跨境电商带来了新的发展，同时也产生了一系列的挑战。

二是运营方式由低端向品牌化发展。早期跨境电商的迅猛发展得益于中国制造的巨大优势，销售的产品价格较为低廉，很少考虑品牌。而随着竞争的日益激烈，中国制造的物美价廉的产品优势在慢慢减少，许多卖家开始考虑走品牌化运营道路，企业对此尤为关注。一些实力比较雄厚的企业已经开始自建品牌和平台，将目光着眼于品牌效应，希望通过品牌来提升自己在跨境电商中的价值和竞争力。

三是产业链由松散向一体化发展。在跨境电商中，营销、通关、商检、物流、支付等是必不可少的环节。在早期的跨境电商中，这些环节之间联系并不十分密切，比较松散，因此出现的问题较多。针对这些环节出现的问题，跨境电商企业，包括服务企业，除了对这些环节进行多方面的延伸外，还开始整合产业链，并提供一体化的服务，使得整个产业链和服务链越来越完善和方便。

项目一习题

# 跨境电商平台介绍及基础操作

## 项目目标

### 知识目标

1. 熟悉主流跨境电商平台。

2. 理解各跨境电商平台运营的基本特点。

3. 掌握各跨境电商平台的注册流程。

### 能力目标

1. 能区分各跨境电商平台特点。

2. 能够在跨境电商平台完成账户注册。

### 素质目标

1. 培养学生良好的沟通交际能力。

2. 培养学生诚实守信的品格。

项目二
引导案例

## 项目背景

　　小汪是电子商务专业的大一新生，在学习电子商务的过程中，对跨境电商产生了浓厚的兴趣。小汪在暑假期间被一家电子商务公司作为实习生录用。义乌天达贸易有限公司成立于2012年，是一家面向全球以零售流行饰品为主的电商企业，致力于为全球消费者供应中国生产的流行饰品。为了扩大销售，义乌天达贸易有限公司需要在现有的主流跨境电商平台中选择适合公司的平台，注册并开通店铺，向全球消费者销售自己的流行饰品。小汪被安排在跨境电商操作员岗位。小金是该公司跨境电商部门经理，小汪进公司以后小金交给他一些有关跨境电商基本操作的资料，包括现在主流的各大跨境电商平台的简介和注册流程。除了学习资料内容，小金还要求小汪自己搜集资料，了解我国跨境电商的发展脉络和相关政策。最后，小金特意叮嘱小汪，在以后的跨境电商运营中，要时刻遵守相关的法律法规，并诚信经营；要在平常好好提高一下自己Office软件的应用能力和图片处理的能力，提高跨境电商需要的外语听说读写基本能力，培养符合中国国情的互联网思维。

## 任务一　速卖通平台

### 一、速卖通平台简介

　　速卖通是阿里巴巴旗下唯一面向全球市场打造的在线交易平台，被广大卖家称为"国际版淘宝"。它是阿里巴巴帮助中小企业接触终端批发零售商，小批量多批次快速销售，拓展利润空间而全力打造的融合订单、支付、物流于一体的外贸在线交易平台。

速卖通覆盖3C（计算机类、通信类和消费类电子产品的统称）、服装、家居、饰品等共30个一级行业类目，其中优势行业主要有服装服饰、手机通信、鞋包、美容健康、珠宝手表、消费电子、电脑网络、家居、汽车摩托车配件、灯具等品类。

## 二、开通速卖通商铺

开通速卖通商铺的流程

### （一）速卖通入驻须知

2018年开始，速卖通启用全新的卖家入驻规则，如图2-1所示。

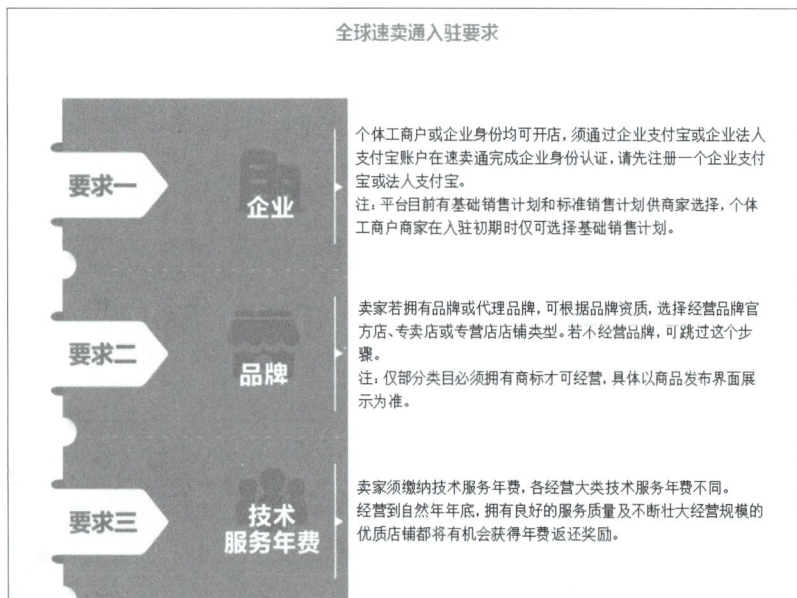

图2-1　速卖通入驻要求

### 1. 要求一

个体工商户或企业身份均可开店，须通过企业支付宝账户或企业法人支付宝账户在速卖通完成企业身份认证。请先注册一个企业支付宝或企业法人支付宝。平台目前有基础销售计划和标准销售计划供商家选择，个体工商户商家在入驻初期时仅可选择基础销售计划。

### 2. 要求二

卖家须拥有或代理一个品牌进行经营，根据品牌资质，可选择经营品牌官方店、专卖店或专营店。可查看热招品牌列表，选择加盟品牌，如图2-2所示（因篇幅限制，仅以女装为例）。速卖通从境外消费者的需求和市场需要的角度出发建立热招品牌池，目的是寻找更多好产品及好品牌商家，共同为消费者提供优质产品和服务。如果经营的品牌不在速卖通热招品牌池内，也可以自荐优质品牌给速卖通。申请时尽可能地展示并提交企业和品牌实力的图文说明，速卖通会对卖家提供的品牌进行价值评估。

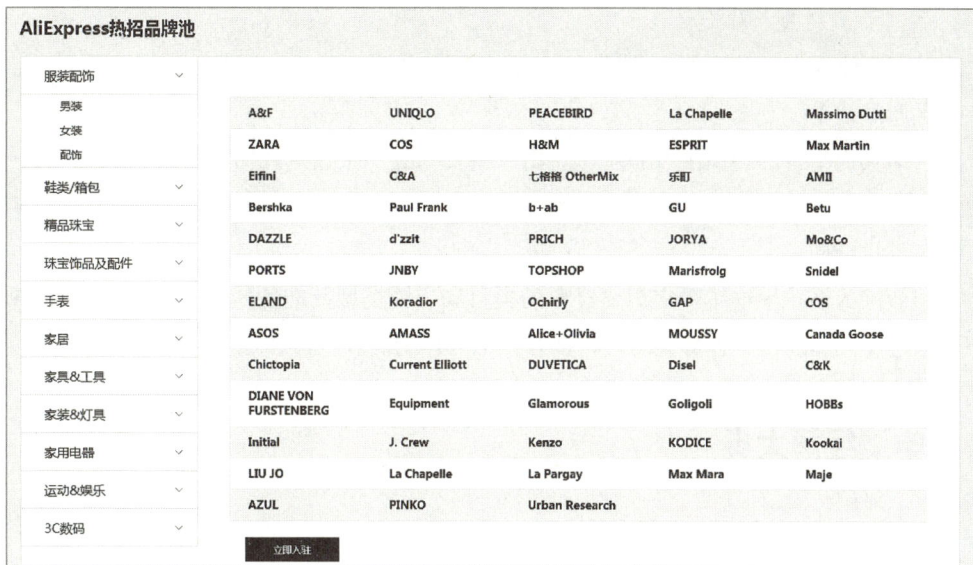

图2-2　速卖通热招品牌池

## 3. 要求三

2019年11月后入驻的新卖家需缴纳保证金，各经营大类需缴纳的保证金不同，具体标准可扫描"速卖通各类目保证金一览表"二维码。2019年11月之前入驻的卖家，适用年费规则，具体可扫描"速卖通各类目技术服务费年费及考核一览表"二维码。

📖 速卖通各类目保证金一览表

📖 速卖通各类目技术服务费年费及考核一览表

## （二）入驻速卖通的5个基本步骤

### 1. 第一步：开通账户

请使用企业身份注册卖家账户。

想要在速卖通平台上开通商铺，首先要有一个账户。打开http://seller.aliexpress.com并单击"立即入驻"按钮，如图2-3所示。

图2-3　速卖通入驻入口

根据页面提示填入注册信息，完成邮箱验证。其中经营模式选定后不可更改，不过其对账户没有任何影响。当所有注册信息都填写准确无误后，单击确认按钮，即可拥有速卖通账户。

2. 第二步：提交入驻资料

入驻资料主要有产品清单、类目资质、商标资质等。

（1）产品清单

进入速卖通平台的招商准入系统，点击"我要入驻"按钮选择需要的经营大类下载产品清单，填写并上传，等待平台审核通过。

（2）类目资质

在招商准入系统里继续提交想要经营的类目和店铺类型及准备的相关类目材料，等待平台审核通过（见图2-4）。各行业的材料都有详细具体的需求，可在速卖通招商平台查询。

图2-4　速卖通类目准入

（3）商标资质

在招商准入系统里进行商标资质申请，等待平台审核通过。若商标在商标资质申请界面查询不到，请在系统内进行商标添加。

3. 第三步：缴纳年费

请在招商系统内根据所选的经营类目缴纳对应的年费。可扫描二维码"速卖通各类目技术服务费年费及考核一览表"了解更多信息。

4. 第四步：完善店铺信息

设置店铺名称和二级域名，若你申请的是官方店，请同步设置品牌官方直达通道及品牌故事内容。对店铺资产进行管理。

5. 第五步：开店经营

店铺设置基本完成，开始发布产品，对店铺进行装修，至此店铺正式开张。

# 任务二 亚马逊平台

成立于美国华盛顿州西雅图的亚马逊公司是美国最大的一家电子商务公司，也是网络上最早开始经营电子商务的公司之一。亚马逊成立于1995年，一开始只经营网络的书籍销售业务，现在则扩及了范围相当广的其他产品。

2004年8月，亚马逊全资收购卓越网，使亚马逊全球领先的网上零售专长与卓越网深厚的中国市场经验相结合，进一步提升客户体验，促进中国电子商务的成长。2021年，亚马逊位列《财富》世界500强第3位。

亚马逊分为北美站、欧洲站、日本站、大洋站、印度站、中东站和新加坡站。北美站主要有美国、加拿大、墨西哥站点；欧洲站主要有英国、德国、意大利、法国、西班牙、荷兰、瑞典、波兰站点；日本站主要是日本站点；大洋站主要有澳大利亚站点；印度站主要为印度站点；中东站主要为阿联酋、沙特阿拉伯站点；新加坡站主要为新加坡站点。建议想尝试亚马逊跨境电商的卖家根据自己产品的特点和物流配送条件选择合适的平台。

以上是亚马逊平台的基本情况，本节就亚马逊的基本运营操作做一些介绍。

## 一、亚马逊注册流程

### （一）注册方法

打开亚马逊主页，在其左上方方点击"全球开店"进入卖家注册界面，选择注册站点，此处我们选择北美站，如图2-5所示。

创建亚马逊
店铺

图2-5 卖家注册界面

点击"Sell As A Professional"按钮，注册专业卖家账户。

填写登录账户信息，如图2-6所示。

选择公司业务类型，填写名称，点击"同意并继续"，如图2-7所示。

填写公司地址、电话号码等相关信息，如图2-8所示。

填写信用卡信息，确保信用卡支持美元，填完后点击"继续"。

接下来进行身份验证，点击"立即与我联系"将会收到验证码。填入验证码，然后点击"继续"。

图2-6　亚马逊平台登录账户信息填写界面

图2-7　亚马逊平台公司业务类型及名称填写界面

图2-8　亚马逊平台公司信息填写界面

下一步进行税务身份信息登记，中国的卖家验证后，营业收入是不需要交美国增值税的，应选择"否"，如图2-9所示。

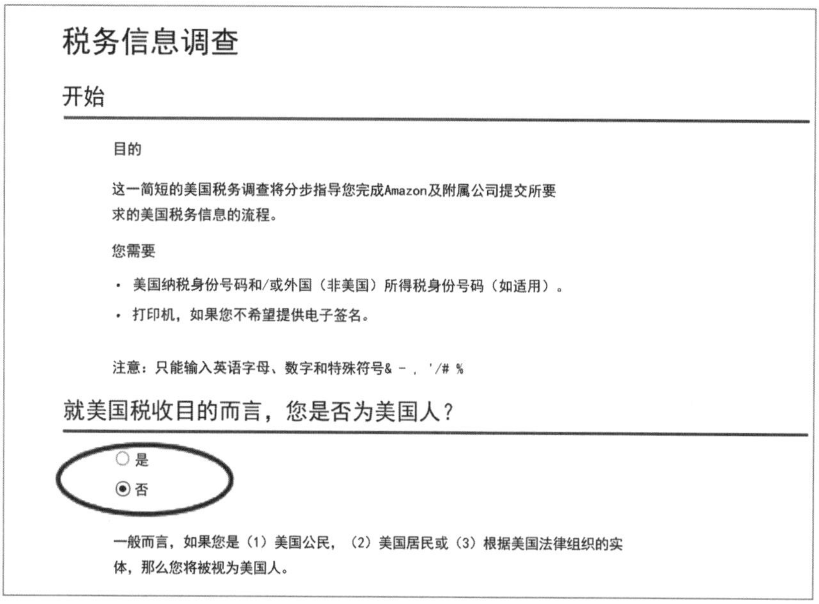

图2-9　亚马逊税务信息调查

选择受益所有人类型，根据实际情况填写，一般是选择公司，填写完点击"继续"，如图2-10所示。

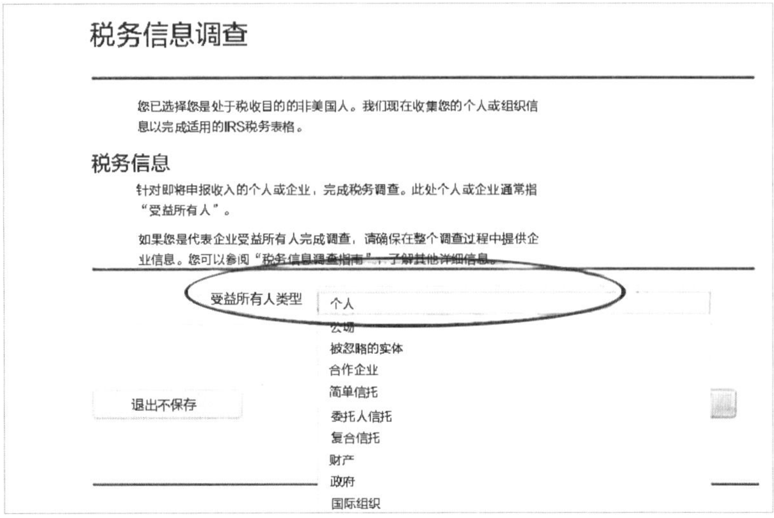

税务信息调查

您已选择您是处于税收目的的非美国人。我们现在收集您的个人或组织信息以完成适用的IRS税务表格。

## 税务信息

针对即将申报收入的个人或企业，完成税务调查。此处个人或企业通常指"受益所有人"。

如果您是代表企业受益所有人完成调查，请确保在整个调查过程中提供企业信息。您可以参阅"税务信息调查指南"，了解其他详细信息。

受益所有人类型　个人
　　　　　　　　　公司
　　　　　　　　　被忽略的实体
　　　　　　　　　合作企业
　　　　　　　　　简单信托
退出不保存　　　委托人信托
　　　　　　　　　复合信托
　　　　　　　　　财产
　　　　　　　　　政府
　　　　　　　　　国际组织

图2-10　"受益所有人类型"界面

图2-11这张表即所谓的W-8BEN-E表格（美国税务局表格），仔细检查信息是否与之前填写的一致，若不一致返回更改；若一致则点击图2-12下方的"我同意提供我的电子签名"，填写公司法人姓名，点击"继续"，至此注册工作基本完成，等待店铺审核通过即可。

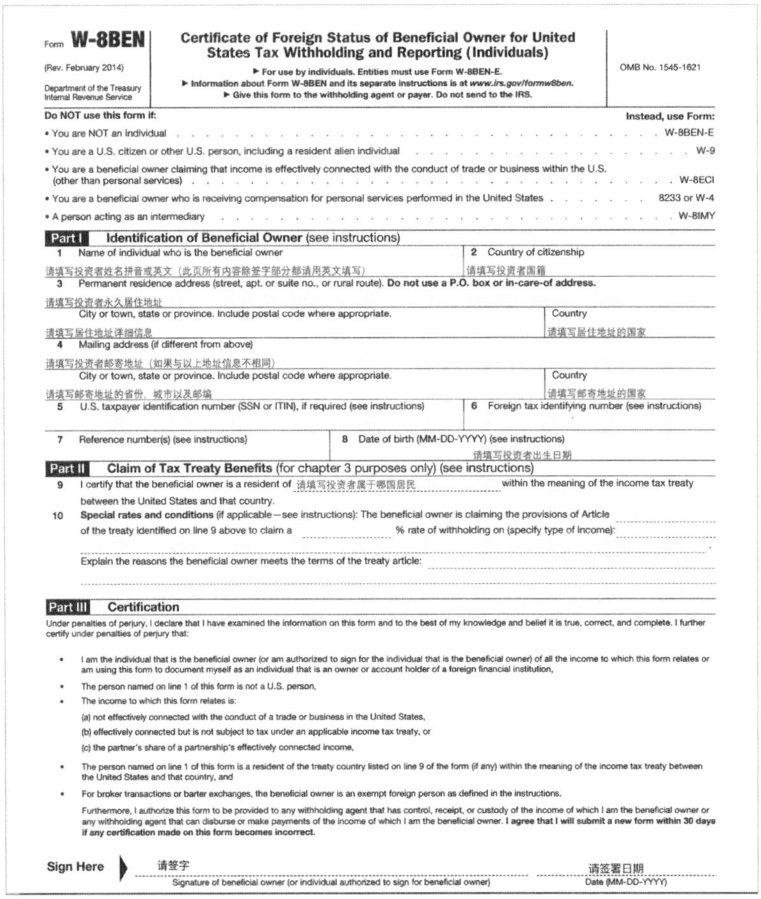

图2-11　亚马逊 W-8BEN-E表

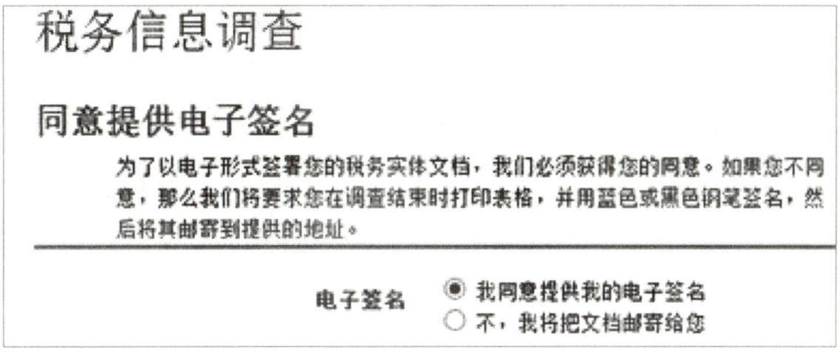

图2-12 "同意提供电子签名"界面

### （二）注册需要准备的资料

1. 注册亚马逊账户所需提交的资料

公司名称（需提供中、英文公司名称，如果英文不知道，直接用拼音）；联系人姓名和手机（中、英文）；准备开通的市场（是否同时开通欧美站点，还是只开通美国或只开通欧洲站点）；经营产品类别（请详细描述）；SKU（stock keeping unit，最小存货单位）数目；其他平台已开通的店铺链接（手表、珠宝和汽车一定要提供，其他品类尽量提供）；营业执照复印件；需要注册的邮箱，根据不同站点各准备一个。

2. 加入亚马逊"全球开店"需要满足的要求

（1）营业执照

必须是注册公司，能够提供营业执照复印件。

（2）银行账户

需要一张境外银行借记卡，同时还需要有美国、英国、德国、奥地利和法国任何一国的当地银行账户，中国香港银行账户也接受（借记卡）。个人银行账户和公司银行账户都可以。

同时在注册时还需要有一张境内或者境外的Visa或Master Card信用卡，用来支付平台使用费。

（3）语言要求

必须用英语上传产品信息。

（4）UPC码

对于大部分品类的产品，亚马逊都要求提供产品的UPC（universal product code，产品统一代码）/EAN（European article number，通用产品条码）/GTIN（global trade item number，全球贸易项目代码）。如果没有UPC并且想购买的话，可以通过亚马逊官方推荐的产品条形码供应商Barcodestalk购买正规的产品条形码，它提供的产品条形码全部是来自国际条码组织GS1（global standard 1，由美国统一代码委员会建立的组织），可以提供数字证书。

## 二、亚马逊平台的运营特点

在亚马逊平台上的运营和推广策略与境内电商平台大有不同，如果想参加亚马逊平台组织的促销活动，要根据产品以往的销售记录和综合评分来判断是否可以入选。亚马逊有其独特的运营规则，了解这些规则对于在亚马逊平台上的经营活动大有益处。

## （一）Listing跟卖政策

Listing是独有的机制，即跟卖政策。如果A卖家创建了一个产品界面，其他同款卖家看见后可以在上面增加一个按钮链接到自己的产品界面，表示："我这里也卖，可以来我这里买。"这对新卖家来说是好机会，可以分享到别人的流量，但容易直接引发价格战。采取跟卖策略的卖家，也要非常小心，不要触犯侵权问题，一旦被投诉侵权就会被平台处罚。如果别人在你的Listing上跟卖发生了侵权行为，你也可以向平台投诉。

为什么会有"跟卖"？任何卖家在亚马逊平台上传的Listing归属权都归于亚马逊，不再属于上传该Listing的卖家，这和境内大部分电商平台的规则不同。亚马逊平台认为同一款产品，产品的介绍、图片等信息应该是相同的，没有必要出现同一款产品有很多界面的情况，唯一的区别就在于价格，所以亚马逊允许多个卖家使用同一个Listing。如果有很多卖家销售同一款产品，则亚马逊会根据提供服务的品质结合卖家的销售价格向消费者推荐更优的卖家。

怎么操作跟卖？找到想跟卖产品的ASIN（Amazon standard identification number，亚马逊标准识别号），在卖家后台搜索该ASIN，搜索出要跟卖的产品并且点击界面的"SELL YOURS HERE"，就可以进行跟卖了。

## （二）Buy Box

亚马逊中的Buy Box是每一位商家都想要抢占的黄金购物车，那么什么是Buy Box？它位于单个产品界面的右上方，是买家购物时最容易看到的购买位置。只要买家点击"Add to Cart"，界面就会自动跳转到拥有这个Buy Box的卖家店铺。亚马逊在每一个产品刊登中，都会选择一位卖家占据这个Buy Box的位置，而这位被选中的卖家宠儿则可以享受源源不断的订单和关注。简单一点，抢Buy Box就是抢订单。

在亚马逊平台的运营策略中，抢占Buy Box是一种重要方法，占据Buy Box就意味着会有大量的订单。亚马逊很早就放弃把Buy Box给予固定优秀卖家的想法，相反，把Buy Box给众多优秀卖家共享，既能提高卖家店铺整体竞争力，又能提升买家的购物体验。

例如，如果有10个条件相同的完美卖家竞争同一个产品的Buy Box，他们可能各占10%的机会。这意味着每个在Buy Box展示产品的卖家都有可能获得10个客户访问产品界面的机会。一般来说，卖家评级较高的卖家有70%的机会获得Buy Box，卖家评级中等的卖家有25%的机会获得Buy Box，卖家评级较低的卖家只有5%的机会获得Buy Box。因此，与其说卖家赢取或失去Buy Box，不如说能获得Buy Box的优秀卖家太少。

值得注意的是，Buy Box的运作并不是时常都有，它们的发生取决于产品的竞争和每天的时间。此外，由于亚马逊使用cookies来确保每个客户每个小时只能看到一个获得Buy Box的卖家，某些Buy Box运作被隐藏了起来。但是，如果获得Buy Box的卖家出于某些原因指标发生了变化，如产品价格或库存数量发生了变化，亚马逊会在一个小时周期到来前把Buy Box转移到另外一个卖家。

※ **技能提示2-1**

　　很多卖家都很困惑，为什么亚马逊的自有卖家经常可以获得Buy Box？第三方卖家有可能击败亚马逊的自有卖家获得Buy Box吗？Buy Box倾向于拥有完美客户体验指标的卖家，因此，如果一个卖家拥有接近完美的客户指标或拥有一个极具竞争力的产品价格，那么即使是第三方卖家也有可能获得Buy Box的机会。

# 任务三　eBay平台

## 一、eBay平台简介

　　eBay（易贝）公司（http://www.ebay.com）成立于1995年9月，是目前全球最大的网络交易平台之一，为个人用户和企业用户提供国际化的网络交易平台。这是一个基于互联网的社区，买家和卖家在一起浏览、买卖产品，eBay 交易平台完全自动化，按照类别提供拍卖服务，让卖家罗列出售的东西，买家对感兴趣的东西提出报价。超过2亿来自世界各地的eBay会员，在这里形成了一个多元化的社区，他们买卖上亿种产品，从电器、电脑到家居用品和各种独一无二的收藏品。eBay 还有定价拍卖模式，买家和卖家按照卖家确立的固定价格进行交易。

　　eBay总部设在美国加利福尼亚州，在33个国家和地区设有站点，在英国、德国、韩国、澳大利亚和日本等多地都设有分公司。

　　eBay创立之初是一个拍卖网站，今日eBay在销售方式上依然延续了拍卖的模式，这是eBay区别于其他平台的一大特色。在eBay上有两种售卖方式：拍卖和一口价。

### （一）拍卖

　　以"拍卖"方式刊登物品是eBay卖家常用的销售方式，卖家通过设定物品的起拍价及在线时间，开始拍卖物品，并以下线时的最高竞拍金额卖出，出价最高的买家即为该物品的中标者。

　　以低起拍价的方式拍卖物品，仍然是能激起买家兴趣并踊跃竞拍的最好途径。而且，在搜索排序中，即将结束的拍卖物品还会在"即将结束 / Ending Soonest"排序结果中获较高排名。

　　1. 设置以"拍卖"方式刊登物品的步骤

　　以eBay美国站为例。在进入选择物品刊登方式的界面后，可选择"More listing choices"，让自己有更多刊登选择，也可选择"Keep it simple"快速完成设置刊登，如图2-13所示。

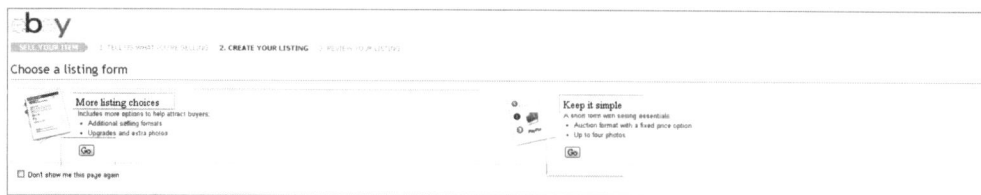

图2-13 "Keep it simple"界面

如需要更详尽的设置物品销售方式，可选择"More listing choices"下的"Go"按钮。

在详细的物品刊登设置界面中会有一个"Choose a format and price"模块，即物品价格设置模块，可点击"Auction"，选择以"拍卖方式"销售物品，如图2-14所示。

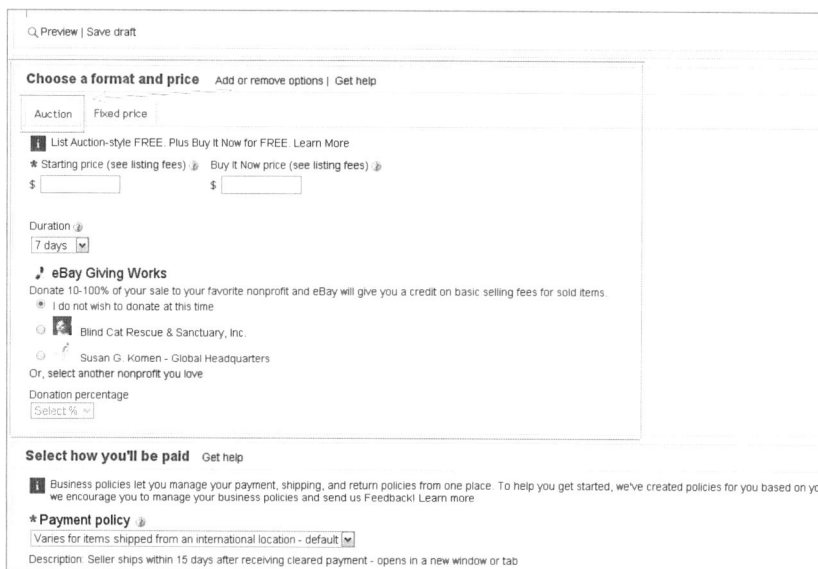

图2-14 "Auction"界面

在"Starting price"下方的文本框中输入你准备"拍卖"物品的起拍价，如图2-15所示。

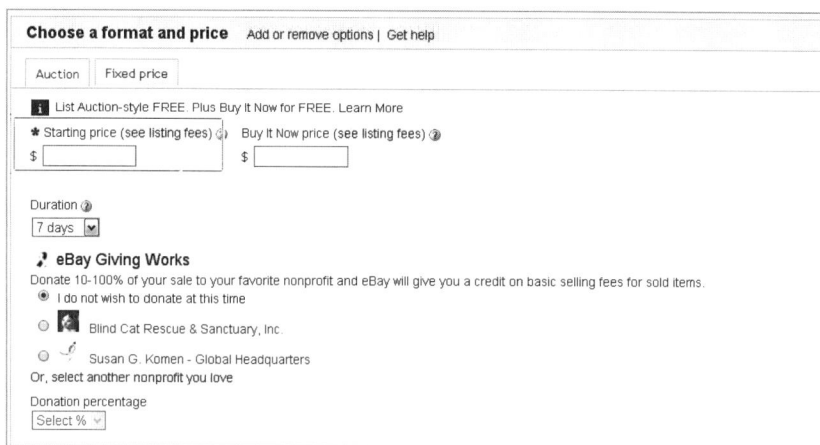

图2-15 "Starting price"界面

**2. 选择"拍卖"方式的情况**

（1）在无法确定物品确切的价值，但希望快速出售时，让eBay市场来决定物品的价格。

（2）有独特和难以买到的，而且能够产生需求并引起热烈竞标的物品时，拍卖能使利润最大化。

（3）如正在使用拍卖刊登方式有着较高的成交率（物品通常在刊登之后即被买走）则表明可持续使用拍卖方式。

（4）不定时销售，而且没有最近成交可提高物品的搜索排名时，"拍卖"方式刊登能让物品有高排名的机会，即按照"即将结束的物品"排序。

### ※ 技能提示2-2
### "拍卖"方式刊登物品的注意事项

以标准"拍卖"方式销售物品，会根据您的起拍价收取较低比率的刊登费，并根据物品最终成交价格收取一定比率的成交费。

### （二）一口价

利用"一口价"方式销售不仅费用低，而且可设置物品的在线时间最长可达30天，物品可以得到充分展示。同时，多件物品还可采用"多数量物品刊登"方式，一次性完成全部销售刊登。以定价方式刊登eBay店铺中热卖的库存物品，还可以使用预设的物品描述和物品说明，大大节省了卖家的刊登时间，也简化了卖家的刊登工序。

**1. 设置以"一口价"方式刊登物品的步骤**

进入选择物品刊登方式的界面，可选择"More listing choices"（更多产品选择），点击"Go"（继续），进入详细的物品刊登设置界面，如图2-16所示。

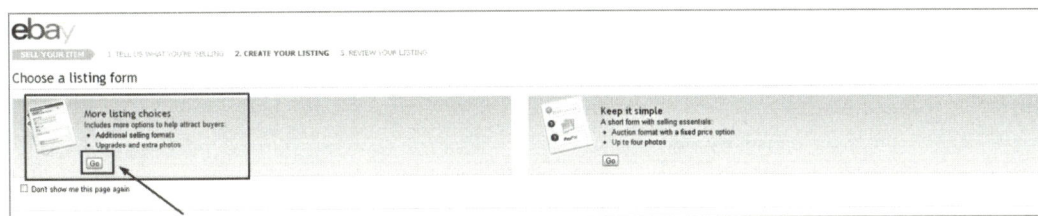

图2-16 "More listing choices" 界面

可在详细物品刊登设置界面的"Choose a format and price"（选择一种方式和价格）模块中，点击"Fixed price"（固定价格），即以"一口价"方式销售物品，如图2-17所示。如果没有可选择的"Fixed price"标签，则表明你尚未具备该站点以"一口价"形式销售产品的资格，如图2-18所示。

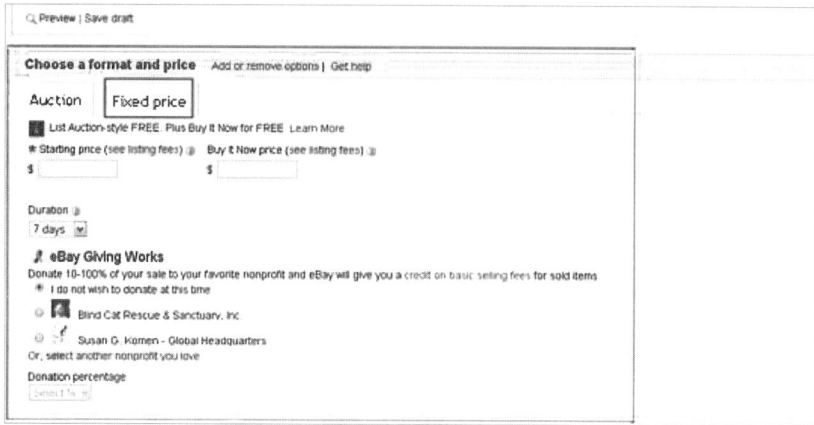

图2-17 "Fixed price"界面

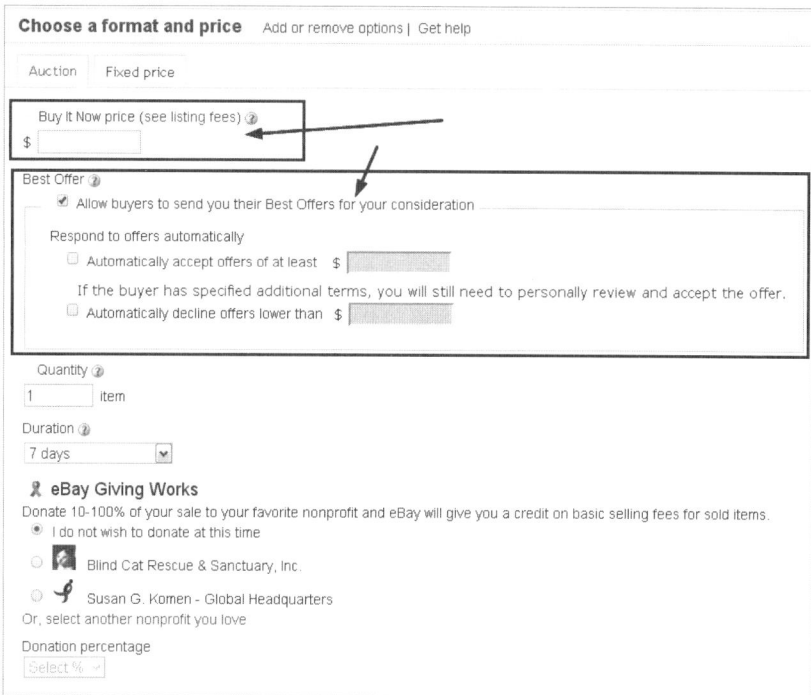

图2-18 "Best offer"填写界面

卖家可在"Best Offer"(最佳提议价)中勾选"Allow buyers to send you their Best Offer for your consideration"(允许买家向你发送最佳议价以供参考)。

2.选择"一口价"方式销售的情况

（1）卖家有多个物品，而且可以整合到一次刊登中。

（2）卖家需可根据自己希望从物品上获得的价值是多少来确定售价。

（3）卖家有大量库存产品，希望尽量减少刊登费。可使用30天在线时间并尝试通过自动更新来提高效率。

（4）卖家希望物品在线时间超过7天供买家购买。

## ※ 技能提示2-3

### "一口价"方式刊登物品的注意事项

如果卖家在刊登商品时，没有可选择的"一口价"标签，则表明卖家尚未符合该站点以"一口价"形式销售商品的资格条件。通过"一口价"刊登物品可根据所设定的物品价格支付刊登费，物品成交后收取较低比率的成交费；还可免费设定该物品的"议价"功能，当物品以议价金额卖出，则成交费会按照成交金额收取。物品刊登后，不能将"一口价"物品变更为具有"一口价"功能的"拍卖"物品，反之亦然。"一口价"物品如果结束时间在 12 小时后，可编辑"一口价"价格。

### （三）使用"拍卖"与"一口价"方式综合销售

卖家可在选择"拍卖"方式时既设置低起拍价，又设置一个满意的"保底价"，这也就是"一口价"，让买家可根据自己需求灵活选择购买方式，这种贴心的设计不仅综合了拍卖方式和一口价方式的所有优势，还能给产品带来更多的商机。

1. 设置以"拍卖"与"一口价"方式综合刊登物品的步骤

进入选择物品刊登方式的界面，可选择"More listing choices"，点击"Go"进入详细的物品刊登设置界面，如图2-19所示。

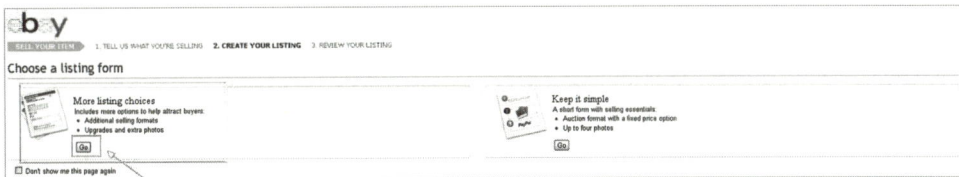

图2-19 从"More listing choices"进入详细的物品刊登界面

在详细的物品刊登设置界面中会有一个"Choose a format and price"模块，这就是物品价格设置模块，可点击"Auction"，选择以"拍卖"方式销售物品，如图2-20所示。

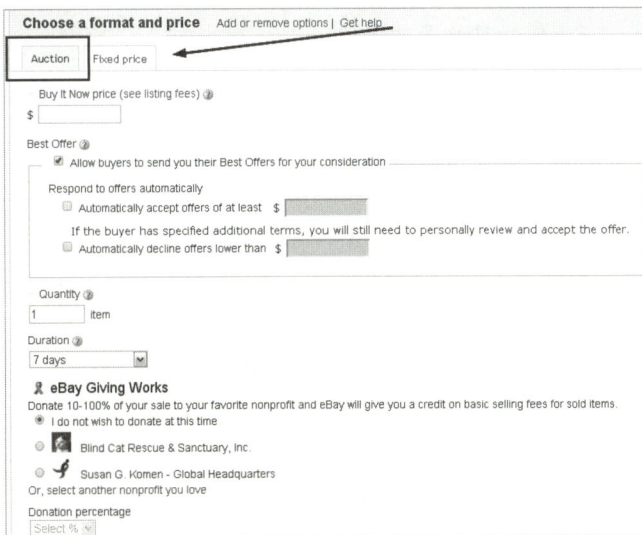

图2-20 选择"拍卖"方式

卖家可以在"Starting price"下方的文本框中输入物品"拍卖"的起拍价，在"Buy It Now price"下方的文本框中输入物品的"保底价"，也就是卖家"拍卖"物品的"一口价"，如图2-21所示。

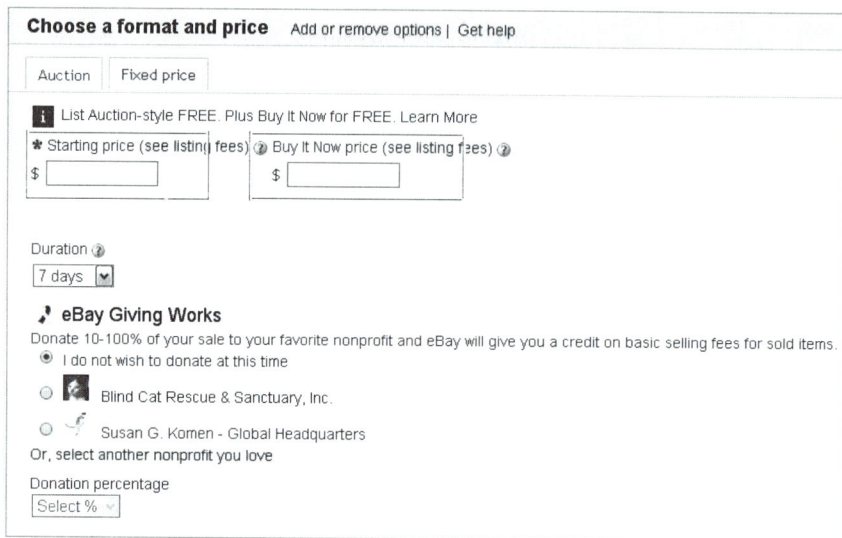

图2-21 "拍卖"与"一口价"结合设置界面

2.选择"拍卖"与"一口价"方式综合销售的情况

（1）销售很多种类物品，希望同时吸引那些想要通过竞拍达成交易的人，以及其他更倾向于选择方便的"一口价"交易的买家。

（2）希望尽可能增加买家对库存产品的需求，并通过"拍卖"和"一口价"刊登方式来帮助竞拍者和买家了解卖家的其他销售物品或店铺。

※ 技能提示2-4

### "拍卖"与"一口价"方式综合刊登物品的注意事项

物品刊登后，将不能修改物品的销售形式，不过在特定情况下，卖家可以增加、编辑或移除拍卖物品的"一口价"功能。拍卖物品如果结束时间在12小时后，同时，刊登的物品仍无人出价竞拍，卖家可新增、编辑或移除"一口价"功能。

## 二、eBay注册流程

### （一）注册eBay需满足的条件

合法登记的企业用户，并且能提供eBay要求的所有相关文件；须注册为商业账户；每一个卖家只能申请一个企业入驻通道账户；申请账号需通过eBay卖家账户认证且连接到已认证的PayPal账户；有eBay客户经理的卖家请通过客户经理申请。个人卖家只需注册并认证一个eBay账户，即可在全球开启销售之旅。

### （二）注册步骤

1. 进入eBay注册界面

打开http://www.ebay.com.hk或者http://www.ebay.cn，点击左上方"注册"按钮。进入eBay注册界面后，设置账户及密码，如图2-22所示。

图2-22　eBay注册会员入口

之后卖家邮箱会收到eBay的一封验证邮件。

2. 完成验证

点击"以短信向我提供确认码"，随后输入收到的确认码即可，如图2-23、图2-24所示。

图2-23 "以短信向我提供确认码"界面

图2-24 输入确认码界面

3. 确认条款

注册eBay账户需了解eBay平台政策，阅读后点击"继续"，如图2-25所示。

图2-25　eBay注册确认条款

完成以上步骤后请注册PayPal资金账户，绑定卖家的eBay账户与PayPal账户。登录eBay账户，点击右上角"我的eBay"，点击"账户"—"PayPal账户"—"连接到我的PayPal账户"，如图2-26、图2-27所示。

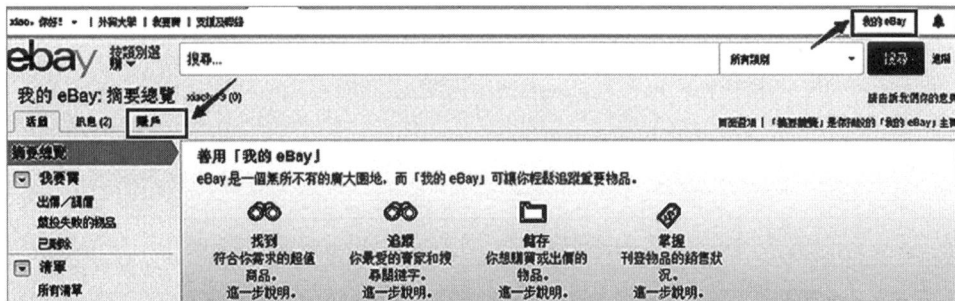

图2-26　登录eBay"账户"

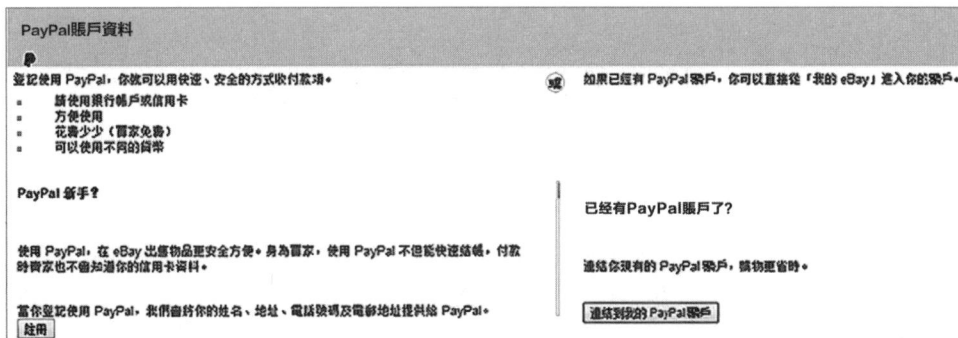

图2-27　绑定PayPal账户入口界面

4. 填写地址

接下来需要填写用户相关地址，如图2-28所示。

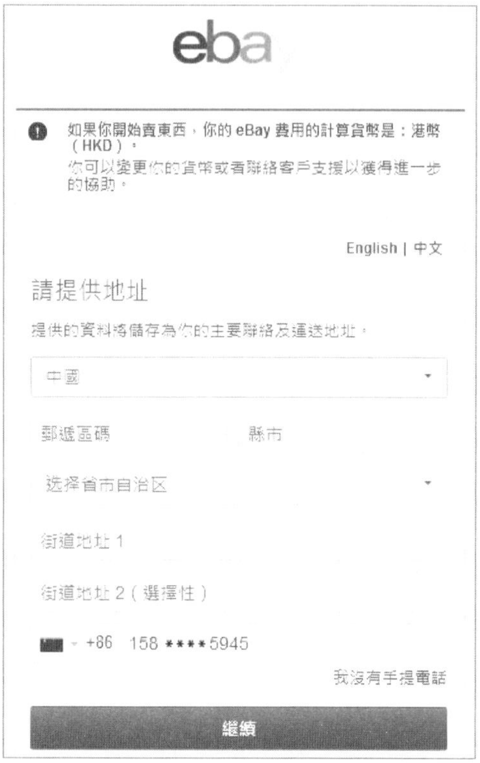

图2-28　eBay账户注册地址填写界面

5. 输入PayPal账户和密码

输入PayPal账户和密码，以关联eBay账户，如图2-29所示。

图2-29　关联PayPal账户界面

这样便完成了eBay账户与PayPal账户的关联，eBay开店注册也就成功了。

# 任务四　Wish平台

## 一、Wish平台简介

随着智能手机的普及，移动端购物慢慢成为人们的选择。Wish是一款根据用户喜好，通过精确的算法推荐技术，将产品信息推送给感兴趣用户的移动优先购物APP。Wish开启了手机端购物的新境界，瀑布流推送的特点让Wish商户在运营技巧上需要使用另一种方式。

### （一）Wish平台的特点

Wish平台是在移动互联网发展中诞生的，与其他电商平台最大的区别在于Wish是基于手机APP的跨境电商平台，买家都是通过移动端浏览和购物的，所以在Wish平台上运营时要充分考虑到如下特点。

1. 要考虑到买家的浏览环境

屏幕小，操作困难，是移动端购物的一大特点。

2. 买家浏览时间碎片化

因为是移动端浏览，买家浏览时间是碎片化的，没有明确的购物目的，多以无目的浏览为主，在这种情况下买家做决策的时间也很短，容易造成冲动消费。

3. Wish平台自动推送产品

有别于传统电商的买家购物模式（通过搜索、浏览想要购买的产品），Wish买家是根据系统平台推荐的内容浏览自己可能感兴趣的产品，是一种相对被动的浏览。

### （二）产品推送原理

根据用户在注册时填写的基本信息，加上后期的浏览、购买行为，系统会为用户打上标签（tag），并且不断地记录和更新用户标签，根据用户多维度的标签推算买家用户可能感兴趣的产品。这些计算都是由系统完成的，并且有持续修正的过程。

Wish平台淡化店铺概念，注重产品本身的区别和用户体验的质量。在产品相同的情况下，以往服务记录好的卖家会得到更多的推广机会。

Wish平台在发展中会根据买家的体验来优化计算方法和推送产品。Wish力求给买家带来便捷的购物体验，利用自己的推算规则将卖家的产品推送到精准客户面前，而不是被动地依赖买家搜索。从某种意义上讲，Wish让产品有了积极主动性，而不是被动地等待客户。

那么推送的依据是什么呢？主要有违规率（店铺是否诚信、仿品率小于0.5%）、迟发率（履行订单的时效、订单上网时效）、取消率（出于各种原因，卖家取消交易和买家取消交易，都是有问题的）、有效跟踪率、签收率（能在规定时间内签收可增加权重）、订单缺陷率（中评、差评、投诉、纠纷）、退款率、退货率、反馈及时率和推送转化率。

以上就是Wish推送产品所依据的核心维度，卖家的运营越是规范和符合平台规则，系统就越会判断你是一个好的卖家并帮你推送，这就是很多卖家反映某天会看到店铺流量激增的原因。但是如果你的产品推送转化率无法达标，那系统不会在不受欢迎的产品上浪费太多时间，会把推送机会转到下一个符合条件的产品上，所以会出现流量图像坐过山车一样的情景。出现这种情况时要引起警惕，不要只会抱怨，要重新定位产品策略，调研开发并上架受欢迎的产品或优化产品。

### （三）Wish平台的主要销售类目

目前Wish平台的主要销售类目是服装服饰，包括女装、男装、美妆、配饰，逐步拓展到3C配件、母婴、家居类。根据Wish的买家浏览方式，我们可以推测，在Wish平台上受欢迎的类目会具有这些特点：产品种类丰富、使用更换频率高、有话题性等。所以不难理解为什么时尚类目是平台的主要类目。

新进入的卖家在选择类目时可以考虑即将被拓展的类目，避免激烈的竞争，为自己赢取更多的机会。在选品时，卖家需要注意，因为Wish的技术判断在同一个界面或同一个推送下不出现重复或相似度高的产品，所以在选择产品时需要尽量考虑到差异化。这点和其他平台不同，在其他平台上同质化的产品可以通过低价来吸引流量、抢夺市场，但是在Wish平台上同质化的产品可能就意味着没有曝光的机会。

### （四）Wish平台运营要点

#### 1. 不要用速卖通的思维来做Wish

有很多速卖通的卖家开始做Wish，他们经常使用1美元包邮的营销策略，沿用的仍然是低价吸引客户的方式，大多通过平邮发货，选品方面更是与速卖通无异。大家都知道速卖通平台的市场定位是俄罗斯、巴西、印度这类国家，与Wish定位的欧美发达地区不同，消费水平和品位都不在一个层级。在Wish使用低价策略当然可以，但这是一种得不偿失的做法。Wish推送的风格是让客户先看到图片，然后才是价格，所以以价格优势来吸引眼球的做法套在Wish是行不通的，而且低价意味着产品质量一般，长时间的运输不能回款也会造成资金的压力。因此容易破坏用户体验，更失去了平台的信任。低价的产品也会导致产品同质化和用户的反感，这就会导致Wish流量下行。为了长远经营，在Wish平台上还是提倡用高质的产品、优质的服务来吸引客户，打造自己的品牌才是王道。

#### 2. 低价策略无效

低价引流在Wish无效，薄利多销的策略已经不合时宜，以"90后"人群为主力的消费者期望得到更优质的服务，即便你想维持微薄的利润，你的客户也不会因此让你在客户服务面有所松懈。2美元包邮要维持利润，必须采用平邮发货，超过30天的到货时间，买家是不会满意的，此做法会导致更多的"一锤子买卖"。而且只买便宜货的人只对价格忠诚，而不会对你的产品或品牌有丝毫眷恋。

Wish节省了与客户对话的环节，但是在Facebook的社群可以畅所欲言，帮助客户满足他们的需求。通过Facebook，客户参与到销售活动中来，晒出产品照片推荐给身边的朋友，就是一种参与。所以，做好Facebook精准营销非常重要。

#### 3. 刷单无效

刷单等于造假，通过虚假的加大收藏量、点击量、购买量等数据来打造热销产品，带动真实的购买。这些小技巧在PC平台的确玩得风生水起，但是来到移动平台会不会水土不服呢？真实数据证明，Wish是用10个维度来判断产品和店铺的，一时的刷单无法逆转大的趋势，而且一旦被平台发现，将面临账户被封的风险。

## 二、Wish注册流程

### （一）创建店铺

1. 进入Wish账户注册界面

登录Wish商户平台，点击"免费试用"，进入立即免费创建店铺界面，如图2-30所示。

📖 创建Wish
店铺

### Create your free store today

**Your store name**

teststore1357 ✓

**Email address**

teststore1357@abc.com ✓

**Password**                    👁 Show password

•••••••••••••• ✓

BN1S7              BN1S7  ⟳

**Create my store**

Already have an account? **Login here**

图2-30　Wish"免费试用"界面

2. 填写个人账户信息

输入自己的账户信息，如名字、姓氏、邮箱地址、用户名、密码等。

3. 填写商户信息和办公地址

输入自己的商户的信息与地址信息，如公司名称、电话号码、店铺平台、店铺URL，并创建账户，如图2-31、图2-32所示。

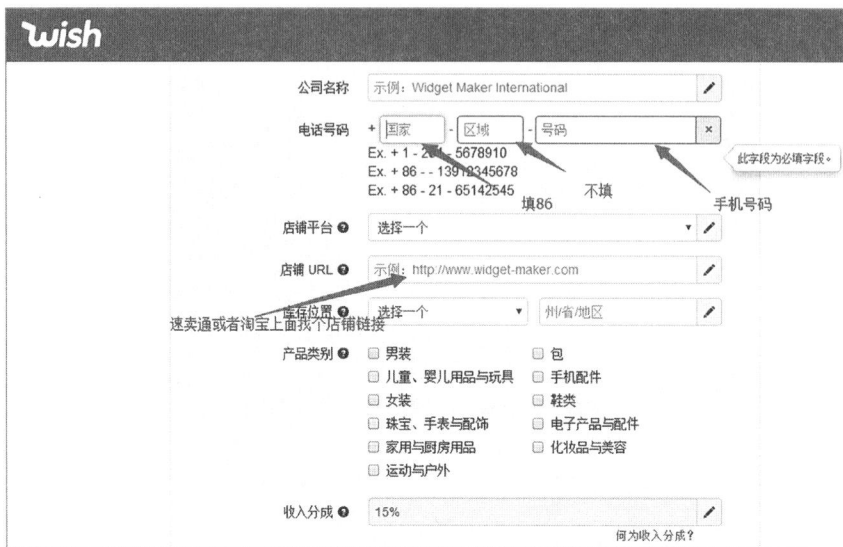

图2-31　Wish商户信息填写界面

图2-32　Wish办公地址填写界面

4. 完善店铺信息

登录注册邮箱并确认邮箱地址，确认电话号码并输入验证码，设置店铺账户信息。

5. 店铺审核

提交第一件产品进行店铺审核，在店铺审核过程中Wish会给每个店铺分配一个客户经理，客户经理会发送一封邮件收集你的信息。

6. 设置配送范围

默认仅配送到美国，卖家可以在后台修改为配送到全球，如果仅配送到美国只会得到来自美国的流量。

## ※ 技能提示2-5

### 注册Wish店铺时的注意事项

地址必须填写在谷歌地图上面能查到的地址，只写第一行就行了；商户信息里面的店铺URL（uniform resource locator，统一资源定位符）可以去淘宝或者速卖通上面找一家店铺的链接地址。

## 学以致用

### ▶ 跨境电子商务综合试验区建设历程回顾

中国跨境电子商务综合试验区是中国设立的跨境电子商务综合性质的先行先试的城市区域，旨在跨境电子商务交易、支付、物流、通关、退税、结汇等环节的技术标准、业务流程、监管模式和信息化建设等方面先行先试，通过制度创新、管理创新、服务创新和协同发展，破解跨境电子商务发展中的深层次矛盾和体制性难题，打造跨境电子商务完整的产业链和生态链，逐步形成一套适应和引领全球跨境电子商务发展的管理制度和规则，为推动中国跨境电子商务健康发展提供可复制、可推广的经验。

一、发展历程

2022年1月，中国再次新增27个跨境电商综试区，这是自2015年3月7日国务院同意设立中国（杭州）跨境电子商务综合试验区以来，我国跨境电商综试区的第6次扩围。截至2022年3月31日，我国跨境电商综试区已增至122个，覆盖全国30个省、自治区和直辖市。从布局范围看，前两批13个试点城市主要设在东部大中型城市，第三批开始向中西部和东北地区的省会城市扩展，第四批延展到二三线城市。

经过几年在试点地区的探索，跨境电商零售进口政策体系不断完善，在丰富国内市场供给、带动相关行业发展、更好满足人民美好生活需要等方面取得积极成效。

二、优惠政策

商务部、海关总署、税务总局等部门出台了一系列支持跨境电商综合试验区发展的政策措施，最具含金量的主要有以下4个方面。

1.无票免税

跨境电商零售出口"无票免税"政策。即对跨境电子商务综合试验区内的跨境电子商务零售出口企业未取得有效进货凭证的货物，凡符合规定条件的，出口免征增值税和消费税。

2.所得税核定征收

跨境电商零售出口企业所得税核定征收政策。综试区内符合一定条件的出口企业试行核定征收企业所得税办法，采用应税所得率方式核定征收企业所得税，应税所得率统一按照4%确定。符合小型微利企业优惠政策条件的，可享受小型微利企业所得税优惠政策；其取得的收入属于《中华人民共和国企业所得税法》第二十六条规定的免税收入的，可享受免税收入优惠政策。

3.通关便利化

通关便利化政策。跨境电商综试区内符合条件的跨境电子商务零售商品出口，海关通过采用"清单核放，汇总申报"的便利措施进行监管验放，提高企业通关效率、降低通关成本。

4.放宽进口监管

放宽进口监管条件。对跨境电商零售进口商品不执行首次进口许可批件、注册或备案要求，按个人自用进境物品监管。

▶ 根据以上案例内容请思考：

1.请结合案例、书本和查阅资料，谈谈你对速卖通平台快速发展的看法。

2.根据有关资料显示，阿里巴巴电商业务GMV已经全球第一，你怎么看待这一事件？和我国的相关产业政策有何关联？

▶ 解析

1.速卖通的快速发展离不开国家政策的支持和中国国民经济的长足发展，只有国家繁荣富强了，企业才可能壮大，人民才能安居乐业。

2.跨境电商离不开我国的产业扶持政策和产业结构的优化升级。

项目二习题

# 跨境物流主要方式及费用计算

## 项目目标

### 知识目标

1. 了解什么是跨境物流。

2. 熟悉当前跨境物流的主要方式。

3. 掌握邮政小包、e邮宝、国际（地区间）商业快递等跨境物流运费的计算。

4. 熟悉海外仓。

### 能力目标

1. 能够区分当前跨境物流方式。

2. 能够准确及时计算跨境物流的费用。

3. 掌握海外仓的特点。

### 素质目标

1. 培养学生严谨认真的处事态度。

2. 培养学生掌握基本的创新方法，具有创新意识。

◫ 项目三
引导案例

## 项目背景

现在跨境电商卖家越来越多，需要在店铺开始有订单之前，就要考虑物流的问题。那么怎么选择物流方式把货发到境外去呢？一般来讲，作为跨境电商中基数最大的小卖家，他们可以通过平台发货，也可以选择国际（地区间）小包等渠道发货。对于大卖家或者独立平台的卖家而言，他们需要优化物流成本，还需要考虑客户体验，需要整合物流资源并探索新的物流形式。所以对小汪来说，物流问题是个很棘手、很头疼的问题，需要提前了解相关的物流问题。

## 任务一　跨境物流方式介绍与选择

### 一、跨境物流简介

物流作为供应链的重要组成部分，是对产品、服务及相关信息从产地到消费地的高效、低成本流动和储存进行的规划、实施与控制的过程，目的是满足消费者的需求。电子商务物流又称网上物流，是利用互联网技术，尽可能地把世界范围内有物流需求的商家和提供物流服务的物流公司联系在一

■ 跨境
物流概况

起，提供中立、诚信、自由的网上物流交易市场，促进供需双方高效达成交易，创造性地推动物流行业发展的新商业模式。而跨境物流的不同之处在于交易的主体分属于不同关境，产

品要跨越不同的国（地区）界才能够从生产者或供应商到达消费者。跨境物流是指采用现代物流技术，利用国际化的物流网络，选择最佳的方式与路径，以最低的费用和最小的风险，实现货物在国际（地区）间的流动与交换。

跨境电商的发展带动了跨境物流的发展与变革，同样的，跨境物流的发展又为跨境电商的发展提供了更好的支撑，成为其重要组成部分和核心环节。

## 二、各类跨境物流方式介绍

跨境物流一直是制约整个跨境电商行业发展的关键性因素，尽管问题不断地在解决、服务水平不断地在提高，似乎境况仍不够理想，卖家只能感叹"适合自己的就是最好的"。面对各式各样的物流方案、物流服务商，从业人员又该如何选择"适合自己的"那个呢？下面就将介绍4种主要的跨境物流方式：邮政物流、国际（地区间）商业快递、专线物流及海外仓（单独在"任务三"介绍）。

### （一）邮政物流

邮政物流包括各境外邮政局的邮政航空大包、小包，以及中国邮政速递物流分公司的EMS、e邮宝等。下面着重介绍EMS、中邮小包和e邮宝3种常用的物流方式。

#### 1. EMS

EMS（express mail service），即邮政特快专递服务，是万国邮政联盟管理下的国际（地区间）邮件快递服务。它是中国邮政速递物流与各国（地区）邮政合作开办的中国与其他国家（地区）之间寄递特快专递（EMS）的一项服务。该业务在海关、航空等部门均享有优先处理权，它能高质量地为用户传递国际、国内紧急信函、文件资料、金融票据、产品货样等各类文件资料和物品。

（1）EMS资费标准

由于EMS资费是分区计算的，因此不同的分区会有不同的折扣，请扫描二维码进入EMS官网查询最新的资费标准。

▢ EMS资费标准

（2）EMS参考时效

EMS国际快递投递时间通常为3~8个工作日，不包括清关的时间。东南亚、南亚地区3天内可以妥投，澳大利亚4天可以妥投，欧美国家5天能妥投。各个国家（地区）的邮政、海关处理的时间长短不一，会造成有些国家（地区）的包裹投递时间延长，具体可以登录EMS官网，进入时限查询进行查看，如图3-1所示。

图3-1　EMS参考时效查询

（3）EMS跟踪查询

EMS跟踪查询可以采用以下两种方法。

①拨打EMS客户服务电话：当地电话区号+11185。

②登录http://www.ems.com.cn查询。查询国际EMS邮件时，还可通过查询链接，进入相关国家和地区邮政网站查询。

（4）体积和重量限制

EMS的体积和重量限制可以参考EMS官网http://www.ems.com.cn相关信息。

（5）优缺点总结

①EMS的优点

第一，邮政的投递网络强大，覆盖面广，运费比较便宜，一般找货代都可以拿到折扣。

第二，可以当天收货，当天操作，当天上网，清关能力比较强，具有优先通关的权利。

第三，能运送出关的物品较多，能运送其他公司限制运送的物品，如化妆品、箱子、服装、鞋子及各种特殊产品等。

第四，寄往南美及俄罗斯等国家（地区）具有绝对优势。

②EMS的缺点

第一，相比于商业快递速度偏慢。

第二，查询网站信息滞后，通达国家（地区）较少，一旦出现问题查询只能书面查询，时间较长。

第三，不可以一票多件，且大货价格偏高。

2. 中邮小包

据不完全统计，中国跨境电商出口业务70%的包裹都通过邮政系统投递，其中中国邮政占据50%左右的份额，中国香港邮政、新加坡邮政等也是中国跨境电商卖家常用的物流方式。

中国邮政航空小包（China post air mail）又称中邮小包、邮政小包、航空小包，是指包裹重量在2千克以内（阿富汗除外），外包装长宽高之和不超过90厘米，且最长边不超过60厘米，通过邮政航空服务寄往境外的小邮包。它包含挂号、平邮两种服务，可寄达全球各个邮政网点。挂号服务费稍高，可提供网上跟踪查询服务。中邮小包出关不会产生关税或清关费用，但在目的地进口时有可能产生进口关税，具体根据每个国家（地区）海关税法的规定而各有不同（相对其他商业快递来说，中邮小包能最大限度地避免关税）。

（1）中邮小包资费标准

中邮小包资费标准可以进入速卖通网站进行查询（https://sell.aliexpress.com/shipping/__pc/index.htm）。

（2）中邮小包参考时效

中国邮政并未对中邮小包寄递时效进行承诺，一般情况下，当日中午12时以前交寄邮局，一般晚上8时后可以在中国邮政官网查询包裹状态信息。

其运输时效大致为：到亚洲邻国5~10天，到欧美主要国家7~15天，到其他国家和地区7~30天。卖家可以通过相关的查询网站进行实时查询，例如，可通过全球物流查询平台17TRACK网站（http://www.17track.net/zh-cn）进行查询，以便及时了解投递信息。

（3）中邮小包跟踪查询

中邮小包中的平邮小包不受理查询，挂号小包则在大部分国家（地区）可以全程跟踪，但有部分国家（地区）只能查询到签收信息，而部分国家（地区）则不提供信息跟踪服务。

对于挂号小包的跟踪查询，可以采用以下几种方式。

①中国邮政官方网站：http://11185.cn。

②社会网站查询：如http://www.17track.net等。

③跨境电商平台的订单界面或是平台提供的物流数据可以查询。以速卖通为例，物流查询可以通过两种方式：一是在速卖通平台订单界面查询。物流商与速卖通平台已对接，速卖通会在订单详情界面直接展示物流跟踪信息。二是在菜鸟官方物流追踪网站查询（http://global.cainiao.com）。

（4）体积和重量限制

重量：小于或等于2千克（阿富汗为1千克）。

单件最大尺寸：方形包裹长、宽、高合计不超过90厘米，最长一边不得超过60厘米；圆卷包裹直径的两倍和长度合计不超过104厘米，长度不得超过90厘米。

单件最小尺寸：方形包裹至少有一面的长度不小于14厘米，宽度不小于9厘米；圆卷包裹直径的两倍和长度合计不小于17厘米，长度不小于10厘米。

（5）优缺点总结

①中邮小包的优点

第一，价格优势。资费低，直接按首重50克续重1克计费，首重最低5元即可以发到境外。

第二，全球化优势。中国邮政航空小包可以将产品送达全球几乎任何一个国家或地区的客户手中，只要有邮局的地方就可以到达，大大扩展了外贸卖家的市场空间。

第三，速度优势。包裹交邮局后当天可在中国邮政速递物流官网查到包裹状态。

第四，适用范围广。速卖通、eBay、敦煌等平台都可以使用，一般无特别的邮寄限制，国际违禁品和危险品除外。

②中邮小包的缺点

第一，速度较慢，丢包率高。

第二，一般以私人包裹方式出境，不便于海关统计，也无法享受正常的出口退税。

第三，许多国家（地区）不支持全程跟踪，中国邮政速递物流官网只能追踪境内部分，境外部分不能实现全程跟踪，卖家需要借助其他网站进行查询，便利性不高。

除了中国邮政小包，对于跨境电商卖家而言，还有其他的小包可以选择，如中国香港邮政小包、新加坡邮政小包、德国邮政小包、瑞士邮政小包、荷兰邮政小包、瑞典邮政小包、马来西亚邮政小包等，要结合自己的实际情况灵活运用。

3. e邮宝

e邮宝，又叫ePacket或EUB，是邮政速递物流为适应跨境电商轻小件物品寄递需要而推出的经济型国际（地区间）速递业务，利用邮政渠道清关，进入合作邮政轻小件网络投递。e邮宝旨在为线上卖家提供更便捷的物流服务，卖家在线下单、打印面单后直接由邮政速递物流上门揽收或将邮件交付邮政速递物流的经营部或收寄点，即可享受快捷、便利的e邮宝服务。

（1）e邮宝资费标准

e邮宝资费标准可以登录中国邮政速递物流官网进行查询。

（2）e邮宝参考时限

墨西哥20个工作日妥投，沙特、乌克兰、俄罗斯7~15个工作日妥投，其他路向7~10个工作日妥投。

（3）e邮宝跟踪查询

提供收寄、出口封发、进口实时跟踪查询信息，不提供签收信息，只提供投递确认信息。客户可以通过EMS网站、寄达国（地）邮政网站、eBay网站查看邮件跟踪信息，也可以拨打客服专线。对于无法投递或收件人拒收的邮件，e邮宝提供集中退回服务。

（4）体积和重量限制

限重：一般限重2千克，以色列限重3千克。

单件最大尺寸：方形包裹长、宽、高合计不超过90厘米，最长一边不超过60厘米；圆卷包裹直径的两倍和长度合计不超过104厘米，长度不得超过90厘米。

单件最小尺寸：方形包裹长度不小于14厘米，宽度不小于11厘米；圆卷包裹直径的两倍和长度合计不小于17厘米，长度不小于11厘米。

（5）优缺点总结

①e邮宝的优点

第一，经济实惠，免收挂号费和退件费。

第二，时效快，7~10天即可妥投，价格低，安全可靠。

第三，服务专业，为中国电子商务卖家量身定制。

第四，服务优良，提供包裹跟踪号，一站式操作。

②e邮宝的缺点

第一，通邮范围较小，覆盖面不广。

第二，e邮宝暂不提供邮件的丢失、延误、损毁补偿、查验等附加服务，不适合寄价值高的物品。

### （二）国际（地区间）商业快递

国际（地区间）商业快递主要是指UPS、FedEx、DHL、TNT这四大巨头，其中UPS和FedEx总部位于美国，DHL总部位于德国，TNT总部位于荷兰。国际（地区间）快递对信息的提供、收集与管理有很高的要求，以全球自建网络及国际化信息系统为支撑。下面将对这4种国际（地区间）快递进行介绍。

国标(地区间)
商业快递和
专线物流

#### 1. UPS

（1）UPS概述

UPS（United Parcel Service，联合包裹服务公司）在1907年作为一家信使公司成立于美国华盛顿州西雅图，是一家全球性的公司，其商标是世界上知名商标之一。作为世界上最大的快递承运商与包裹递送公司，UPS同时也是运输、物流、资本与电子商务服务领域的领导性企业。

UPS国际快递共分为以下4种国际快递服务。

①UPS Worldwide Express Plus (1~3 business days by 9am)：全球特快加急（运送时效为1~3个工作日，上午9点前送达），资费最贵。

②UPS Worldwide Express (1~3 business days by12pm/Noon)：全球特快（运送时效为1~3个工作日，中午12点前送达），资费较贵。

③UPS Worldwide Saver (1~3 business days)：全球速快（工作时效为1~3个工作日），也就是所谓的红单，资费适中。

④UPS Worldwide Expedited (2~5 business days)：全球快捷（工作时效为2~5个工作日），也就是所谓的蓝单，是最慢的，收费也最便宜。

在UPS的面单上，前3种方式都是用红色标记的，最后一种是用蓝色标记的，但是通常所说的红单是指UPS Worldwide Saver。一般的货代公司都可以提供上述4种服务。

（2）UPS资费标准

UPS的资费标准以其官方网站（https://www.ups.com/cn/zh/Home.page）公布的信息为准，或者卖家可以通过UPS的服务热线进行咨询。

（3）UPS参考时效

UPS一般2~6日可达200多个国家（地区），这是指从邮件可在网上查询到收件人收到此件为止。

（4）UPS跟踪查询

可以通过UPS官方网站的包裹追踪服务进行查询（https://www.ups.com/WebTracking/track?loc=zh_CN&requester=ST/），也可以使用第三方网站17TRACK（http://www.17track.net/zh-cn）进行查询。

（5）体积和重量限制

①每个包裹最大重量为70千克。

②每个包裹最大长度为270厘米。

③每个包裹最大尺寸：方形包裹周长合计不超过330厘米。

（6）若UPS国际快递接受超过重量限制的货件，将对每个包裹收取超重超长费，但每个包裹最多收取一次。具体资费标准可登录UPS官网查询。

（7）UPS的优缺点

①UPS的优点

第一，速度快、服务好。优势路线是美洲、日本路线，去美国的话差不多48个小时能到达。

第二，货物可送达全球200多个国家和地区，可以在线发货，提供全国109个城市上门取货服务。

第三，查询网站信息更新快，遇到问题解决及时。

②UPS的缺点

（1）运费较贵，要计算产品包装后的体积重。

（2）对托运物品的限制比较严格。

2. FedEx

FedEx（Federal Express，美国联邦快递），总部位于美国田纳西州孟菲斯，在中国香港、加拿大多伦多、比利时布鲁塞尔、美国迈阿密设有分支机构。联邦快递是全球最具规模的快递运输公司，每个工作日运送的包裹超过320万个，其在全球拥有超过138000名员工、50000个投递点、671架飞机和41000辆运输车辆，为全球200多个国家及地区提供快捷、可靠的快递服务。联邦快递设有环球航空及陆运网络，通常只需1~2个工作日就能迅速运送时限紧迫的货件，而且确保准时送达。联邦快递分为经济服务（international economy，IE）和优先服务(international priority，IP)。

（1）FedEx资费标准

联邦快递的"体积重量"计算公式为：长（厘米）×宽（厘米）×高（厘米）÷5000。如果货物"体积重量"大于"实际重量"，则按"体积重量"计费。此外，联邦快递超范围派送/取件附加费将按地区级别划分的费率收取附加费。具体资费标准以其官方网站（http://www.fedex.com/cn/）公布的信息为准。

（2）FedEx参考时效

①联邦快递优先服务：一般24个工作日可达，以该包裹从网上可查询到收件人收到此件为准。

②联邦快递经济服务：一般4~6个工作日可达，以该包裹从网上可查询到收件人收到此件为准。

（3）FedEx跟踪查询

登录联邦快递的官网，在"货件追踪"中输入跟踪号，点"查询"即可查询到信息，也可以使用第三方网站17TRACK进行查询。

（4）体积和重量限制

联邦快递服务对于货件的总重量无体积和重量限制，但是对于单件货物的体积和重量有限制。任何最长单边超过121厘米，或任何次长单边超过76厘米，或最长单边长度和其余边的周长超过266厘米的包裹，会收取附加服务费。但如已按超大货件收费，则该附加服务费不适用。具体收费标准可登录FedEx官网查询。可以一票多件（其中每件都不超过68千克），单票的总重量不能超过300千克，超过300千克需要提前预约；单件或者一票多件中单件包裹有超过68千克的，需要提前预约。

（5）FedEx优缺点

①FedEx优点

第一，到中南美洲和欧洲的价格较有竞争力。

第二，网站信息更新快，网络覆盖全，查询响应快。

第三，安全性高。

第四，售后服务好，赔偿周期短。

②FedEx缺点

第一，价格较贵，需要考虑产品体积重。

第二，对托运物品限制也比较严格。

3. DHL

DHL（敦豪航空国际快递）是全球著名的邮递和物流集团 Deutsche Post DHL旗下公司，主要包括DHL Express、DHL Global Forwarding、Freight 和 DHL Supply Chain几个业务部门。DHL的业务遍布全球200多个国家和地区，是全球国际化程度最高的公司之一。

（1）DHL资费标准

DHL的资费标准可以在其官方网站（http://www.dhl.com/cn-zh/home.html）进行查询。在计算价格时，体积重量=长（厘米）×宽（厘米）×高（厘米）÷5000，如果体积重量大于实际重量，则按体积重量计费，即按较大者收费。此外，去往偏远地区的快件需加收偏远地区附加费（美国除外），另还需加收燃油附加费。具体收费标准可以参考DHL官网相关信息。

（2）DHL参考时效

全球派送2~7个工作日妥投。

（3）DHL跟踪查询

DHL可以全程跟踪信息，并可以查到签收时间和签收人名字。具体信息可以在DHL官网查询到。

（4）体积和重量限制

寄往大部分国家（地区）的包裹要求小于等于70千克（单件），单件最长边不超120厘米。因部分国家（地区）对体积和重量限制不同，所以具体以DHL官网公布为准。

（5）DHL优缺点

①DHL优点

第一，速度快，到欧洲一般3个工作日，到东南亚一般2个工作日。

第二，可送达国家（地区）网点比较多。

第三，查询网站货物状态更新也比较及时，遇到问题解决速度快。

第四，21千克以上物品更有单独的大货价格，部分地区大货价格比国际EMS还要便宜，一般通过货代能拿到5折左右的折扣。

②DHL缺点

第一，走小货的话，价格较贵，不划算，也需要考虑产品体积重。

第二，对托运物品限制也比较严格，拒收许多特殊产品。

4．TNT

TNT（荷兰邮政集团）为企业和个人提供邮政和快递服务。总部位于荷兰的TNT集团，在欧洲和亚洲拥有高效的递送网络，且通过在全球范围内扩大运营分布来优化网络，提高查询效能，提供世界范围内的包裹、文件及货运项目的安全准时运送服务。TNT在世界60多个国家（地区）雇有超过143000名员工，为200多个国家及地区的客户提供邮政、快递等物流服务。

（1）TNT资费标准

TNT快递的运费包括基本运费和燃油附加费两部分，其中燃油附加费每个月变动，以TNT官方网站（https://www.tnt.com）公布的数据为准。

（2）TNT参考时效

一般为3~5天妥投，发货次日可在网上进行查询。

（3）TNT跟踪查询

可登录TNT快递的查询网站，在货件查询中输入跟踪号，点查询即可查询到信息。

（4）体积和重量限制

TNT快递单个包裹的重量不能超过70千克，一票不能超过500千克。

体积限制为：国际快递与国际经济快递3条边分别不能超过240厘米×120厘米×150厘米。体积重量超过实际重量需按照体积重量计费，体积重量的算法为长（厘米）×宽（厘米）×高（厘米）÷5000。具体情况可以在TNT网站进行查看，网址为：https://www.tnt.com/express/zh_cn/site/how-to/calculate-size-and-weight.html。

（5）TNT优缺点

①TNT的优点

第一，速度较快，通关能力强，到西欧3个工作日左右可达。

第二，可送达国家（地区）比较多。

延伸阅读：速卖通平台合作跨境专线物流介绍

第三，查询网站信息更新快，遇到问题响应及时。

第四，可免费、及时、准确追踪、查询货物。

第五，安全性能好，在欧洲、西亚、中东及政治、军事不稳定的国家（地区）有绝对优势。

②TNT的缺点

第一，需要考虑产品体积重，对所运货物限制也比较多。

第二，价格相对较高。

总体而言，UPS 是世界上最大的快递公司，其优势地区在美洲、日本线路。FedEx 对于去往东南亚地区的货物，在价格和速度上有绝对优势。DHL 是欧洲最大的快递公司，在欧洲、西亚和中东地区有绝对优势。TNT 是荷兰最大的快递公司，在西欧国家具有较强的清关能力。国际（地区间）快递以全球自建网络及国际化信息系统为支撑，为境外客户带来良好的购物体验。其总体优势是速度快、服务好、丢包率低，尤其是发往欧美发达国家非常方便。但价格昂贵，且价格资费变化较大。

### （三）专线物流

跨境专线物流一般通过航空包舱方式运输到境外，再通过本地合作公司以本土配送方式进行目的地派送。优势在于其能够集中大批量到某一特定国家或地区的货物，通过规模效应降低运输成本，价格一般比商业快递低。在时效上，专线物流稍慢于商业快递，但比邮政包裹快很多。目前专线物流提供方主要有3种：中小企业联盟、跨境电商平台和境内实力雄厚的第三方物流公司。跨境专线物流的劣势在于必须在某一段固定时间集中到大批量的货物。许多专线物流企业只能控制境内物流线路，境外物流仍交给当地邮政企业，也可能出现运送延迟的现象。同时，物流专线公司大多不接受退货服务。

目前，业内使用最普遍的专线物流包括美国专线、欧洲专线、澳大利亚专线、俄罗斯专线等，也有不少物流公司推出了中东专线、南美专线。

# 任务二　跨境物流费用计算

## 一、中邮小包资费计算方法

■ 跨境物流费用计算方法

中邮小包是当前跨境物流的主要物流方式，市场份额超过50%。当前中邮小包分为国际（地区间）邮政挂号小包（以下简称邮政挂号小包）和国际（地区间）邮政平常小包（以下简称邮政平常小包），需要注意的是邮政小包最大寄送重量要求低于2千克。

### （一）邮政挂号小包

邮政挂号小包资费计算公式为

资费=小包重量（千克）×资费标准（元/千克）+挂号费

1. 运送范围

邮政挂号小包支持发往全球200多个国家及地区。

□ 邮政挂号小包资费标准（部分国家）

2. 价格

运费根据包裹重量按克计费，1克起重。每个单件包裹限重2千克。

## （二）邮政平常小包

### 1. 运送范围

邮政平常小包支持发往全球200多个国家及地区。

邮政平常小
包资费标准
（部分国家）

### 2. 价格

运费根据包裹重量按克计费。30克及以下的包裹按照30克的标准计算运费，30克以上的包裹按照实际重量计算运费。每个单件包裹限重2千克，免挂号费。

---

※ 技能提示3-1

小汪所在的义乌天达贸易有限公司打算把一个包装后重1.2千克的包裹发往加拿大，请分别计算邮政挂号小包和邮政平常小包的运费。

〔解析〕

计算方法如下。

1. 邮政挂号小包

我们先找到中国境内运至加拿大的运费为54元/千克，挂号费18元/件，然后计算该包裹的总运费=1.2×54+18=82.8元。

2. 邮政平常小包

我们先找到中国境内运至加拿大的首重费用为3.45元/克，续重费用为113.81元/千克。因此该包裹的总运费=3.45+（1.2×1000−30）×113.81/1000≈136.6元。

需要注意的是如果该包裹小于30克，如为20克时，邮政平常小包的计算不能直接重量乘以运费，而应该直接按首重的费用计算。从事跨境电商行业一定要仔细核算成本。通过这个例子我们发现，使用邮政挂号小包相对便宜一些，这也是2018年邮政资费改革后的特点：对于较重的物品（大于300克），使用邮政挂号小包费用较低，使用邮政平常小包费用更高；而不挂号的邮政平常小包更适合邮寄重量在100克及以内的产品。

---

## 二、e邮宝运费计算方法

### 1. 运送范围

中邮e邮宝支持发往美国、俄罗斯、乌克兰、加拿大、英国、法国、澳大利亚、以色列、挪威和沙特阿拉伯等38个国家和地区。

e邮宝资费
标准

### 2. 价格

根据中国邮政速递物流官网发布的e邮宝资费和相关规定，运费根据包裹重量按克计费，美国、巴西、哈萨克斯坦、新西兰和日本起重50克，乌克兰起重为10克，其他路向起重为1克。英国和以色列每个单件包裹限重5千克以内，其他国家或地区每个单件包裹限重在2千克以内。

### ※ 技能提示3-2

小汪所在的义乌天达贸易有限公司速卖通平台上成交的重量为1.1千克的商品需通过e邮宝的方式寄送到英国，请计算运费。如果寄送的国家是美国呢？

〔解析〕

计算方法如下。

我们先找到中国境内运至英国e邮宝的运费为60元/千克，处理费为17元/件，则该包裹的总运费=1.1×60+17=83元。

再查询到中国境内运至美国的运费为64元/千克，处理费为15元/件，则该包裹的运费=1.1×64+15=85.4元。

需要注意的是，如果产品重量不足50克时，寄送到美国、巴西、哈萨克斯坦、新西兰和日本等国的运费需要按照50克计算。

## 三、国际（地区间）商业快递运费计算方法

当前主要的国际（地区间）商业快递有UPS、FedEx、DHL、TNT和EMS等5种，具体的物流成本计算方法如下。

### （一）计费重量单位

一般以每0.5千克为一个计费重量单位。

### （二）首重与续重

以第一个0.5千克为首重（或起重），每增加0.5千克为一个续重。通常起重的费用相对续重费用较高。

### （三）实重与材积

实重是指需要运输的一批物品包括包装在内的实际总重量。

体积重量或材积，是指当需要寄递的物品体积较大而实重较轻时，因运输工具（飞机、火车、船、汽车等）承载能力及能装载物品的体积所限，需要采取将物品体积折算成重量来计算运费的重量的方法。

轻抛物是指体积重量大于实际重量的物品。

### （四）计费重量

按实重与材积两者的定义与国际航空运输协会的规定，货物运输过程中计收运费的重量是按整批货物的实际重量和体积重量两者中较高的一方计算的。

### （五）包装费

一般情况下，快递公司是免费包装的，提供纸箱、气泡等包装材料。如衣物，不用特别仔细的包装就可以。而一些贵重、易碎物品，快递公司需要收取一定的包装费用。而包装费用一般不计入折扣。

## （六）通用运费计算公式

1. 当需寄递物品实重大于体积重量时的运费计算方法

当需寄递物品实重大于体积重量时的运费计算方法公式为

运费＝首重运费＋［重量（千克）×2－1］×续重运费

【例3-1】5千克货品按首重150元、续重30元计算，则运费总额为

150＋(5×2－1)×30＝420（元）

2. 当需寄递物品实际重量小而体积重量较大时的运费计算方法

这时，运费需按体积重量标准收取，再按上述公式计算运费总额。体积重量计算公式为

体积重量（千克）＝长（厘米）×宽（厘米）×高（厘米）÷5000

自2012年7月1日起，EMS针对邮件长、宽、高三边中任一单边达到60厘米及以上的包裹，规定都需要进行计体积重计算，计算公式为

体积重量（千克）＝长（厘米）×宽（厘米）×高（厘米）÷6000

长、宽、高测量值精确到厘米，厘米以下去零取整。

3. 国际（地区间）快递的燃油附加费

如果燃油附加费为9%时，则燃油附加费的计算公式为

燃油附加费＝［首重运费＋（重量/体积重量×2-1）×续重运费］×9%

## （七）总费用

从上面各公式可得出

总费用＝(运费＋燃油附加费)×折扣＋包装费用＋其他费用

※ 技能提示3-3

小汪所在的义乌天达贸有限公司要寄21千克普通货物包裹从上海到德国，总运费需要多少？

〔解析〕

公司选择某快递公司A，首重0.5千克260元，续重0.5千克60元，燃油附加费10%，折扣为8折。

那么，总运费＝［260＋(21×2-1)×60］×（1+10%）×80%＝2393.6元。

此外，某些快递公司对部分航线有特殊优惠价。例如，超过21千克时，它可以以一个特定的统一价计费。对于该例，通过B快递公司可以给到一个每千克60元的价格，则总费用＝21×60×(1+10%)＝1386元。

## 任务三　海外仓

2015年5月商务部《"互联网+流通"行动计划》的推出，使不少电商平台和出口企业通过建设海外仓布局境外物流体系。海外仓的建设可以让出口企业将货物批量发送至境外仓

库，实现当地销售，当地配送。

这种新的跨境物流形式有利于解决跨境电商的种种痛点，鼓励电商企业走出去。客户下单后，出口企业通过海外仓直接本地发货，大大缩短了配送时间，也降低了清关障碍；货物批量运输，降低了运输成本；客户收到货物后能轻松实现退换货，也改善了购物体验。2016年，"海外仓"也第一次出现在政府工作报告中。

海外仓

## 一、海外仓的概念

在跨境贸易电子商务中，境内企业将产品通过大宗运输的形式运往目标市场国家（地区），在当地建立仓库，储存产品，然后再根据当地的销售订单，第一时间做出响应，及时从当地仓库直接进行分拣、包装和配送。这些建立在海外的仓储设施就是海外仓。

※ 技能提示3-4

　　在速卖通平台，如果选择的是海外仓物流，那么产品发货地必须和运费模板设置的完全一样，需要根据海外仓所在地新增或编辑运费模板。

## 二、海外仓兴起原因

### （一）跨境电子商务的迅速发展对物流业的要求日益提高

退换货在境内网购中较为普遍，境外买家的心态与境内买家是一样的，也希望购买的东西快点送到手中，不满意还能轻松退换货，那怎么解决这个问题呢?回答是走出国门，提供与境外电商一样的本土化服务，充分利用中国制造的优势参与国际（地区间）竞争，这将是跨境电子商务实现可持续发展的关键。

实际上，海外仓将会成为电商时代物流业发展的必然趋势，原因如下。

第一，海外仓的头程将零散的国际（地区间）小包转化成大宗运输，会大大降低物流成本。

第二，海外仓能将传统的国际（地区间）派送转化为当地派送，确保产品更快速、更安全、更准确地到达消费者手中，完善消费者跨境贸易购物体验。

第三，海外仓的退货处理流程高效便捷，适应当地买家的购物习惯，让买家在购物时更加放心，能够解决传统的国际（地区间）退换货问题。

第四，海外仓与传统仓储物流相结合可以规避外贸风险，避免由节假日等特殊原因造成的物流短板，从而提高我国电商的境外竞争力，真正帮助电商提供本土服务，适应当地买家的消费习惯。

### （二）跨境电商根据企业自身需求转型建仓

第一，跨境电商与境内电商最大的区别就是把货物卖到境外，不稳定的物流体系是一大挑战。无论是企业还是个体电商，要想把生意做大，不仅要维护好自己的电子商务平台，还需要一个能降低成本、加快配送时效、规避风险的海外仓储系统。在前期，卖家只要把货物大批量运到海外仓，就有专门的海外仓工作人员代替商家处理后续各项琐事，在线处理发货订单，一旦有人下单就立即完成抓货、打包、贴单、发货等一系列物流程序，这可以给商家腾出时间和精力进行新产品开发，从而获取更大的利润。

第二，在境外市场，当地发货更容易取得买家的信任，大多数传统买家更相信快捷的本土服务，在价格相差不大的情况下，他们更愿意选择设置海外仓的产品，境内配送速度更快、安全性更高。特别是在"黑色星期五"、圣诞节等购物旺季，订单暴增，跨境配送的效率受到影响，丢包的风险加大，加上各国（地区）海关的抽查政策更加严格（例如，在途经意大利、西班牙海关时，包裹很容易被扣关检查），这将延迟配送的时间。而速度是与买家的满意度直接挂钩的，买家满意度的降低会威胁卖家账户的安全。因此，越来越多的境内卖家意识到应该选择海外仓。海外仓不仅可以将跨境电商中的物流风险"前置"，还会提高客户满意度，增加成交量，卖家的信誉和评价提高了，营业额也必然增长。

第三，除了本地发货的可信度和时效性，海外仓及其配套系统，也能给卖家带来更好的跨境贸易购物体验，节省更多的时间，减少出错率。

### （三）海外仓的数据化物流体系带动跨境电商产业链的升级

根据美国的经验，其海外仓已采取数据化、可视化的运营方式。我国可效仿这一模式。从长远来看，数据化物流日趋完善将进一步带动跨境电商产业链的升级。通过数据管理物流，分析流程中的时间点数据，有利于卖家在配送过程、成品发货流程等方面找出问题，在供应链管理、库存水平管控、动销管理等方面提高效率。

## 三、海外仓操作流程

以出口易为例。卖家根据对市场的预测进行备货，然后将这些货物交给出口易。出口易通过海运、空运等方式将卖家的货物运送到出口易在英国、美国、德国或者澳大利亚等地设立的仓库。当境外买家在卖家的网站、eBay网店或者其他渠道购物后，卖家可以在出口易物流管理系统下单，填写需要配送的产品、买家的联系信息和选择本地配送方式。出口易根据卖家的订单要求，对卖家存储在出口易海外仓库的产品进行境外当地配送，送达境外买家手中，如图3-2所示。

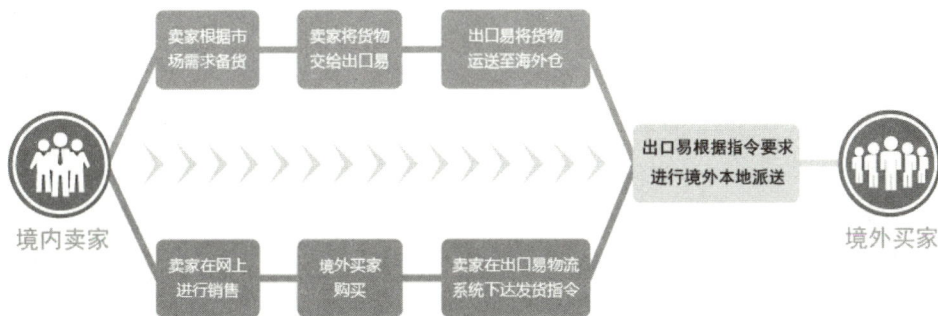

图3-2　海外仓操作流程

## 四、海外仓的优缺点

能得到跨境电商巨头们的青睐，海外仓必定有其自身特有的优势，那么它的优势具体体现在哪些方面呢？

### （一）海外仓优点

#### 1.降低物流成本

从海外仓发货，特别是在当地发货，物流成本远远低于从中国境内发货，例如在中国发DHL到美国，1千克货物要124元，在美国发货只需5.05美元（约合人民币37元）。

#### 2.加快物流时效

从海外仓发货，可以节省报关清关所用的时间。通过当地的海外仓发货，客户1~3天就可以收到货，大大地缩短了运输时间，加快了物流的时效性。

#### 3.提高产品曝光率

如果平台或者店铺在境外有自己的仓库，那么当地的客户在选择购物时，一般会优先选择当地发货，因为这样对买家而言可以大大缩短收货的时间，海外仓的优势也能够让卖家拥有自己特有的优势，从而提高产品的曝光率，提升店铺的销量。

#### 4.提升客户满意度

因为并不是所有收到的产品都能让客户满意，这中间可能会出现货物破损、短装、发错货物等情况，这时客户可能会要求退货、换货、重发等。这些情况在海外仓内便可调整，大大提高了物流的时效性，在一定层面上不仅能够重新得到买家的青睐，也能为卖家节省运输成本，减少损失。

#### 5.有利于开拓市场

因为海外仓更能得到境外买家的认可，从另一方面来看，如果卖家注意口碑营销，自己的产品在当地不仅能够获得买家的认可，也有利于卖家积累更多的资源去拓展市场，扩大产品销售领域与销售范围。

### （二）海外仓缺点

当然，海外仓也是把双刃剑，有优点，也有自己的不足。

#### 1.必须支付的海外仓储费

海外仓的仓储成本费用，国家（地区）不同费用也不同，卖家在选择海外仓的时候一定要计算好成本的费用与自己目前发货方式所需要的成本，两者对比进行选择。

#### 2.海外仓要求卖家要有一定的库存量

因为海外仓要求卖家有一定的库存量，所以对于一些买家特别定制的这类产品，就不适合选择海外仓储销售。

## ※ 技能提示3-5

### 海外仓商品中的VAT

VAT全称为value added tax，是欧盟的一种税制——销售增值税，指货物售价的利润税。它适用于欧盟国家境内产生的进口、商业交易及服务行为。VAT销售增值税和进口税是两个独立缴纳的税项，商品进口到欧盟国家的海外仓产生商品的进口税，而商品在其境内销售时会产生销售增值税VAT。

如果卖家使用欧盟国家本地仓储进行发货，就属于VAT增值税应缴范畴，即便卖家所选的海外仓储服务是由第三方物流公司提供的，也从未在当地开设办公室或聘用当地员工，也需缴纳VAT。

## 学以致用

### ▶资料一　构建高水平社会主义市场经济体制

党的二十大报告指出，坚持和完善社会主义基本经济制度，毫不动摇巩固和发展公有制经济，毫不动摇鼓励、支持、引导非公有制经济发展，充分发挥市场在资源配置中的决定性作用，更好发挥政府作用。优化民营企业发展环境，依法保护民营企业产权和企业家权益，促进民营经济发展壮大。完善中国特色现代企业制度，弘扬企业家精神，加快建设世界一流企业。支持中小微企业发展。深化简政放权、放管结合、优化服务改革。①

### ▶资料二　跨境民营企业探索跨境物流新模式

2021年9月3日上午8点，"黄海先锋"轮从宁波大樊信业码头开航，标志着义乌民营企业联手打造的"宁波—洛杉矶"直航航线正式首航。该航线是义乌扬翔国际货代和国联物流等企业"抱团发展"开辟的首条航线，也是义乌探索"包船"出海模式的第一次有益尝试。

仅今年来，受国际经济发展放缓等因素影响，境外港口拥堵情况日益突出，国际（地区间）海运市场缺舱、缺箱现象频发，导致运价持续上涨，严重制约了开放型经济发展。"目前海运费价格比疫情前上涨了5~6倍，而且这么高的价格还会有预订不到的情况，对我们外贸企业来说压力很大，出口节奏都被打乱了。"华鸿控股集团有限公司董事长龚品忠感慨。

为此，在海运费高涨、海运资源紧张的背景下，义乌市商务局依托组货人制度，充分发挥组货拼箱优势，提出了"包船"的设想，该设想是构建国际联托运体系的一部分。义乌全力谋划，通过构建国际联托运体系，搭建贸易订单履约平台，打造全球重要的小商品组货中心。

据悉，这趟"包船"预计历时18天到达洛杉矶。船上载着1700TEU（twenty-feet equivalent unit，20英尺集装箱），共有10000多吨货物。"仅华鸿控股集团有限公司就有40

---

① 1. 习近平. 高举中国特色社会主义伟大旗帜　为全面建设社会主义现代化国家而团结奋斗：在中国共产党第二十次全国代表大会上的讲话（2022年10月16日）[N]. 人民日报，2022-10-26（01）.

多个集装箱的货。"龚品忠高兴地说，这条船既保舱位又保箱，价格也更实惠。

义乌市商务局有关负责人表示，下一步，义乌将与有实力的国际航运企业密切合作，进一步深化"包船"模式，开通更多的国际（地区间）物流航线。

▶ 根据以上案例内容请思考：

1.案例中的国际（地区间）物流属于哪种物流方式？它有哪些优点？

2.案例中义乌市政府发挥了什么作用？反映了义乌市场市政府和企业怎样的精神和品质？

▶ 解析

1.案例中的物流方式属于专项物流，可根据书本相关内容回答其优缺点。

2.义乌市政府在市场经济发展过程中充分发挥了引领和指导作用，很好地诠释了"勤耕好学、刚正勇为、诚信包容"的义乌精神，也正是这样的精神，义乌才一步步建设成为"世界小商品之都"。

项目三习题

# 跨境电商选品

## 项目目标

### 知识目标

1. 跨境电商产品的基本特征和选品原则。

2. 跨境电商平台的选品禁忌及处罚方式。

3. 跨境电商选品的基本方法。

4. 主流跨境电商平台爆款产品开发和打造的策略。

### 能力目标

1. 掌握跨境电商选品的原则。

2. 能够使用跨境电商选品方法进行选品。

3. 能够使用平台数据分析产品经营状况。

4. 可以打造跨境电商产品爆款。

### 素质目标

1. 培养学生良好的自学能力。

2. 培养学生良好的创新创业能力。

项目四
引导案例

## 项目背景

对于新手卖家和中小卖家来说，选品是一个至关重要的环节。产品有没有销量、能不能成为爆款，就看选品是否对路。可以这么说，七分在选品，三分靠运营。可即便如此，很多卖家知道了选品的重要性，却不知如何来选品。当前出口跨境电商行业选品的渠道很多，但卖家也难免会走入选品的误区。小汪就是这些卖家当中的一员，在选品过程中，小汪发现选品不是一件简单的事情，除了要了解跨境电商产品的基本特征和一些须遵循的原则外，还要学会如何进行平台选品和直接用数据进行选品。同时小汪通过公司的老员工了解到，近几年，境外客户对境内各种产品的接受程度越来越高，尤其是一些包含中国文化元素的产品，购买量呈现出井喷式增长的趋势。因此，小汪决定以中国文化元素产品作为自己的选品主题。这样，一方面可以通过产品对中国文化进行宣传；另一方面，还可以牢牢把握这一蓝海行业。于是，小汪开始了自己的跨境电商选品之路。

# 任务一　跨境电商产品的基本特征和选品原则

## 一、跨境电商产品的基本特征

跨境电商成为互联网时代下的新生宠儿，受到了很多企业的狂热追捧，面对如此机遇，把握住商机最首要的一点就是要选择符合境外客户需求的产品，这些企业对于跨境电商这一市场跃跃欲试。然而在做跨境电商之前企业需要做许多准备，特别是对市场的调研，对跨境电商产品进行筛选。我们发现，跨境电商产品都有什么特点？归纳总结后，跨境电商产品具备以下基本特征。

跨境电商产品的基本特征和选品原则

### （一）产品符合目标市场消费者需求，市场潜力巨大，利润率相对较高

境内电商面对的基本是文化背景相同的消费者，而境外目标市场消费者的消费习惯与本国（地区）消费者不同，很多刚开始做跨境电商的公司不一定非常了解目标市场的文化，有可能你觉得很热卖的东西他们完全不感兴趣，你觉得很偏门、冷门的产品却成了他们的爆款。更何况，全世界有那么多的国家（地区），每个国家（地区）都有不同的文化和习惯，要确定你的产品到底适合哪个国家，适合什么样的消费者，便需要对目标市场消费者的购物习惯及行为进行深入研究，选择目标市场消费者喜欢的产品，从而赢得市场。

比如在美国，年龄在18~65岁的成年人大约有1.98亿，其中有60%的人喜欢户外活动，针对这一广大人群，可以开发泳衣、球网、护目镜、手电筒、帐篷灯等产品。而节假日产品大多都会选择提前一个月开发、上架，因为一方面卖家需要提前备货，另一方面需要注意把控物流的时间。当然也可以选择一些季节性产品进行销售，如冬天来临时可选择帽子、手套、围巾等保暖产品；夏季来临前则准备迷你风扇、笔记本冰垫、散热器等降温产品。

### （二）产品价格适中，对于产品的价格，一般选择单品价格在50~500美元之间的产品

跨境交易需要考虑到国际（地区间）运费，如果产品单价太低，而运费比产品价格要高出很多的话，那么买家的购买欲望也是会下降的。同时产品单价过低，企业的利润就得不到保障，会做得比较辛苦，也很容易招来竞争者。

而产品单价过高，比如一些奢侈品、贵重物品，又很难与客户形成一种信任关系，也不容易促使买家下单。

因此，产品的售价需要有足够的利润，既不能赔本赚吆喝，也不能价高赶客，需要寻找到一个平衡点，设定合理的实价空间。

### （三）产品要适合国际物流，体积小、重量轻，不容易破碎，适合长距离运输

跨境电商主要以零售为主，一般不大可能采用传统集装箱海运的方式运输。主要的物流模式包括：国际（地区间）邮政小包和国际（地区间）商业快递、专线物流、境内快递的跨境业务和海外仓5种方式，其中国际（地区间）邮政小包、国际（地区间）商业快递和专线物流是比较简单直接、使用频率较高的物流方式。据不完全统计，中国出口跨境电商业务70%的包裹都通过邮政系统投递，其中中国邮政占50%左右的份额。相对于境内物流，跨境

物流的费用较高、运送时间长，这就要求跨境电商在选择产品时，要选择一些体积和重量相对较小、不容易破碎的产品销售。因为物流不仅直接关系到跨境电商的交易成本，还关系到买家对卖家的满意度、购物体验和忠诚度。

### （四）产品简单易操作，售后成本低

在传统一般贸易情况下，如果产品出了问题，消费者可以直接找到经销商；如果整批货物出了问题，品牌还会启动召回流程。但在线跨境电商平台则复杂得多。跨境电商由于其发货周期较长、费用高，伴随的问题也往往比境内电商多，面临的售后服务是个很大的难题。所以在跨境电商平台一般尽量不销售功能多、操作起来复杂的产品，否则会增大客服工作量，影响售后服务的满意度。

### （五）产品要利于通关和清关

有些产品是不能过海关核查的，也有些产品国际（地区间）快递是不接受的。除了国家法律禁止的物品外，液体、粉末状物品、药品（需要专门的快递）、易燃易爆品等都是不能快递的；另外还需要搞清楚哪些国家（地区）是不接受某些进口产品的（比如，澳大利亚不接受化妆品、珠宝等物品的清关）。详情可以根据自己的产品咨询相关的物流公司，也可咨询同行业资深人士。

## 二、跨境电商的选品原则

根据目前我国跨境电商发展所处的阶段和发展特点，以及跨境电商产品选择中面临的主要问题，针对跨境电商企业，对跨境电商销售的产品选择方面，要着重考虑以下几条原则。

### （一）平台导向原则

近年来，跨境电商平台数量大大增加，到2015年，亚马逊、速卖通、兰亭集势等境内外跨境电商平台之间的竞争导致平台定位的差异化发展。在各大跨境电商销售平台的定位多元化背景下，跨境电商企业的产品选择就应该首先依据其经营的电商平台特征进行选择。因此，在进行产品选择时，应该根据不同网站平台的定位，研究该网站平台的目标市场及客户群体，从而针对性地制定在该销售网站平台上的产品种类、数量、定价等策略。

### （二）知识产权保护原则

我国的知识产权保护制度还不够完善，知识产权保护强度和执法强度还有待加强，因此，对于山寨产品的管理效果还不够明显。但是，这种侵权的行为，到知识产权保护强度较高的发达国家后，将会面临着数额较高的赔偿，支付较高的侵权成本，甚至会被限制进入市场。因此，在产品的选择上，应该遵从知识产权保护原则，选择不侵权产品进行销售。

### （三）数据决策原则

产品种类、产品数量、产品销售平台的具体选择，仍然应该依靠数据来进行决策，也就是这里所说的数据决策原则，切忌不做市场调研就决定产品种类。一是从数据了解电商平台的定位，可通过分析电商平台的销售种类、客户群特征等来选择合适的电商销售平台；二是从行业数据入手，通过分析行业研究报告、会展数据等，确定适合经营的产品种类；三是对客户需求进行区域化分析，主要是依据各种数据分析工具，对不同种类产品的客户需求区域

进行划分，并有针对性地选择不同区域客户对应的产品。

### （四）价格适中原则

在跨境电商价格战和成本战的大背景下，很多跨境电商企业在选择销售产品时，过于关注产品价格和产品成本。这样会导致销售产品质量的下滑，最终只能陷入价格战和成本战的恶性循环中，当价格和成本不能再低，就只能退出市场。价格适中原则是指在保证质量的情况下，选择价格适中的产品进行销售，而将竞争点放到品牌竞争、信誉促销等方面，以培养电商企业的异质性和竞争优势。

### （五）渠道原则

尽管价格战和成本战阻碍了跨境电商行业的发展，但是对于跨境电商企业乃至所有企业而言，成本战略和价格战略仍然是重要的竞争优势源泉。但是，价格优势和成本优势并不应该通过人为压低价格或调换生产材料等方式获得，而应该通过挖掘渠道来获取。因此，在选择同一款产品进行销售时，渠道选择的不同也会导致不同的价格和成本。因此，渠道原则应该是跨境电商在激烈的市场竞争中获取竞争优势的重要原则。

# 任务二　跨境电商选品的禁忌

有很多产品是禁止在跨境电商平台上出售或者限制销售的。以速卖通为例，禁限售产品主要包括两大类产品：平台禁限售产品和侵权产品。跨境电商卖家在选品时，要杜绝选择这些产品，尽可能地避免侵权产品。

## 一、平台禁限售品

### （一）禁限售品目录

很多跨境电商的产品都是从淘宝上转移过来的。需要特别注意的是，并不是淘宝网上允许销售的产品就一定能在跨境电商平台上销售。以速卖通为例，有些在淘宝网上可以销售的产品在速卖通上会被禁止销售，比如减肥药等。所以跨境电商卖家在开店选品之前需要做好充分的了解。

速卖通禁限
售产品目录
（部分）

速卖通平台禁止发布任何含有指向性描述的禁限售信息。任何违反禁限售规则的行为，阿里巴巴有权依据《阿里巴巴速卖通的禁限售规则》进行处罚。同时平台卖家不得在速卖通平台发布任何违反任何国家、地区法律法规或不符合监管要求的产品。

卖家不得通过任何方式规避平台的其他禁售产品管理规定及公告规定的内容，否则可能将被加重处罚，严重时可以采取关闭账户的处罚方式。

### （二）违反禁限售产品目录的处罚标准

速卖通卖家如果违反《阿里巴巴速卖通的禁限售规则》，将会受到以下处罚。

（1）一般违规：一天内（即首次违规处罚时间起24小时内）累计扣分不超过12分；严重违规，每次扣48分，关闭账户。

（2）全部在线产品及下架产品均在"平台抽样检查"范围之内，如有违规行为会按照相关规定处罚。如果核查到订单中涉及禁限售产品，平台将会立即关闭该订单；如果买家已经付款，无论物流处于什么状态，卖家都必须全额退款给买家，并承担全部责任。

（3）针对恶意规避等情节特别严重行为（包括但不限于采用对产品信息隐藏、遮挡、模糊处理等隐匿的手段规避平台管理，经平台合理判断账户使用人本人或其控制的其他账户已因严重违规事件被处罚，账户使用人本人或其控制的其他账户被境内外监管部门立案调查，或虽未立案但平台有理由认为有重大嫌疑等严重影响平台管理秩序或造成一定负面影响的情况），平台保留直接扣除48分、关闭账户的权利。

（4）根据速卖通的处罚规定，每项扣分都将按行为年累计计算。例如，如果2021年12月25日卖家被处罚扣除12分，将会受到冻结账户7天的处罚；而被扣除的12分，需要在2022年12月25日才会被清零。如果卖家的处罚分数不断增加，那么整个店铺在搜索排序中的排名也会不断靠后。当累计扣分达到48分或者出现其他严重违规行为时，该卖家的账户将会被关闭。具体的处罚方式可扫描"违规行为的处罚规则"二维码了解。

违规行为的处罚规则

## 二、侵犯知识产权产品

2021年3月，速卖通平台更新最新速卖通知识产权规则，严禁用户未经授权发布、销售涉嫌侵犯第三方知识产权的商品或发布涉嫌侵犯第三方知识产权的信息。进一步加大对知识产权侵权的处罚和监控力度，以打击恶意钻空子兜售侵权产品的行为。

### （一）知识产权违规类型

1.概述

速卖通平台严禁用户未经授权发布、销售涉嫌侵犯第三方知识产权的产品。如果发布、销售涉嫌侵犯第三方知识产权的产品，则有可能被知识产权所有人或者买家投诉。平台也会随机对产品（包含下架产品）信息进行抽查，若涉嫌侵权，则信息会被退回或删除，根据侵权类型执行处罚。

2.速卖通平台知识产权侵权行为的类别

速卖通平台知识产权侵权行为主要包括但不局限于以下3类。

（1）商标侵权

商标侵权分为严重违规和一般违规两种，前者指未经注册商标权人许可，在同一种商品上使用与其注册商标相同或相似的商标；后者指其他未经权利人许可使用他人商标的情况。

（2）专利侵权

专利侵权指的是侵犯他人外观专利、实用新型专利、发明专利、外观设计。

（3）著作权侵权

著作权侵权指的是未经权利人授权，擅自使用受版权保护的作品材料，如文本、照片、视频、音乐和软件。

### （二）侵犯知识产权处罚标准

速卖通一直重视对知识产权的保护，出台了很多政策保护规则，平台将为权利人提供维权投诉、品牌合作、知识产权投诉等一站式服务。自2021年3月4日起，速卖通平台全面执行新规，若卖家发布涉嫌侵犯第三方知识产权的信息，或销售涉嫌侵犯第三方知识产权的商品，则有可能被知识产权所有人或者买家投诉，平台也会随机对店铺信息、商品（包含下架商品）信息、产品组名进行抽查，若涉嫌侵权，则信息、商品会被退回或删除。根据侵权类型执行处罚。具体的惩罚措施详见"速卖通知识产权规则"二维码。

速卖通
知识产权

### （三）对平台卖家的建议

1. 尊重知识产权

平台卖家要严格排查店铺的在线产品，若存在侵权行为，应立即将侵权产品删除。同时，严格把控进货来源，杜绝来源不明的产品，建议实拍图片，提高图片质量，让买家更直观地了解产品，以获得更多订单。

2. 发展有品质的自营品牌

尽量选择有品质的产品，并注册自有品牌，跟平台一起，扩大自营品牌影响力，让自己的品牌产品出海，不断增加附加值。

3. 完成品牌准入流程

完成品牌准入再发布品牌产品，不要发布未获得发布权限的品牌产品。

### ※ 技能提示4-1

罗伯特先生在速卖通平台上经营一家专门销售孕妇及婴童产品的店铺，最近他发现有一款童装上面印有米老鼠的图案，于是就在自己产品的标题撰写中使用了Mickey Mouse的字眼，撰写的标题为：Military uniform Mickey and Minnie Mouse mascot costume Free Shipping。结果这款产品的曝光量和浏览量大增，销售量也随之增加。但是罗伯特先生的产品Mickey Mouse严重侵犯了知识产权，速卖通平台将此产品强行下架，并通知他如不及时处理将冻结或者关闭其账户。因此在经营速卖通店铺时，要严格遵守相关法律法规，不要去触碰红线。

# 任务三　跨境电商选品的方法

## 一、站内选品

跨境电商的火爆吸引了众多人群涌入跨境电商平台，而跨境电商的选品却给许多人带来难题，跨境电商正处于逐渐摆脱价格战和同质化的初级阶段，朝着品牌化和移动端的成熟方向发展。这样的趋势让大家更加注重选品的方法和技巧，注重产品的质量和品牌的打造。站内选品的内容主要以

后台数据与
选品

速卖通为例，针对行业选品、产品选品、直通车选品及国家站选品展开，围绕市场和行业进行介绍。

### （一）行业选品

行业选品，就是卖家选择从事什么样的行业经营。

登录"我的速卖通"—"生意参谋"—"市场大盘"界面，卖家可以选择自己想了解、进入的行业。如选择运动与娱乐婴儿活动用品行业，可得到如图4-1所示的界面。

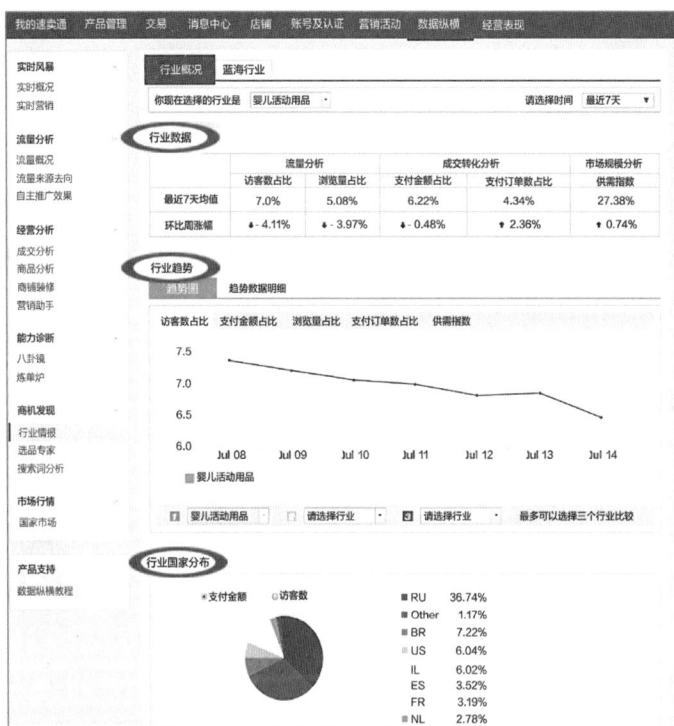

图4-1 "婴儿活动用品"行业情况分析界面

从图4-1中可知，行业概况从上到下依次分为三个部分，即行业数据、行业趋势、行业国家分布。其中，"行业数据"和"行业趋势"中的"访客数占比"是指该行业访客数占上级行业访客数的比例；"浏览量占比"是指该行业浏览量占上级行业浏览量的比例；"支付金额占比"是指该行业支付成功（排除"风险控制"因素）的金额占上级行业支付成功（排除"风险控制"因素）金额的比例；"支付订单数占比"是指该行业内支付成功的订单数（排除"风险控制"因素）占上级行业支付成功的订单数（排除"风险控制"因素）的比例；"供需指数"是指该行业中的产品指数与流量指数之比，供需指数越小说明该行业竞争越少。

以行业数据为例，其中的数字是7天之内的访客数占比，包括流量分析、成交转化分析、市场规模分析等各个方面。因为7天是一个星期，所以还有本周与上周的涨跌幅比较。

通过行业发展趋势，既可以看到趋势图，还可以查阅具体数据，点击图4-1中的"趋势数据明细"按钮，可以看到如图4-2所示的界面。

| | 流量分析 | | 成交转化分析 | | 市场规模分析 |
|---|---|---|---|---|---|
| | 访客数占比 | 浏览量占比 | 支付金额占比 | 支付订单占比 | 供需指数 |
| 2019-07-08 | 7.4% | 5.58% | 7.01% | 4.41% | 25.9% |
| 2019-07-09 | 7.25% | 5.54% | 6.14% | 4.13% | 25.97% |
| 2019-07-10 | 7.1% | 5.14% | 6.7% | 4.46% | 27.15% |
| 2019-07-11 | 7.03% | 5.03% | 6.19% | 4.29% | 27.63% |
| 2019-07-12 | 6.85% | 4.9% | 6.3% | 4.43% | 27.75% |
| 2019-07-13 | 6.89% | 4.8% | 5.48% | 4.22% | 27.87% |
| 2019-07-14 | 6.49% | 4.66% | 5.78% | 4.38% | 29.47% |

图4-2 "婴儿活动用品"趋势数据明细

除此以外，我们还能从图4-1中了解这个行业（婴儿活动用品）在不同国家（地区）的分布。就婴儿活动用品行业而言，具体到某一国家（地区），能够看到速卖通上访客数最多的前两位分别是俄罗斯和巴西，比重分别高达36.78%和7.22%。

卖家用这样的方法，对自己所关心的行业一个个进行研究比较，就一定会做出有利的判断。在进行行业比较时，要注意同一级类目与同一级类目相比才有可比性，跨级比较则没有意义。

如果卖家对所从事的行业不了解，可以登录"我的速卖通"—"数据纵横"—"行业情报"界面，看看哪些是蓝海行业。所谓蓝海行业，是指尚待开发的、未知的市场空间。这些行业充满市场需求，可是竞争却不激烈，所以商业机会更多。相对而言，红海行业就是指那些竞争已经处于白热化的行业，如饰品行业、婚纱、服饰行业等，具体如图4-3所示。

图4-3 蓝海行业（假发）分析界面

图4-3中每个圆圈代表1个一级行业蓝海，蓝色依次变淡，表明行业竞争越来越激烈、竞争优势越来越少，依次为假发、美容健康、办公文教用品、电话和通信、运动及娱乐用品、孕婴童用品、玩具、消费电子。

点击任何一个圆圈，可以查看该行业的具体详情。例如，点开第一个圆圈"假发"，可以看到如图4-4所示的界面。

图4-4　蓝海行业（假发）细分数据分析

继续点击"白人假发类"—"真人发接发"—"拉环接发"后面的"查看行业详情"，可以看到如图4-5所示的界面。

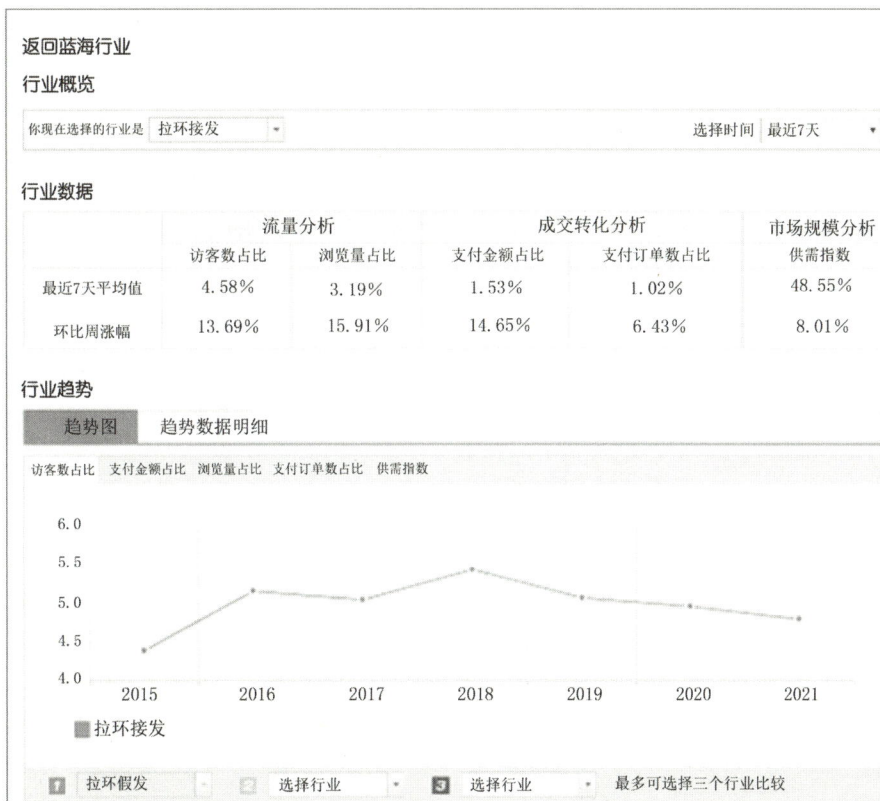

图4-5　"白人假发类"—"真人发接发"—"拉环接发"行业详情分析界面

图4-5中，卖家可以从各个角度来分析"白人假发类"—"真人发接发"—"拉环接发"行业销售的具体现状，看自己是否具有这方面的优势，然后做出产品选品选择。

## （二）产品选品

确定了要进入的行业之后，下面就要准备选择什么样的产品了。

　　产品选品首先要了解自己想从事的行业究竟有哪些产品。例如，如果卖家想卖童鞋，就要了解童鞋都有哪些细分类目，具体方法是：登录"我的速卖通"—"数据纵横"—"选品专家"界面，勾选"孕婴童"—"童鞋"，可以看到如图4-6所示的界面。从图4-6中，我们可以看出，童鞋的类目共分为"靴子""儿童休闲鞋""儿童平底鞋""皮鞋""花园鞋""凉鞋""拖鞋/家居鞋"七大类。采用同样的方法，可以查询其他类目。

图4-6　"童鞋"界面

　　我们以童鞋为例，登录"我的速卖通"—"数据纵横"—"选品专家"界面，勾选"孕婴童"—"童鞋"—"全球"—"最近30天"，可看到如图4-7所示的界面。

　　下载原始数据，可看到如图4-8所示的界面。

　　从图4-8中，我们可看出其中成交指数最高的产品是child casual shoe（儿童休闲鞋）。同样要注意的是，这仅仅是单独从成交指数角度而言的，所以还不够全面，只能作为卖家的一种参考而已。

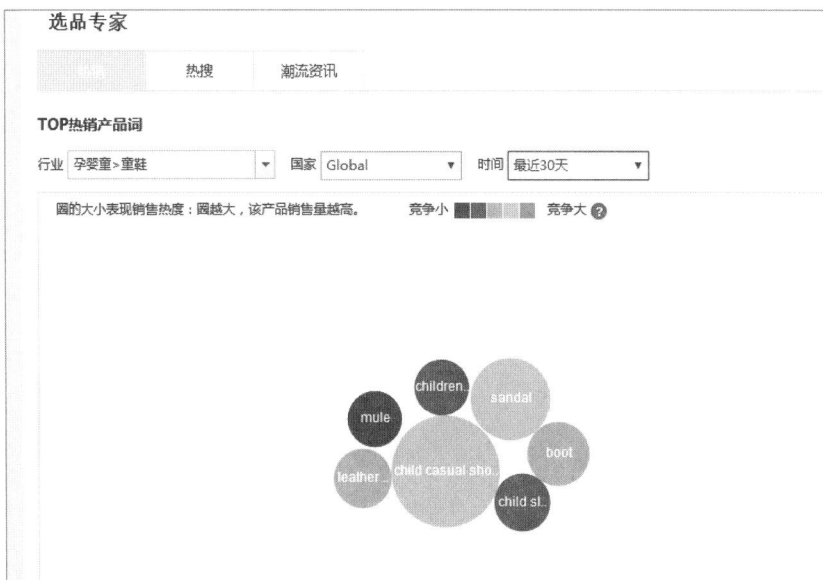

图4-7　童鞋"选品专家"界面

| | A | B | C | D | E | F |
|---|---|---|---|---|---|---|
| 1 | 行业 | 国家 | 商品关键词 | 成交指数 | 支付转化率 | 竞争指数 |
| 2 | 童鞋 | Global | boot | 1651 | 3 | 0.63 |
| 3 | 童鞋 | Global | child casual shoe | 9129 | 1 | 1.26 |
| 4 | 童鞋 | Global | child slipper | 302 | 5 | 0.28 |
| 5 | 童鞋 | Global | children flat | 28 | 7 | 0.46 |
| 6 | 童鞋 | Global | leather shoe | 793 | 4 | 0.85 |
| 7 | 童鞋 | Global | mule | 99 | 6 | 0.14 |
| 8 | 童鞋 | Global | sandal | 3220 | 2 | 1.18 |

图4-8　最近30天的童鞋数据下载界面

## （三）直通车选品

所谓直通车选品，是指利用速卖通直通车选品工具和关键词工具来进行选品。登录“我的速卖通”—“数据纵横”—“选品专家”界面，我们可看到“热销”和“热搜”两大类别，这就是可以用来作为直通车推广产品引流测品的工具。这里的“热销”是从卖家角度而言的，以方便卖家寻找爆品、畅销产品；而“热搜”是从买家角度而言的，当然同样也可以帮助卖家寻找商机、开发新品。

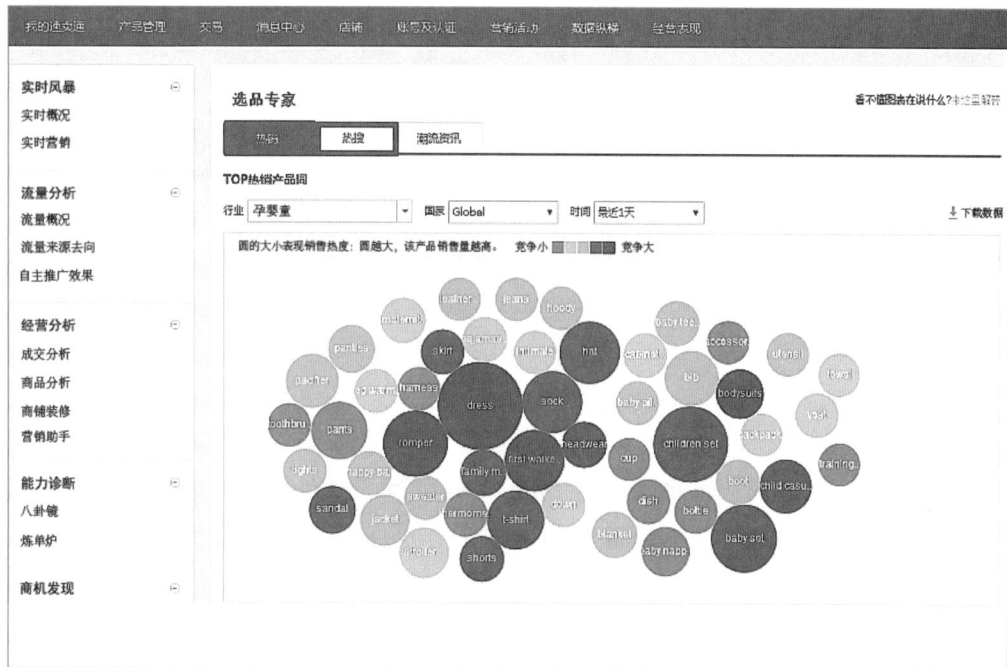

图4-9　“选品专家”中“孕婴童”—“全球”—“最近1天”数据

图4-9反映的是“最近1天”内“全球”最热销的“孕婴童”“热销”产品类目，卖家还可以分别选择“最近7天”“最近30天”的原始数据以供参考和分析。其中，圆圈规模越大，代表市场份额越大；圆圈颜色越深，代表竞争越激烈。

### （四）国家站选品

所谓国家站选品，是指卖家针对不同语种（主要是小语种国家或地区）有针对性地选择供应产品。下面通过一个实例来介绍国家站选品的方法。从图4-9中，我们可以看到，图中圆圈颜色最深的是 dress（连衣裙）和 first walker（学步鞋）。根据前面介绍的颜色识别方法，能看到这两种产品的销售量最高，竞争也最激烈。如果把光标放在该圆圈上，还可以看到它们的成交指数分别为36071和15172，前者是后者的2.38倍左右。那么，上面选择的全球各国（地区）中有没有竞争不激烈或者相对不那么激烈的国家（地区）呢？如果有，就是卖家最乐意看到的了。

如果勾选"孕婴童"—"最近1天"，把"全球"改为"以色列"，我们可看到如图4-10所示的界面。

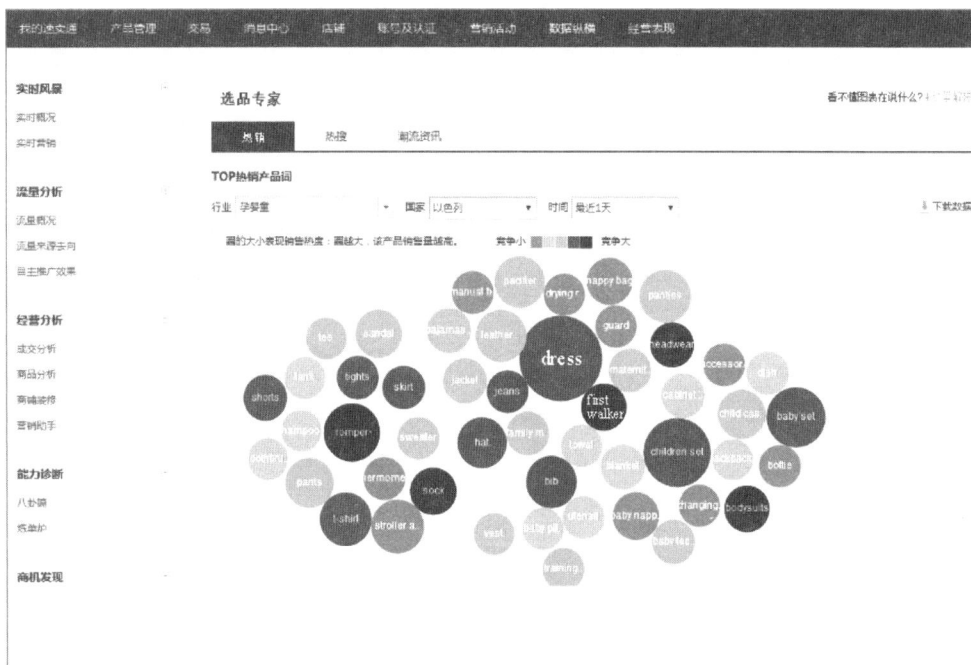

图4-10　"选品专家"中"孕婴童"—"以色列"—"最近1天"数据

从图4-10中，我们可以看到，dress的圆圈并不小，可是颜色淡了许多。而 first walker的圆圈小多了，颜色依然很深。如果把光标放在这两个圆圈上，还可以看到 dress的成交指数是1763，first walker的成交指数是213，前者是后者的8.28倍左右，与全球的这一数据相比，有成倍的增长。这表明，如果在以色列销售 dress比销售first walker会更好，虽然市场规模相对来说不是很大，但是市场竞争激烈程度低。为什么会出现这样的情况呢？这是因为以色列是属于阿拉伯语系，与英语国家市场竞争不同。因此，卖家应当多关注这种小语种国家的市场特点，从而从不同国家站来选品。

除此以外，我们还可以采取另外一种从热搜词角度出发的选品方法。登录"数据纵横"—"搜索词分析"—"热搜词"界面，勾选"孕婴童"—"以色列"—"dress"，我们可看到如图4-11所示的界面。

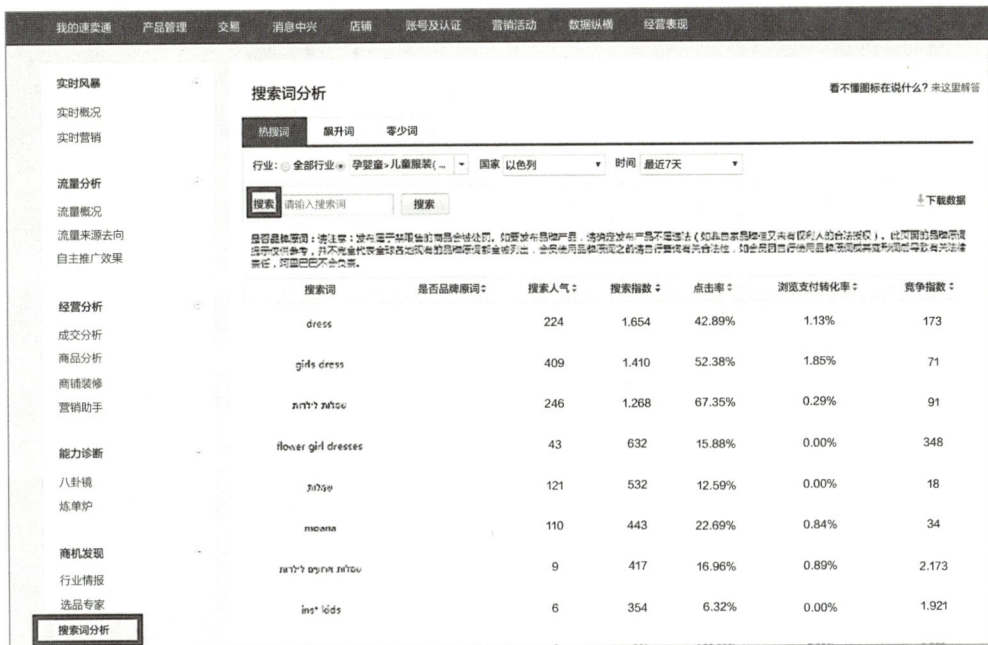

图4-11 "搜索词分析"界面

通过图4-11，我们就可以整理出与dress有关的阿拉伯语搜索词了。

## ※ 技能提示4-2

### 生意参谋的选品功能

生意参谋是速卖通基于平台海量数据打造的一款数据产品，卖家可以根据生意参谋提供的数据，为卖家的店铺选品、产品营销指导方向，做出正确决策。通过生意参谋可以了解到目前平台卖家都在卖什么产品，也可以知道平台买家想要什么。生意参谋里的选品专家功能以行业为维度，提供行业热卖商品和热门搜索关键词的数据，让卖家能够查看海量丰富的热卖商品资讯并多角度分析买家搜索关键词，卖家可以根据选品专家提供的内容进行选品、调整产品、优化关键词设置。掌握如何利用生意参谋来选品是一项很重要的技能。

## 二、站外选品

### （一）分析思路

通过分析各种搜索引擎或网络销售平台的数据，从不同的角度和视角，综合运用各种分析工具，全面掌握选择适合该市场、该目标客户的数据依据。

### （二）数据来源

1. 直接去境外进行实地调研

看看当地的客户在主要的采购场地购买哪些产品、价位如何、购买频率如何等，然后拿来跟境内相关产品进行比较分析。这种方法切实可行，获得数据较真实、直接，但是成本较高，耗时长，不是一般的跨境电商可以做到的。

2. 跟境外客户进行交流

多结交不同层次的境外人士，多跟他们交流，看看他们平时在线上、线下买些什么，愿意接受怎样的价格，得到数据后与境内相关产品进行比较分析。

3. 浏览境外相关零售网站

看看哪些产品销售情况更好，受到哪些人群光顾等。

4. 浏览境外品牌产品旗舰店

看看境外有关品牌产品的销售情况，为我们的品牌和特色产品定位寻找数据。

5. 平时生活的积累

想要开展跨境电商工作，就必须了解外国（地区）人的生活习性、兴趣、爱好。想要了解这些信息，最基本最直接的办法就是看该国（地区）电影、电视等，或许这些电影正在引领该国（地区）消费潮流。

6. 各种平台的数据分析

从这些数据平台上，我们可以看到该国（地区）客户主要搜索产品所属行业、国家（地区）、时间等，通过这些数据反过来可以看到他们的需求。

### （三）分析方法

1. 通过 Google Trends 工具分析品类的周期性特点，把握产品开发先机

Google Trends 类似于境内的百度指数，工具地址为 http://www.google.com/trends。可以将行业或产品关键词、国家、时间等作为查询条件。

例如，以关键词"swimwear"（泳装）为例，选择国家分别为美国和澳大利亚。我们可看到如图4-12、图4-13所示的界面。

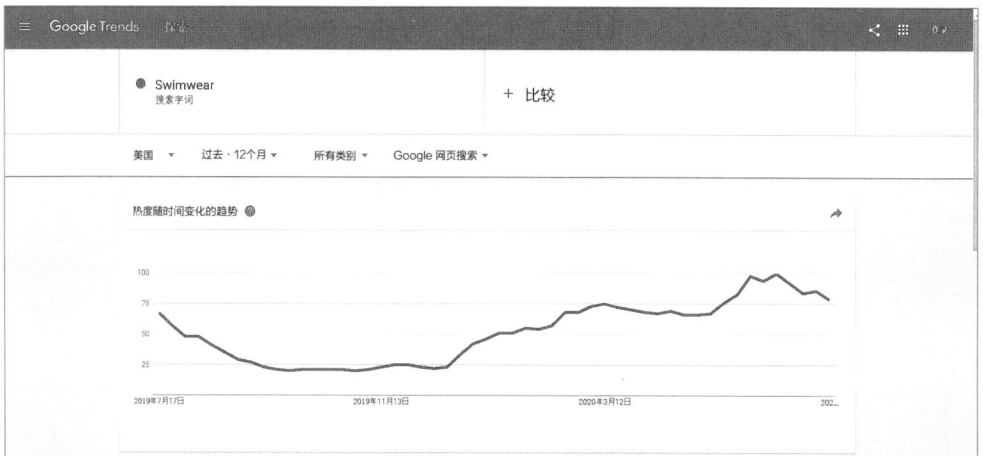

图4-12 "swimwear"在美国的搜索界面

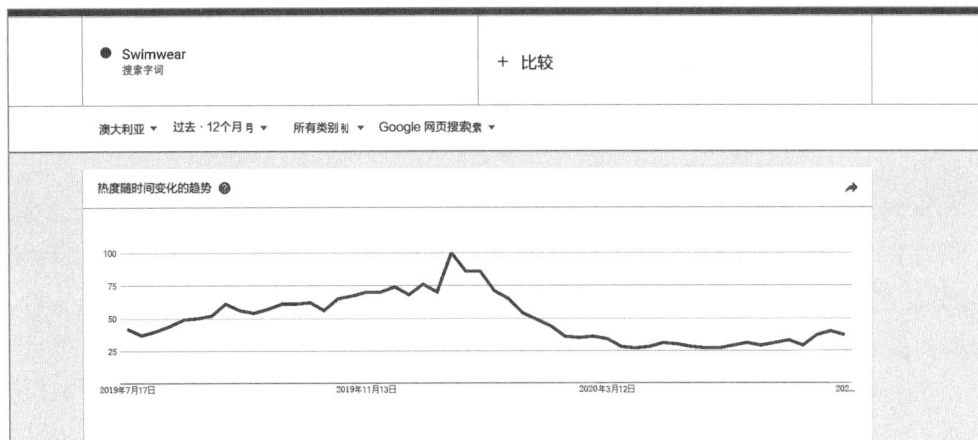

图4-13 "swimwear" 在澳大利亚的搜索界面

搜索结果显示，在北半球的美国，5—7月为泳装搜索的高峰期，而在南半球的澳大利亚，9月—次年1月为泳装高峰期。因此，对于美国市场的产品开发，我们在3—4月就要完成；而对于澳大利亚市场的产品开发，则需要在8—9月完成。如果不知道目标市场品类热度的周期规律，则肯定会错过在这个目标市场的销售高峰。

再如，要想抓住中国有关礼物在境外Christmas（圣诞节）的销售高峰时期，我们就要掌握圣诞礼物在世界范围内的关注热度和时间分配情况，在全球范围内，圣诞节在一年之中只有一次最热的宣传点和销售时期。通过在Google Trends上的搜索，我们可看到如图4-14所示的界面。

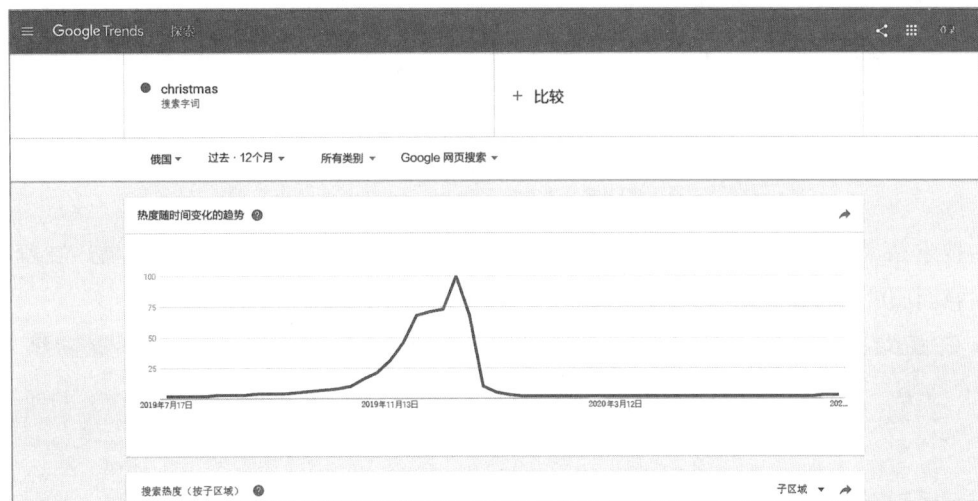

图4-14 圣诞节礼物销售高峰期数据界面

圣诞节礼物在每年9月份市场关注度逐渐提升，这就要求我们在这之前就做好各方面准备，等到10月、11月高速增长，到12月月底进入最高峰的时候，我们的产品能迅速打开市场，避免之后产品销售情况迅速跌至低谷的局面。如果能提前准备产品和相关的推广活动，则能从产品的整个热度周期占领市场，我们就能取得全面的胜利，否则只能在别人正准备撤出圣诞节的销售旺季时，捡别人的残羹冷炙，浪费资源、积压资金。通过这个案例，我们可以看出，任何一个产品都会有它独有的宣传时机，要想抓住商机，就必须在时间上抢占先机。在获得了各国（地区）品类开发的时间规律后，我们开始通过工具寻找我们的竞争对手经常使用的宣传网站及境外客户喜欢通过哪种网站浏览中国产品。特别是那些国际化程度比较高的网站平台，只有站在他们的角度，我们才能更快、更多、更好地获得相关资讯，在速度上再次抢占先机。

2. KeywordSpy分析工具

借助 KeywordSpy工具发现品类搜索热度和品类关键词，同时借助 Alexa工具，选择出至少3家该品类中以该市场作为主要目标市场的竞争对手网站，作为对目标市场产品品相分析和选择的参考。

KeywordSpy工具地址为http://www.keywords.com，可以将关键词、站点、国家等作为查询条件。还是以“swimwear”为例，选择美国为分析市场，查询条件选择 Keywords。我们可看到如图4-15所示的界面。

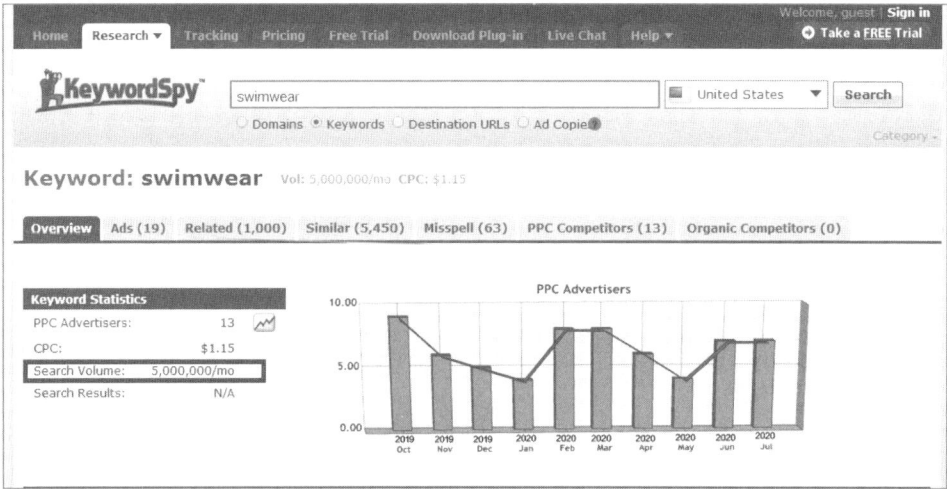

图4-15 KeywordSpy网站关键词“swimwear”在美国的月点击量

搜索结果表明，在美国市场，“Swimwear”月搜索量达到约500万次，市场热度较高。同时我们还可看到如图4-16所示的界面。

**Related Keyword Overview**

| Related (1,000) | Search Volume | CPC | Related | Search Volume | CPC |
|---|---|---|---|---|---|
| swimsuits | 5,000,000/mo | $1.12 | tankini top | 27,100/mo | $1.38 |
| swim suits | 3,350,000/mo | $1.19 | ladies swimwear | 33,100/mo | $1.53 |
| swimsuit | 11,100,000/mo | $1.12 | one piece bathing suits | 110,000/mo | $1.27 |
| swim wear | 1,220,000/mo | $1.13 | man swimwear | 18,100/mo | $1.07 |
| womens swimwear | 90,500/mo | $1.64 | sexy swimware | 480/mo | $0.93 |
| large cup size swimwear | 390/mo | $1.30 | string bikinis | 135,000/mo | $0.64 |
| large bust swimwear | 22,200/mo | $1.09 | bathing suit | 4,090,000/mo | $1.11 |
| brazilian swimwear | 18,100/mo | $0.64 | designer swimwear | 49,500/mo | $1.15 |
| bathing suits | 4,090,000/mo | $1.09 | bandeau swimsuit | 60,500/mo | $1.22 |
| women's swimwear | 110,000/mo | $1.52 | swimwear for women | 301,000/mo | $1.51 |

View More »

图4-16 KeywordSpy网站上关键词“swimwear”在美国的主关键词界面

从图中我们可以看出搜索量最大的几个关键词是泳装的主关键词，如 swimsuits、swim suits、swimsuit、swim wear、swim wear、bathing suits等，当然还有有关颜色、尺寸、材料、款式等的关键词，而这些关键词一般用来作为长尾关键词。将这些关键词用于产品搜索、产品信息加工中的命名及描述中，会大大提升SEO（search engine optimization，搜索引擎优化）的优化水平。同时搜索结果界面也会显示 swimwear这个关键词所对应的主要竞争对手网站的站点列表，特别是一些做得比较早、比较成功的竞争对手，如图4-17所示。

图4-17 "swimwear"在美国市场主要竞争对手网站的站点列表

我们可以对其中重点关注原始关键词较多的网站进行了解，反向确定我们的关键词和热销产品。以通过 KeywordSpy发现的某个竞争对手网站为例，利用 Alexa工具对该网站进一步分析，以确定是否可以将他们的作品作为我们选择有自己特色产品进行宣传的参考网站，缩短我们摸索的过程。

3. Alexa分析工具

Alexa工具地址为http://alexa.chinaz.com。我们以landsend.com为例进行查询，查询结果如图4-18、图4-19所示。

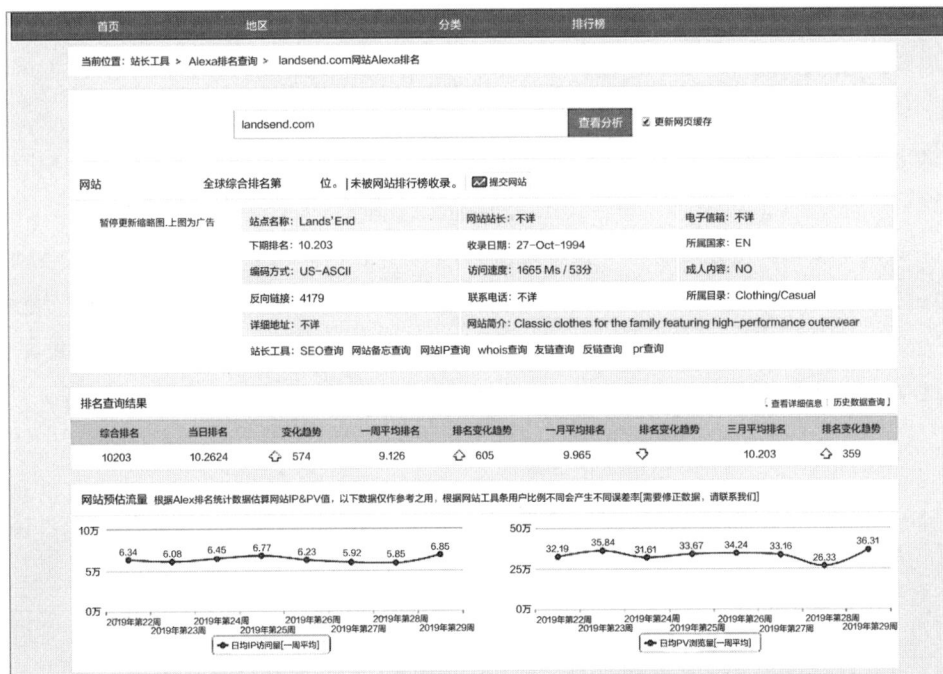

图4-18 landsend.com网站的排名查询界面

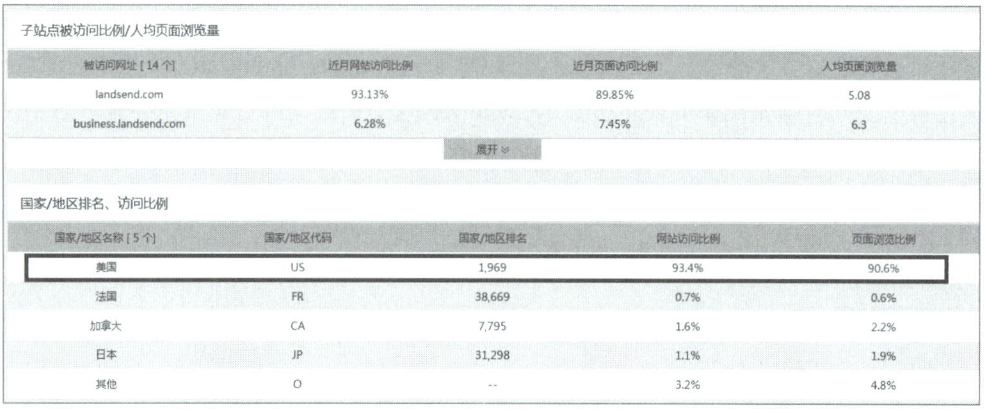
子站点被访问比例/人均页面浏览量

| 被访问网址［14 个］ | 近月网站访问比例 | 近月页面访问比例 | 人均页面浏览量 |
|---|---|---|---|
| landsend.com | 93.13% | 89.85% | 5.08 |
| business.landsend.com | 6.28% | 7.45% | 6.3 |

展开

国家/地区排名、访问比例

| 国家/地区名称［5 个］ | 国家/地区代码 | 国家/地区排名 | 网站访问比例 | 页面浏览比例 |
|---|---|---|---|---|
| 美国 | US | 1,969 | 93.4% | 90.6% |
| 法国 | FR | 38,669 | 0.7% | 0.6% |
| 加拿大 | CA | 7,795 | 1.6% | 2.2% |
| 日本 | JP | 31,298 | 1.1% | 1.9% |
| 其他 | O | -- | 3.2% | 4.8% |

图4-19　landsend.com网站国家/地区排名、访问比例界面

可以看到landsend.com这个网站的日均IP流量（代表网站的整体知名度）及该网站在各个地区的排名情况（代表网站在各个地区的知名度）。

仔细分析搜索结果，我们可以得出结论：这个网站的设计是以美国为主要目标市场，以北美为基础的推销中国产品的综合性宣传平台，且在美国有较高知名度。结合 KeywordSpy 工具的分析，我们可以确定：要想打开美国或北美市场，特别是泳装市场，此站完全可以作为用于研究适合美国市场的泳装产品的消费人群、消费能力、品相及价格定位的一个窗口，作为卖家在美国乃至北美市场的泳装类别的参考网站。

4. 通过 Excel软件中的VLOOKUP功能来进行分析等

VLOOKUP函数是Excel等电子表格中的横向查找函数，它与LOOKUP函数和HLOOKUP属于同一类函数，VLOOKUP是按行查找，而HLOOKUP是按列查找。关于该数据分析，在此不做详解。通过这种方式的分析，可以得到你想得到的所有数据比较，为你的选品提供直接的数据说明。

### ※ 技能提示4-3

#### 紧跟潮流选品

跨境电商选品可以参考一些国际潮流网站及社交平台（Facebook、Twitter、SNS、Instagram等），在这个网络时代，外国人喜欢在一些社交网站分享一些奇闻趣事，也有一些博主和网红会推荐给大家一些时尚潮流的新品，这些都可以成为卖家参考或开发的新商品。选品还可以参考明星及影视作品，比如一些电影上映时的衍生产品等。

## 学以致用

### ▶ 资料一　推进文化自信自强，铸就社会主义文化新辉煌

党的二十大报告指出，全面建设社会主义现代化国家，必须坚持中国特色社会主义文化发展道路，增强文化自信，围绕举旗帜、聚民心、育新人、兴文化、展形象建设社会主义文化强国，发展面向现代化、面向世界、面向未来的，民族的科学的大众的社会主义文化，激发全民族文化创新创造活力，增强实现中华民族伟大复兴的精神力量。

繁荣发展文化事业和文化产业，坚持以人民为中心的创作导向，推出更多增强人民精神力量的优秀作品，健全现代公共文化服务体系，实施重大文化产业项目带动战略。增强中华文明传播力影响力，坚守中华文化立场，讲好中国故事、传播好中国声音，展现可信、可爱、可敬的中国形象，推动中华文化更好走向世界。[①]

### ▶ 资料二　2022北京冬奥会吉祥物冰墩墩"一墩难求"

2022年北京冬奥会赛场内外，本届冬奥会吉祥物"冰墩墩"火了：官方特许商店外排起长龙，各大电商平台卖到断货。外国媒体对此纷纷报道，称"冰墩墩"大受欢迎。

"30天。这是冬奥会官方商店设定的发货时间。要等上这么多天，人们才能在家中收到北京冬奥会吉祥物'冰墩墩'的相关商品。"埃菲社发表题为《'冰墩墩'：北京冬奥会吉祥物在中国掀起抢购热潮》的观察报道称，在电商平台上，每名顾客最多只能预订两件"冰墩墩"商品……

据法国《解放报》网站报道，要准确地说出"冰墩墩"的名字，需要一点发音技巧……

《今日美国》报道称，自2月4日北京2022年冬奥会正式开幕以来，"冰墩墩"相关的玩具、贴纸、钥匙链、瓷器和其他小饰品纷纷售空……

美国有线电视新闻网报道称，"冰墩墩"已经成为冬奥会粉丝们的最爱……

俄罗斯第一频道网站报道，冰墩墩已经成为北京2022年冬奥会的"顶级流量"……

"冰墩墩"风靡全球后，其表情包也在海外社交媒体上受到了大批网友追捧。据日本电视台网站报道，有不少外国网友发现，在社交媒体推特上，当输入"冰墩墩"相关汉字时，就会迅速弹出匹配的表情符号。这一现象在社交媒体推特上成为热门话题。很多日本网友评论说："输入日语还不行……好遗憾！""'冰墩墩'的表情符号真可爱"，等等，纷纷表达着对"冰墩墩"的喜爱。

据拉美社报道，北京冬奥会的吉祥物"冰墩墩"和冬残奥会的吉祥物"雪容融"是从5816件国内外设计作品中挑选出来的。与所有重大体育赛事一样，2022年北京冬奥会的各种象征物也是主角之一，中国希望通过这些象征物让世界了解中国文化、传统和价值观中备受推崇的元素。

2月11日，《纽约时报》探访了位于北京市中心的奥运纪念品旗舰店，看到了长长的等待购买冬奥纪念品的队伍。报道引述一位北京居民的话说，中国的大人孩子都喜欢"冰墩

---

[①] 1. 习近平. 高举中国特色社会主义伟大旗帜　为全面建设社会主义现代化国家而团结奋斗：在中国共产党第二十次全国代表大会上的讲话（2022年10月16日）[N]. 人民日报，2022-10-26（01）.

墩"的设计，人们还在"冰墩墩"的受欢迎程度中发现了民族自豪感。"一个重要原因是国产品牌的崛起。我们为冬奥会开幕式感到骄傲。我们有文化自信。"

▶ 根据以上案例内容请思考：

1.党的二十大报告关于文化自信自强的论述和冰墩墩走俏对你的选品有什么启发？

2.中国5000多年的历史蕴含深厚的文化底蕴，但前些年很多年轻人推崇西方文化，向往国外生活，对此你怎么看？"一墩难求"又反映出了什么导向？

3.对文中"北京冬奥会的吉祥物'冰墩墩'和冬残奥会的吉祥物'雪容融'是从5816件国内外设计作品中挑选出来的。"对这句话你有什么想法？创新能给我们带来什么呢？

▶ 解析

1.党的二十大报告明确提出了要增强中华文明传播力影响力，坚守中华文化立场，讲好中国故事、传播好中国声音。而冰墩墩走俏正好说明这一点，结合党和国家的政策，我们在选品的时候可以更多的考虑富有中国文化元素的产品。

2.案例说明中国的文化被越来越多的国外消费者了解和接受，这也正是党的十八大以来中国文化自信的充分体现。

3.创新是一个企业、一个民族发展壮大的源泉，只有通过不停的创新，一个国家、一个民族才能获得源源不断的发展动力。

□□ 项目四习题

# 产品上传与店铺优化

### 知识目标

1. 物流模板设置。

2. 跨境电商产品上传的流程和详细步骤。

3. 关键词的设置方法和标题撰写的要求。

4. 产品定价的影响因素和产品的定价方法。

5. 店铺优化的方法。

### 能力目标

1. 能够设置跨境电商平台的物流模板。

2. 可以熟练上传产品。

3. 能准确地撰写产品标题。

4. 可以对跨境电商平台销售产品进行准确定价。

5. 掌握优化店铺的方法。

### 素质目标

1. 培养学生良好的沟通交际能力。

2. 培养学生良好的钻研精神。

3. 培养学生良好的创新意识。

项目五
引导案例

## 项目背景

　　小汪成功选择目标产品之后，在速卖通平台开启了自己的创业之路，因为相对于其他平台，速卖通平台拥有巨大的潜力和发展空间，还是有很大的优势，但平台上数量众多的卖家无疑会增加很多竞争对手。这时，增加产品的曝光率就成了一个很有必要的问题。速卖通平台发布一款产品，需要填写产品标题、关键词、属性及产品上传数量，这些会直接影响产品的曝光率，进而影响销售业绩。最近小汪新店铺的曝光量和访客数都有所上升，不过比较郁闷的是没有订单。于是他开始对自己的速卖通店铺进行全方位的分析与改进，在产品关键词、标题的撰写、价格的定位等各个方面进行全面优化。

## 任务一　设置跨境物流模板

### 一、认识跨境物流模板

　　在速卖通平台，卖家在发布产品之前需要事先设置好产品运费模板，如

设置
跨境物流模板

果尚未进行自定义模板，那么只能选择新手运费模板才能发布。

下面将介绍新手运费模板，在此基础上，学习如何自定义模板。

首先，登录速卖通店铺后台，点击"商品"下的"物流模板"，如图5-1所示。

图5-1　新增运费模板界面

接着，了解一下新手运费模板，即后台显示的"Shipping Cost Template for New Sellers"。单击模板名称，可以看到"物流方案"和"承诺运达时间"，如图5-2所示。

图5-2　新手运费模板界面

## 二、新建运费模板

### （一）运费模板自定义设置入口

对大部分速卖通卖家而言，新手模板并不能满足其需求，因此需要进行运费模板的自定义设置。设置入口有两个：一是直接单击"新增运费模板"按钮，二是单击"编辑"按钮编辑已有运费模板，新手运费模板为系统初始模板，不可编辑，如图5-3所示。

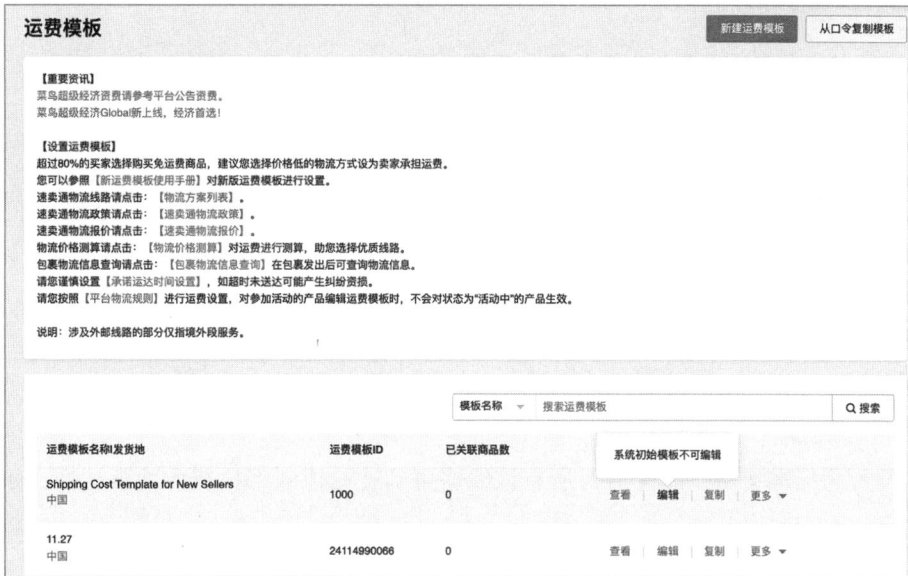

图5-3　编辑新手运费模板界面

虽然两种方式点击后显示的界面不一样，但包含的内容是一致的，即目的地（所有该线路可到达的地区）选择发货地区、选择物流方式、设置折扣、承诺运达时间，如图5-4、图5-5所示。

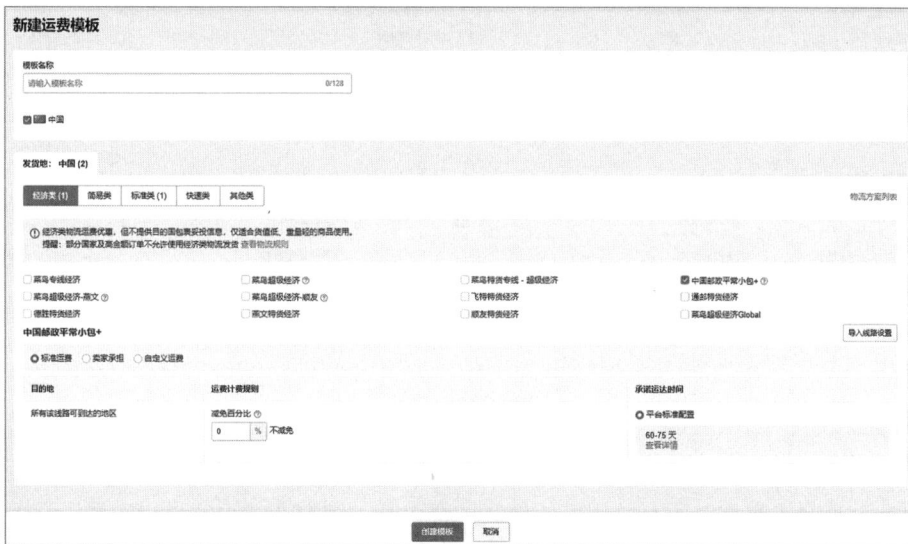

图5-4　运费模板内容

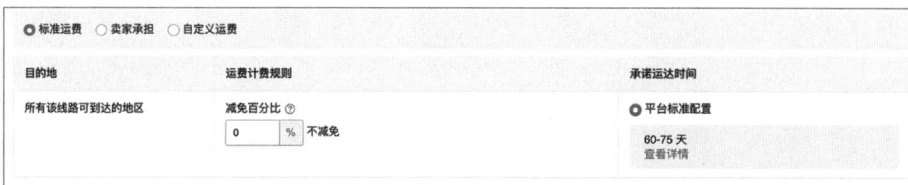

图5-5　选择国家/地区

## （二）运费模板设置

以中国邮政挂号小包为例，进行操作步骤说明。

（1）勾选该物流方式，如图5-6所示。

图5-6　勾选物流方式

若设置为标准运费，意味着对所有该线路可到达的地区都执行此优惠标准，如图5-7所示。

图5-7　设置标准运费

如果卖家希望产品对所有的国家（地区）都包邮，则勾选"卖家承担运费"选项即可，如图5-8所示。

图5-8　卖家承担运费设置

如果卖家选择不同的物流方案，在"承诺运达时间"里平台标准配置的运达时间有所差异，如图5-9所示。

图5-9　不同物流方案在"承诺运达时间"里显示不同标准配置

### （三）自定义运费模板设置

但在多数情况下，卖家并不统一设置运达时间，根据国家（地区）不同，需要进行更为细致的设置，此时可以通过自定义运费和自定义时间选项来实现。

卖家只需选择"自定义运费"即可对运费进行个性化设置。

在该过程中，第一步是设置国家/地区。有两种方法可以进行选择：一是按照大洲选择目的地；二是按照物流商分区选择目的地。这两种均可到达相同的效果，如图5-10所示。

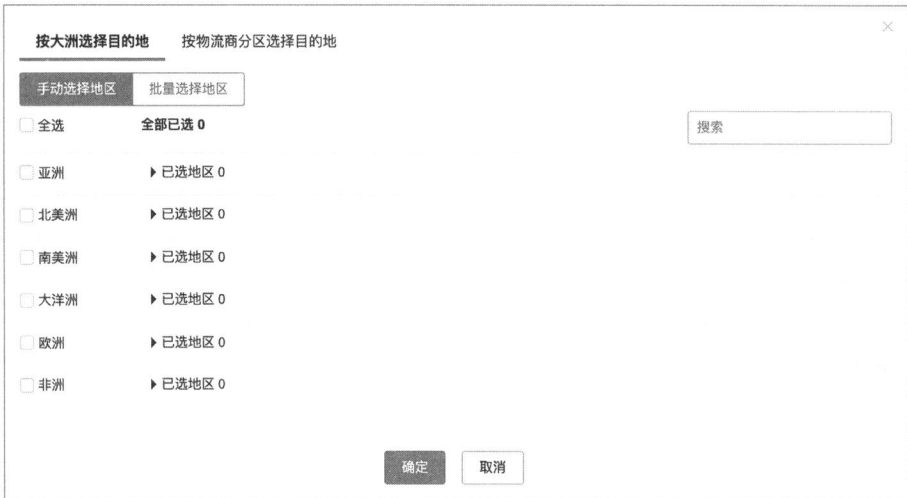

图5-10 设置国家/地区

为了便于说明，以对"梵蒂冈"和"厄瓜多尔"两个国家采取不发货方式为例进行说明。实际操作中，卖家可以根据自己的实际情况进行设置。

（1）首先选择国家/地区。

①方法一：按照地区选择国家，展开欧洲的国家名，如图5-11所示。

图5-11 展开欧洲国家名

找到"梵蒂冈"并勾选，如图5-12所示。

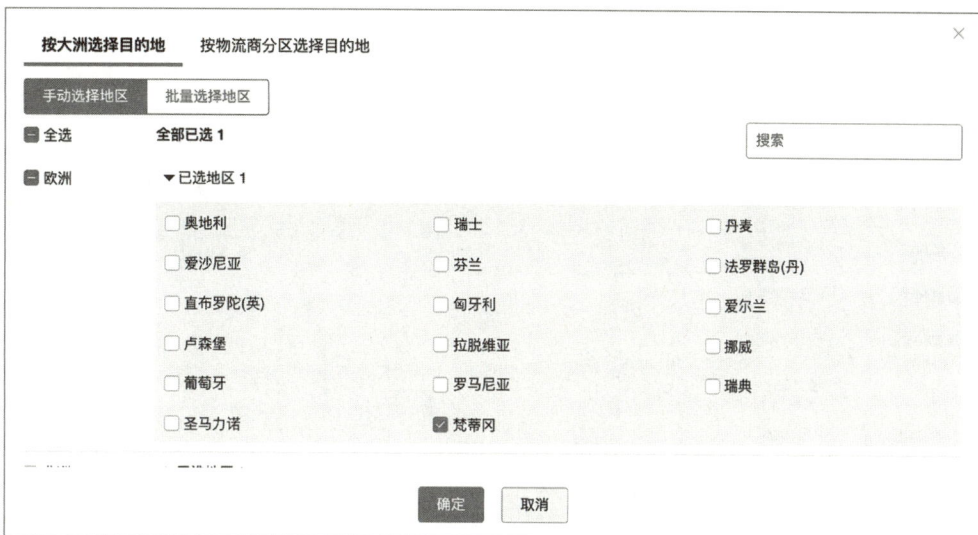

图5-12　勾选"梵蒂冈"

展开南美洲选项，勾选"厄瓜多尔"，如图5-13所示。

图5-13　勾选"厄瓜多尔"

②方法二：按照物流商分区选择目的地，仍以梵蒂冈和厄瓜多尔为例进行操作。在第164区可以找到"梵蒂冈"，在第44区可以找到"厄瓜多尔"，如图5-14、图5-15所示。

图5-14　在第164区找到"梵蒂冈"

图5-15　在第44区找到"厄瓜多尔"

（2）对已经选择的国家（地区）进行"不发货"操作，单击"确认添加"按钮，如图5-16所示。

图5-16　"不发货"操作

（3）如果需要对更多的国家（地区）进行个性化设置，则单击"新增目的地组合"按钮，如图5-17所示。

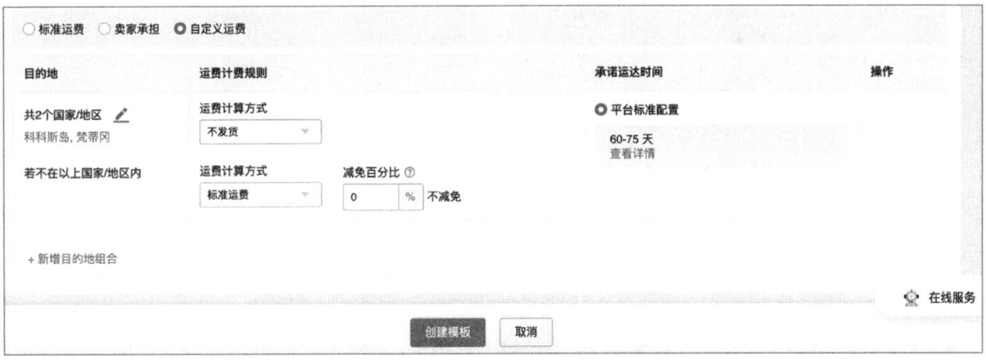

图5-17 "新增目的地组合"操作

然后选择相关的国家（地区），再进行发货类型设置。发货类型除了对选择的国家（地区）采取"不发货"操作外，还可以对标准运费设置一定程度的折扣减免，如图5-18所示。

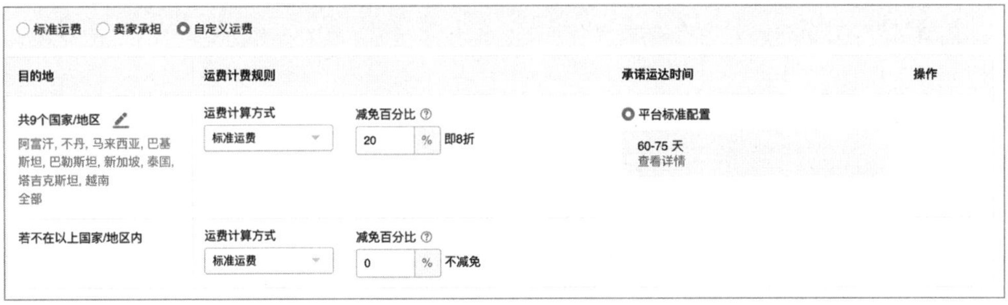

图5-18 设置标准运费折扣

当然，在运费设置上，也可以选择"卖家承担"运费，如图5-19所示。

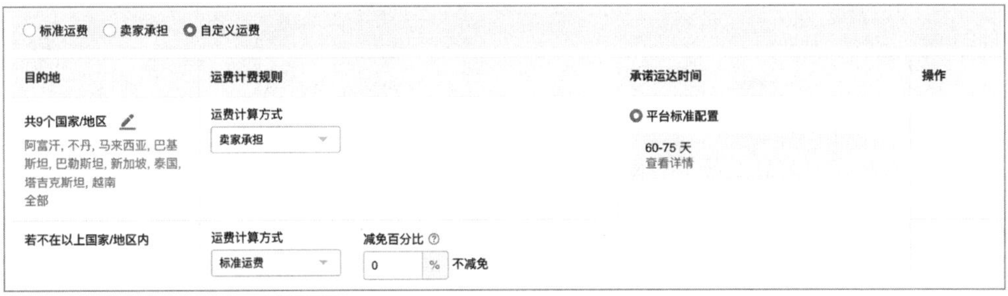

图5-19 "卖家承担"运费设置

（4）此外，还可以对重量或数量进行自定义运费设置，图5-20为对重量进行自定义运费设置。

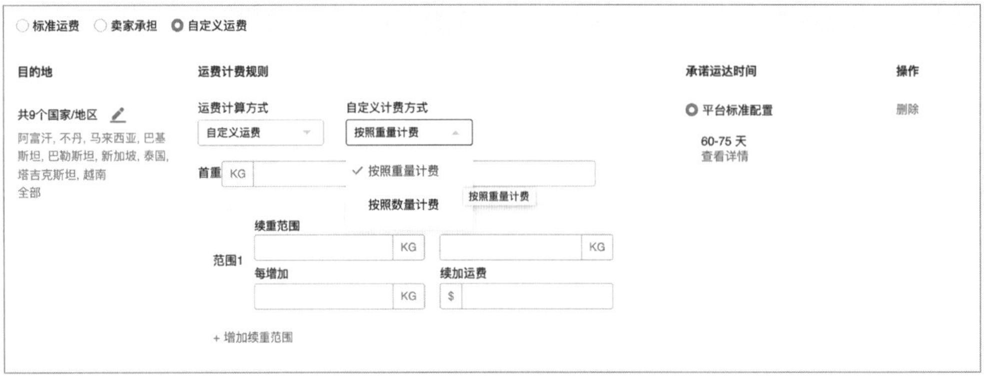

图5-20　对重量进行自定义运费设置

也可以对数量进行自定义运费设置，如图5-21所示。

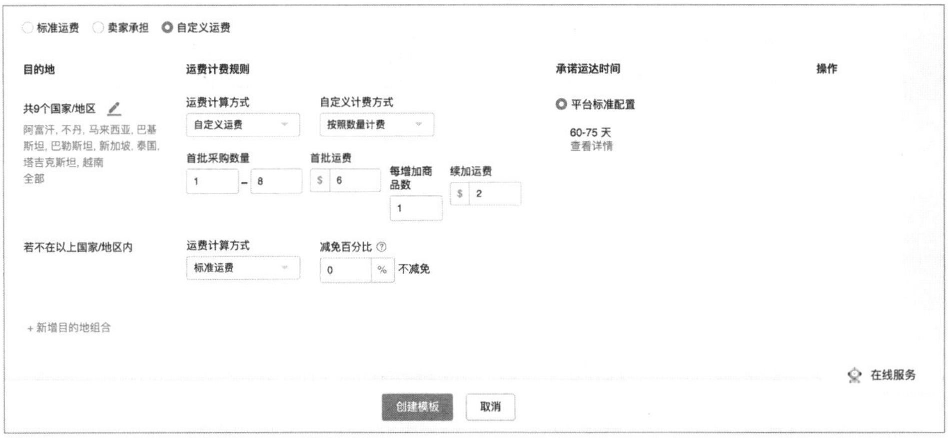

图5-21　对数量进行自定义运费设置

（5）单击"创建模板"按钮，如图5-22所示。

图5-22　创建模板设置

根据以上步骤操作，可以完成自定义运费的设置。

## （四）承诺运达时间设置

下面介绍承诺运达时间的设置，仍然以中国邮政挂号小包的设置为例进行操作。

（1）选择所需的物流方式后，平台自动显示"承诺运达时间"，如图5-23所示。

图5-23　选择"自定义运达时间"

（2）对不同的物流方案，平台显示不同的承诺运达时间。卖家选择"物流方案"后，可以看到速卖通平台标准配置的承诺运达时间，如图5-24所示。

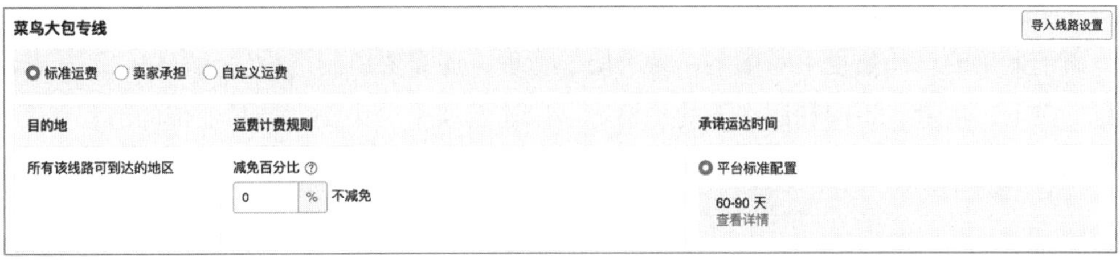

图5-24　速卖通标准配置的承诺运达时间

但实际上，承诺运达时间并非包裹发出到达买家的签收时间，所以为了更准确、更好地服务于买家，卖家可根据实际情况对物流模板进行调整，可在图5-25中进行相应的编辑操作。

图5-25　修改承诺运达时间

# 任务二　上传产品

## 一、跨境电商产品上传的一般流程

产品上传发布的一般流程

跨境电商以网络上的虚拟店铺为媒介，让买卖双方在其中达成交易。因此跨境电商店铺运营的首要内容，也是最重要的工作内容就是上传、发布产品。

### （一）产品发布的流程

不同的跨境电商平台的产品上传方式和流程不尽相同，但都包括设置产品标题、放置产品图片、计算产品价格、填写产品属性信息等环节。境外的一些跨境电商网站如亚马逊等则需要在上传产品的时候制作表格。

由于上架的产品数量不断增多，为了便于管理，还需要填制产品信息表格，涵盖产品的编号、成本、重量、不同利润率下的价格等。以速卖通平台为例，产品上传的流程如图5-26所示。

图5-26　产品上传的流程

### （二）产品上传的步骤

产品上传的步骤如下。

（1）制作上架产品信息。在实际操作之前，应该制作一系列的产品信息文件，包括主图、详情页图、产品价格、产品标题、产品属性等。

（2）准备好产品信息后，就开始上传产品。首先是选择产品所属类目，这部分要求掌握产品的英文名，只有对行业有比较准确的认识，才能把产品传到正确的所属类目。如果传错了产品类目，将会影响买家的搜索。有些跨境电商平台会对放错类目的产品进行诊断，并打击恶意放错骗取曝光的行为。那么如何在发布过程中避免类目错放呢？

①要对平台的各个行业、各层类目有所了解，知道自己所售产品从物理属性上来讲应该放到哪个大类目下，如准备销售手机壳，应知道是属于手机大类的。

②可在线上通过产品关键词查看此类产品的展示类目，作为参考。

③根据自己所要发布的产品逐层查看推荐类目层级，也可以参考使用产品关键词搜索推荐类目，从而在类目推荐列表中选择最准确的类目，发布时要注意正确填写产品的重要属性。

有些平台对部分产品制定了准入门槛，对于这样的产品，需要按照准入类目的提示信息联系行业经理，提交准入资料，通过审核后，平台才会给予产品上传资格。如果在取得上传资格之前，将准入类目的产品上传到其他类目，则属于乱放类目，这属于违规行为，会遭到平台的处罚。

（3）选择好产品所属类目之后，需要在产品发布界面填写产品属性。产品属性是指产品各方面的信息。在网上交易时，买家无法看到产品的真实信息，只能根据产品的图片、描述来进行判断，因此真实准确的属性信息对一个产品尤其重要。在发布产品时，属性填写应尽量准确，因为如果属性填写不准确，将会使买家在搜索时不能准确得到自己想要的产品。

（4）产品标题的拟定、关键词的选择，以及产品主图的放置，这部分在后面的章节里讲述。

（5）设置SKU和设置产品价格。SKU即库存进出计量的单位，定义为保存库存控制的最小可用单位，可以以件、盒、托盘等为单位。针对跨境电商而言，SKU还有另外的注解。

①SKU是指一款产品，每款都有一个SKU，便于识别产品。

②一款产品多色，则有多个SKU，如一件衣服，有红色、白色、蓝色，则SKU编码也不相同，如相同则会出现混淆、发错货的情况。再下来是制作产品详情界面，具体在后续展开。

（6）设置产品包装信息和选择物流模板。产品的包装信息要填准确，避免产生不必要的纠纷。物流模板制作好之后，在发布产品的时候选择相应的物流模板即可。

### （三）产品发布的详细步骤

我们以速卖通为例，在速卖通上传一个好的产品信息，能够更好地提升产品的可成交性，加快买家的下单决定。因此一个好的产品描述应该做到标题撰写专业、图片设置丰富、详情界面描述详尽、属性填写完整、价格设置合理、运费设置完善、备货及时等。

在速卖通发布一个产品主要包含以下几个步骤。

登录速卖通账户，进入卖家后台，选择"商品"一栏，点击"发布商品"按钮，进入产品发布界面，如图5-27所示。

图5-27 "我的速卖通"界面

1. 类目选择

请注意一定要根据自己产品所属的实际类目进行选择，方便买家更加快速地找到销售的产品。避免选错类目，错放类目的产品，曝光会受到影响甚至会受到平台的处罚。从2016年起，速卖通把各行业划分为八大经营范围，每个经营范围分设不同经营大类。而每个速卖通店铺只准选取一个经营范围进行经营，并可在该经营范围下跨经营大类经营。只要产品类目在同一经营范围内，店铺卖家就可以发布多个类目的产品。在发布产品时，产品要正确放置在各经营大类二级或三级类目下，如图5-28所示。如果在经营大类下发布非该经营大类所属产品，规避速卖通类目准入政策，或卖家通过作弊手段进行年销售额作假等，速卖通将依据严重扰乱平台秩序等规则执行账户处罚。

图5-28 "类目选择"界面

2. 产品基本属性的填写

产品属性包含两个方面：系统定义的属性和自定义属性。产品属性是买家选择产品的重要依据。一定要详细、准确地填写系统推荐属性和自定义属性，提高曝光机会。自定义属性的填写可以补充系统属性以外的信息，让买家对卖家的产品了解得更加全面。速卖通产品属性填写如图5-29所示。

图5-29 "产品属性"界面

3. 标题填写

产品标题是买家搜索到所销售的产品并吸引买家点击进入产品详情界面的重要因素。字数不应太多,一般各平台都有字数限定,要尽量准确、完整、简洁。一个好的标题可以包含产品的名称、核心词和重要属性。不要在标题中罗列、堆砌相同意思的词,否则会被判定为标题堆砌。举例如下。

Girls Newborn Baby Prewalker Princess Shoes Infant Toddler Butterfly Flower Bow Soft Soled First Walkers Shoes 0-1 Year.

这样的标题就属于关键词堆砌,会受到平台的处罚。

4. 产品图片设置

在选择产品图片时,可以选择发布多图产品。多图产品的图片能够全方位、多角度展示卖家的产品,大大提高买家对产品的兴趣。建议卖家上传不同角度的产品图片。多图产品最多可以展示6张图片。速卖通产品图片设置如图5-30所示。

图5-30 "产品图片设置"界面

5. 同一款产品不同属性的设置

同一款产品，因为颜色不同，产品的价格也会不同，所备的库存也是不同的，可以分别进行设置。

（1）针对不同颜色进行价格设置时，一定要注意产品是批量销售的还是单个销售的，如图5-31所示。

图5-31 不同属性产品的设置界面

（2）对于每个颜色的产品，可以上传本产品的缩小图，也可以选择系统定义的色卡。

（3）对于同一款产品，不同颜色的可以按照每种不同的颜色设置是否有库存。如图5-32所示。

预估含税零售价：根据欧盟以及英国相关法律、法规要求，我们协助您展示销售至欧盟地区商品的含税价，以方便您对前台售价做清晰了解。

批量填充　发往 Afghanistan

| 颜色 | 尺寸 | * 零售价(USD) | * 库存数量 | 商品编码 | 预估含税零售价 |
|---|---|---|---|---|---|
| 724 | S | 36.63 | 500 | 0/50 | 36.63 |
| | M | 36.63 | 500 | 0/50 | 36.63 |
| | L | 36.63 | 500 | 0/50 | 36.63 |
| | XL | 36.63 | 500 | 0/50 | 36.63 |
| | XXL | 36.63 | 500 | 0/50 | 36.63 |
| | XXXL | 36.63 | 500 | 0/50 | 36.63 |

图5-32　产品详情描述界面

6.产品详情描述

尽量简洁清晰地介绍产品的主要优势和特点，不要将产品标题复制到详情界面中。产品的详细描述是让买家全方面了解产品并有意向下单的重要因素。优秀的产品描述能增强买家的购买欲望，加快买家下单速度。一个好的详细描述主要包含以下几个方面。

（1）产品重要的指标参数和功能（如服装的尺码表、电子产品的型号及配置参数），如图5-33所示。

详细描述　包装与物流　其他设置

默认字体　默认字号　NEW

— Size Table —

| CN size | RU size | Chest Width Ширина груди | length длина | shoulder плечо | sleeve рукав | weight вес |
|---|---|---|---|---|---|---|
| M | 40 | 98 | 62 | 51 | / | 95-105(g) |
| L | 42 | 102 | 63 | 52 | / | 105-115(g) |
| XL | 44 | 106 | 64 | 53 | / | 115-125(g) |

图5-33　产品重要的指标参数

（2）5张及以上详细描述图片。

（3）售后服务条款。

7. 包装设置

在填写包装设置时，一定要填写产品包装后的重量和体积，这直接跟运费价格相关，请一定要准确填写。速卖通产品包装设置如图5-34所示。

| 基本信息 | 价格与库存 | 详细描述 | **包装与物流** | 其它设置 |

* 发货期 ⑦   `3`   天

* 物流重量 ⑦   `0.6`   公斤/件

☐ 自定义计重 ⑦

* 物流尺寸 ⑦   `15`   X   `10`   X   `10`   每件1500cm³

* 运费模板 ⑦   最新5.17 (Location: CN) ∨   新建运费模板

发货运费参考：以1件为例

从 `CN` ∨   发往国家/地区 请选择 ∨

| 物流公司 | 价格 | 运达时间 |

图5-34 产品包装设置界面

## 8. 运费设置

合理的运费设置可以大大降低产品的成本，因此在设置之前，一定要先跟物流公司确认好物流的价格和折扣，再定义运费。目前有两种方式可供选择。

（1）直接选择完整提供的新手运费模板，后期可以选择采用速卖通合作的物流服务商或者自己联系货代公司发货，如图5-35所示。

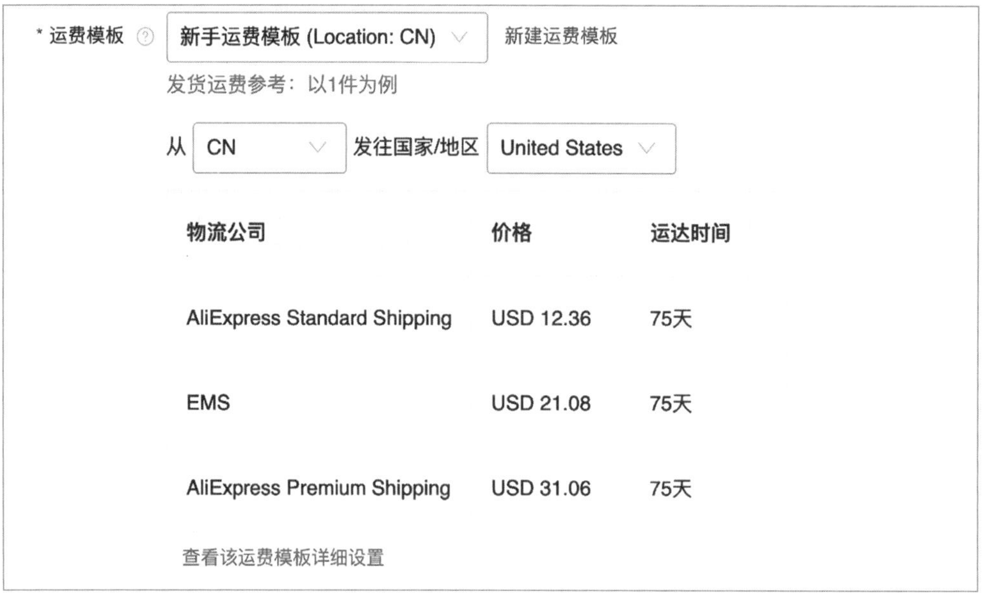

* 运费模板 ⑦   新手运费模板 (Location: CN) ∨   新建运费模板

发货运费参考：以1件为例

从 `CN` ∨   发往国家/地区 United States ∨

| 物流公司 | 价格 | 运达时间 |
| --- | --- | --- |
| AliExpress Standard Shipping | USD 12.36 | 75天 |
| EMS | USD 21.08 | 75天 |
| AliExpress Premium Shipping | USD 31.06 | 75天 |

查看该运费模板详细设置

图5-35 "新手运费模板"设置界面

（2）自定义运费模板。根据自己的经验和快递公司协商好的物流折扣，设置合理的运输方式及价格，如图5-36所示。

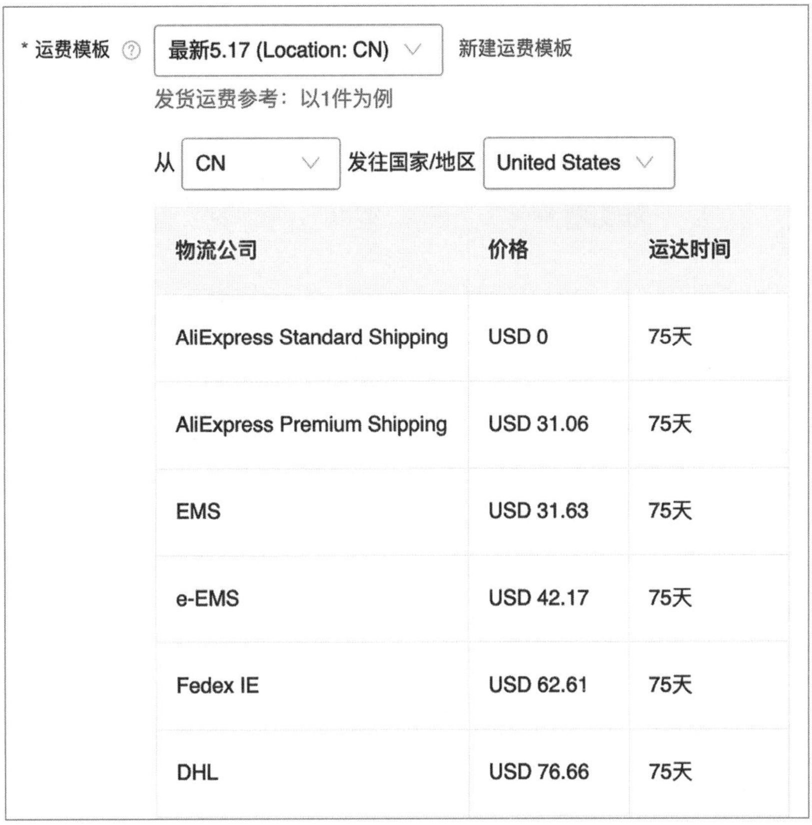

| 物流公司 | 价格 | 运达时间 |
|---|---|---|
| AliExpress Standard Shipping | USD 0 | 75天 |
| AliExpress Premium Shipping | USD 31.06 | 75天 |
| EMS | USD 31.63 | 75天 |
| e-EMS | USD 42.17 | 75天 |
| Fedex IE | USD 62.61 | 75天 |
| DHL | USD 76.66 | 75天 |

* 运费模板 ⑦　最新5.17 (Location: CN) ∨　新建运费模板

发货运费参考：以1件为例

从 CN ∨　发往国家/地区 United States ∨

图5-36 "自定义运费模板"设置界面

9. 其他设置

（1）选择正确的产品分组，方便后期买家在卖家店铺中查找商品，选择合适的库存扣减方式，便于卖家后期对产品的管理。

（2）可选择支付宝付款，同时勾选商品发布条款，如图5-37所示。

**其他设置**

商品分组 ⑦　[ T-s... × ∨ ]

库存扣减方式 ⑦　○ 下单减库存　● 付款减库存

支付宝　☑ 支持
通过全球速卖通交易平台进行的交易须统一使用规定的收款方式－支付宝担保服务。

* 商品发布条款　☑ 我已阅读并同意了以下条款
Transaction Services Agreement (阿里巴巴中国用户交易服务协议)
AliPay Payment Services Agreement（支付宝付款服务协议）
速卖通平台放款政策特别约定

图5-37 "其他设置"界面

在编辑完产品之后，点击提交，就可以看到产品进入审核阶段，24小时后可以去检查一下产品的审核情况，审核通过后，买家就可以找到上传的相关产品。审核界面如图5-38所示。

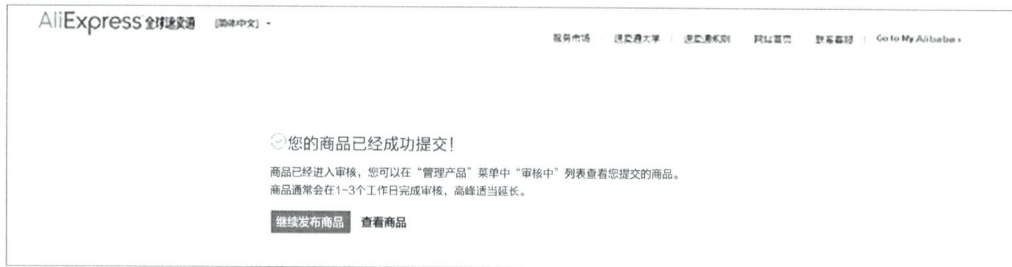

图5-38 "产品审核"界面

## 二、产品关键词的设置和产品标题的撰写

跨境电商很多平台的产品主要依靠关键词和产品标题的自然排名来排序，重中之重的自然是产品的关键词了，一般平台都会设置3个关键词进行匹配，每个平台都有每个平台的排序组合规则，大致都是相通的，前提是要获取足够多的产品关键词。

产品标题和关键词支持站内外关键字搜索。产品标题、关键词的匹配度，直接影响产品在搜索结果界面的排序曝光。

同时，一个专业的产品标题能让你从搜索界面上万的优质产品中脱颖而出，吸引买家进入产品详情界面。

### （一）关键词的设置

1. 透过买家需求查询关键词

想要制作一个优质标题，首先必须知道热搜关键词有哪些。那么如何通过搜索词分析，找到符合自己的关键词？我们来看一下。

一般情况下，买家心理存在一定的共性，从关键词的搜索热度，我们可以分析买家市场的心态，判断出买家想买什么产品，以及期望获得的服务。

通常情况下，买家搜索的关键词有以下3个共同特征。

（1）搜产品名。产品名最好与产品类目词相同，而且要将产品的特征体现出来，与其他卖家的同类产品也不要相差太远。

非标类产品，如服装、珠宝一般是产品属性+产品类目词，如买家想买一件大码的婚纱，就会使用"plus size wedding dress"这个关键词组。

标品类产品，如3C产品，买家一般会直接搜索型号或使用型号/属性+产品类目词的组合，如unlocked phones，a5000。

（2）搜特色服务（营销词）或特性词。下面列出买家经常使用的特性词。

①特色服务词：free shipping，wholesale，sale，promotion等。

②特性词：hot，fashion，designer，cheap，2011，men，women，kids等。

（3）搜品牌名称。买家在搜索时也常使用品牌，其中既有LV（路易·威登）、Nike（耐克）这样的国际品牌，也有中国的HUAWEI（华为）、Yoobao（羽博）等品牌。使用这些搜索词的买家往往是带着很强的目的性的。要注意的是，很多品牌没有获得授权是不能发布的，违规发布会受到跨境电商平台的惩罚。

除了以上提到的3个特征，我们还可以从关键词的搜索热度变化来判断某一产品的需求走势。例如，夏天来了，sunglasses的搜索量已经连续几周稳步上升，运动用品中与渔具有关的关键词如fishing，fishing equipment也呈持续上升趋势。

2. 利用生意参谋，分析关键词

在速卖通平台上，速卖通的数据产品"生意参谋"板块拥有关键词查询功能。使用路径为："卖家后台"—"生意参谋"—"市场"—"选词专家"，如图5-39、图5-40所示。

图5-39 "热门关键词"界面

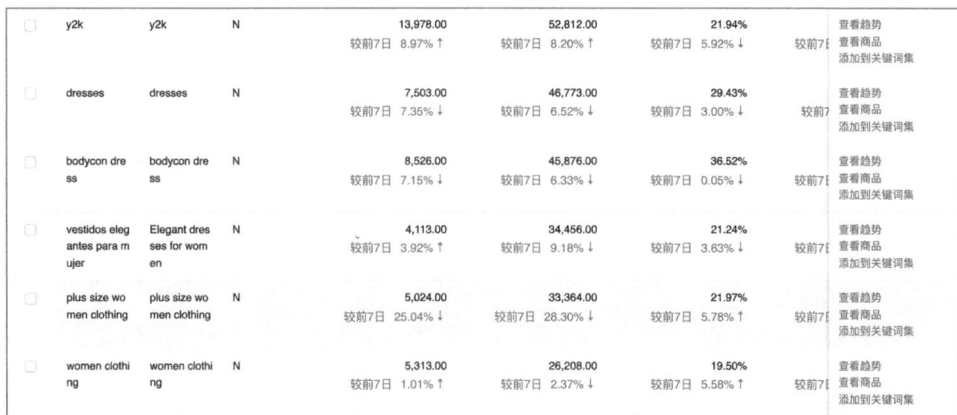

图5-40 关键词"dress"的搜索界面

3. 通过站外工具设置更多关键词

（1）Google Insight for Search

可以查询产品关键字的境外搜索量排序，产品在不同地区、季节的热度分布及趋势。网站地址为http://www.google.com/insights/search/。通过搜索可以发现某关键词的区域关注度。

（2）Google AdWords

通过此工具可以查询关键字和相关关键词的境外搜索量，找到热卖的品类。网站地址为https://adwords.google.com/。

（3）eBay Pulse

此工具方便查看美国eBay 35个大类目下被买家搜索次数最多的前十大关键字，同理进入某个大类目下可以查看二级、三级、四级等类目下被买家搜索次数最多的前十大关键字。地址为http://pulse.ebay.com，如图5-41所示。

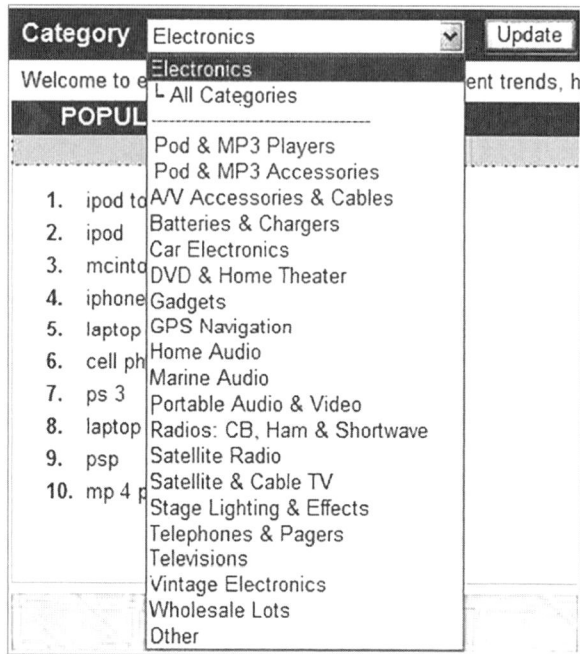

图5-41　eBay Pulse 搜索界面

## （二）产品标题的撰写要求

产品标题是搜索上面非常关键的一个因素，卖家务必在标题中清楚地描述产品的名称、型号及关键的一些特征和特性，帮助买家一看就清楚地知道卖家卖的产品是什么，从而吸引买家进入详情界面进一步查看。产品标题是吸引买家进入产品详情界面的重要因素。字数不应太多，每个跨境电商平台对产品标题的撰写都有字数限制，卖家应尽量准确、完整、简洁地用一句完整语句描述产品。产品标题支持站内外关键字搜索。优质的产品标题应该包含买家最关注的产品属性，能够突出产品的卖点。主要有3个原则：①体现产品的关键信息及销售的亮点，②表明销售方式及提供的特色服务，③买家可能搜索到的关键词。

一般标题内容为：物流运费+服务+销售方式+产品材质/特点+产品名称。

如描述一件婚纱：Ballgown Sweetheart Chaplet Train Satin Lace Wedding Dress。这里包含了婚纱的领型、轮廓外形、拖尾款式、材质，用wedding dress来表达产品的核心关键词。

再如描述一个假发：Capless Extra Long Synthetic Golden Blonde With Light Blonde Curly Hair Wig，包含假发的长度、材质、颜色、形状等，最后用hair wig表达产品的核心关键词。

### 产品标题在搜索排名中的重要作用

大家都知道，速卖通平台搜索的整体目标是帮助买家快速找到想要的商品，而搜索的排名将决定谁的商品排序在前，那么买家就会优先看到，自然也就会给卖家带来极大的客户订单的可能性。速卖通的排名是一个综合的计量过程，除了产品的标题，关键属性、标题字数、关键词重复与否都会计算评分。那么怎样才能将自己商品的排序提升呢？在速卖通评分计算里的要素提到了两次标题，这就告诉我们速卖通的标题撰写的技巧显得尤其重要。

### （三）产品标题撰写时应避免出现的问题

#### 1. 信息词外语表达不准确

目前境内卖家在主流跨境电商平台（如亚马逊、eBay、速卖通、Wish、敦煌网等）销售产品时主要使用英文完成产品界面编辑。少数情况下使用其他语言，如在亚马逊日本站用日语编辑产品。无论是用何种语言，"核心词、修饰词、其他词"这些信息词的外语表达很重要，尤其是表达产品"是什么"的核心词要尽量准确，恰如其分，因为买家用产品名称搜索产品的频率很高，若表达不准确就很难被买家搜索到。以服装为例，女士衬衫一般用"blouses"表示，而不是"shirts"，因为"shirts"通常指的是男士衬衫。因此标题中用"blouses"表达更准确，更容易被买家搜索，而"shirts"仅在字符数允许时考虑用"women shirts"的形式加入标题。类似地，其他信息词的表达也要尽量准确。例如，一件带水钻的衣服，应该使用"crystal"表示水钻，而不是用"diamond"（钻石）；"spread collar"（宽角领）和"classic collar"（经典领）也是有区别的。

#### 2. 标题内词汇堆砌

标题内词汇堆砌指的是产品标题中某些词多次使用的行为。例如，"scan LED laser light/light laser/stage lighting/disco light/LED light"，又如"silk dress/long dress/maxi dress/beaded dress"等。这一方面会违反平台规则，因为大部分平台都认为这是一种搜索作弊行为，会给予搜索排名靠后的处罚，也就是说这对产品排名有负面影响；另一方面，这也占用了有限的标题字符，从而不得不舍弃其他可能更有用的信息词。因此需要避免此类情况，如可以将"silk dress/long dress/maxi dress/beaded dress"改为"silk maxi beaded long dress"，这样买家搜索"silk dress""long dress""maxi dress""beaded dress"等同样有可能搜索到这款产品。

#### 3. 盲目模仿

目前跨境电商卖家外语能力参差不齐，标题设置有时力不从心。他们有的利用百度翻译等工具完成翻译，可能出现前述的外语表达不准确的情况；有的则自作聪明地模仿，甚至直接盗用搜索排名靠前的标题。而盲目模仿却不一定能带来同样好的流量。首先，若是一个新店铺，在没有销量支撑的情况下，雷同率高的热词并不能帮助产品靠前出现；其次，若产品目标市场不一样，同样的词也会带来不一样的效果，如美国买家习惯用"facial cleansing""cleansing brush""facial cleansing brush"等搜索洁面刷，但其他区域的买家在搜索同类产品时，用词也许会有差别，如他/她们可能更习惯使用"face brush"来搜索，也就是说标题设置需符合我们主攻的目标市场买家的搜索习惯，而不是盲目模仿他人。

4. 标题与产品不匹配

标题与产品不匹配主要有两种情况：一是卖家为引流在标题中加入了与产品不符的词，例如产品明明是"one piece dress"（连衣裙），却在标题里加进了"mini skirt"（迷你半身短裙），甚至加上了一些知名品牌的名字，以增加流量；二是标题与产品上传时的属性选择或详情描述信息不匹配，例如标题写了"plastic sheets"（塑料板），但产品详情中在描述塑料管或其他相关性不大的产品。卖家这样做大多是为了引流，但这样的引流往往是无效的。因为一个想买迷你裙的买家，点进你的产品后看到的却是连衣裙；明明看到你的标题写了塑料板，但详情描述了一个完全不相关的产品。这些情况下买家的购买可能性可想而知，他们甚至会对卖家的错误设置反感。同时，这可能也违反了平台规则，会被平台强制下架。

5. 标题中出现不必要的非引流词

有些卖家为符合语法习惯，在标题中添加诸如"to""the""and"之类的词。这些词对搜索排名无影响，却占用了有限的标题字符，如无特殊用途，则可考虑删去。例如，一件适合春秋季节的服装，可以在标题中写入"spring and autumn"，但如果改成"spring autumn"则更好，因为"and"是个对搜索引流没什么影响的词，去掉则可以节省4个字符，用于放其他更有用的词。

6. 标题设置不符合平台规则

跨境电商平台各有规则，标题设置需注意不能违反其规则。例如，跨境平台对标题大都有"不能出现堆砌词、侵权词，不能滥用品牌词"等规则，文章前述内容中也有提到其中的部分规则。此外，有些平台还规定标题中不能包含"！""×""$""?"等字符，不能使用不正确的英文拼写等。同时，还需注意的是，若卖家同时在好几个跨境平台出售产品，则尤其要注意平台间的规则差异，如上文中提到的标题中可考虑将"包邮"等物流信息放入标题，这在速卖通平台是被允许的，但亚马逊规定不允许出现如"DHL""free shipping"之类的物流信息。再如，有些平台信息词的排列顺序对搜索排名有影响，有的平台则不一定有影响。

## （四）产品标题的优化

根据上述方法设置的标题经过实践检验后，若发现搜索排名表现不理想，可以对撰写好的标题进行优化，以获得更高的搜索排名或更好的客户体验。

1. 利用平台内数据分析工具优化

跨境电商平台内都设有一些数据分析工具，可以帮助关键词的优化。以速卖通为例，卖家主要可以利用后台的"数据纵横"—"商机发现"—"搜索词分析"栏目，获得近一周或近一个月的特定国家（地区）买家针对某类产品的热搜词、飙升词、零少词的信息。其中，热搜词可以按搜索人气、搜索指数、点击率、浏览—支付转化率、竞争指数排名，还可以知道特定热搜词排名前三的热搜国家（地区）是哪几个。飙升词可以按搜索指数、搜索指数飙升幅度、曝光产品数增长幅度、曝光卖家增幅排名。零少词则可以按曝光产品数增长幅度、搜索指数、搜索人气等排名。这些数据均可下载到 Excel 中做具体分析。例如，该数据分析工具可以告诉我们，近一周美国客户对"服装/服饰配件"类产品的热搜词按搜索人气排名依次为：summer dress，dress，swimsuit，maxi dress，jumpsuit，sunglasses 等。我们可以参考这些信息对标题进行优化。

2. 利用第三方关键词挖掘工具优化

标题搜索排名表现不好很重要的一个原因可能是卖家并没有发现客户最主要搜索的词是哪些。一个简单的例子是：中山装也许有人只知道叫"Zhongshan Suit"，却不知道我们的客户更多地称之为"Mao Suit"，我们在标题中设置了"Zhongshan Suit"，会错过用"Mao Suit"来搜索的客户。一些第三方关键词挖掘工具可以帮助卖家解决这个难题，例如Google Trends、Google AdWords、Keyword Discovery，以及目前仅支持速卖通和eBay的蚂蚁提名等第三方工具。以Google AdWords为例，其主页上"工具与分析"下的"关键词规划师"可以帮助卖家获取针对不同目标市场客户群或不同跨境电商平台的关键词参考信息。例如，某卖家做的产品品类为"necklace"（项链），其目标市场为美国、英国、法国、西班牙，那么可以在"关键词规划师"中的"定位"栏对地理位置及语言进行设置，从而获得目标市场客户群的关键词参考信息，这些信息可按相关性、月搜索量、竞争度排名；若该企业仅想知道敦煌网对"necklace"这类产品的关键词提示，那么可以在"关键词规划师"中的"目标网页"中输入敦煌网的网址即可。当然，这些工具给的一些热搜关键词提示并不一定适用于所有卖家，首先要结合经验选择相对适合的词，然后拿这些词到Google、跨境平台搜索，查看有多少同行在用。若碰到一个词，它的搜索量不小，但同行用的不多，甚至没有人用，那就试着把这个词加到标题里，也许它将给搜索排名带来惊人的变化。

3. 借鉴优秀卖家产品标题进行优化

除了利用平台内外工具优化标题，卖家还可以通过访问买家界面，发现并借鉴同类产品优秀卖家设置的产品标题，来优化自己的标题。这里的优秀卖家包括两类：一是同一跨境平台上的优秀竞争对手。例如，在速卖通平台上，可以通过买家界面的"Hot Products"（热销产品）、"Weekly Bestselling"（一周内销量领先产品）上找到销量表现好的同类产品标题，学习并借鉴。或者通过买家界面的"Categories"（品类选择）看到"Hot Categories"（热门种类），在各品类下可以看到"Best Match"（最佳匹配产品），以及"Hot Now"（热门词）等信息。例如，"dresses"（连衣裙）品类下，目前提示的热门词包括"sexy""slim""sleeveless""lace black""vintage""chiffon""maxi""beach"等，这一方面有助于标题优化，同时对卖家选品也是一个不错的参考提示。另一类优秀卖家是目标市场当地知名电商平台上的优秀卖家。例如，目标市场为美国时，可以参看美国亚马逊上同类产品销量表现不错的卖家的产品标题，从中可以发现更符合目标市场消费者习惯的英语表达方式。

4. 优化排版以提高标准视化效果

除了标题内容的优化，我们还可以优化标题排版，以提高标题可视化效果，提高用户体验。一个一长串、不分割的标题，虽然给客户带来了大量信息，但同时有一种令人眼花缭乱的感觉。例如，标题单词不要全小写，建议单词首字母大写，介词、连词小写，特别重要或想突出的词全部大写。如"YiChen Beaded Straps Bridesmaid Prom Dresses with Sparkling Embellished Waist"，可帮助用户快速定位产品的一些关键信息。但是成功优化的标题并不是一劳永逸的。例如，服饰类产品对季节变化很敏感，当季节变换的时候，用户搜索内容会发生较大的变化；或当热门事件发生、新产品发布之后，热门搜索词也会发生变化；抑或是当卖家参与平台某个活动时，标题内容也需要做相应的优化调整。因此，我们需要时刻关注产品搜索排名变化，并根据情况不断优化产品标题。

### 5. 结合平台或客户端差异做优化

有的卖家同时在不同跨境电商平台售卖同一产品，这时会发现同一标题在不同平台的搜索排名表现会有差异。例如，从标题简洁性看，Wish 和亚马逊在设置标题上要求简洁明了，速卖通相对复杂很多。如果你同时做速卖通和亚马逊，那么在速卖通上设置的复杂标题也许可以获得较好的排名表现，但在亚马逊上未必有同样的效果。也就是说，标题的设置与优化不能一概而论，需结合平台各自的规则与特点，区别设置与优化各平台的产品标题。

## 三、主图的制作与选择

### （一）主图的作用

跨境电商网店的图片可以分为主图、细节图和颜色图几种。主图是客户最先看到的图片，主图可以有多张，其中第一张叫首图。

无论买家是通过关键词搜索还是通过类目搜索，展现在消费者眼前的第一张图片就是产品主图。因此，产品主图的质量是影响买家关注及影响买家点击的重要因素。主图有6张，要完全合理地利用起来。好的主图能增加点击率，减少不必要的花费。6张主图就是一个产品描述的缩影，能提高手机端的客户的转化率。主图第一张放最佳视角镜头，清晰明白地展示产品。主图能够极大地影响客户在产品界面的停留时间，也极大地影响店铺的转化率。通过一张优秀的主图，可以在店铺没有做任何付费推广的情况下，依然吸引很多流量，为卖家节省一大笔推广费用。

### （二）主图的标准

#### 1.主图的选择标准

首先，在主图的选择中，需要一张清晰度高的图片。图片的清晰度是一张主图的首要条件，模糊的主图不仅影响消费者的视觉体验，还会严重地影响产品的价值体现。所以，在选择产品的主图时，首先要考虑图片的清晰度问题。

对于产品主图来说，合理的产品展示角度不仅能增强产品的立体感，还可以让买家更加清晰地看到产品的全貌，并且一个好的产品角度可以让产品更加灵动。在确保产品角度合理的情况下，还需要注意产品的完整性。对于静物来说，产品应尽量展现出多个侧面，这样可以让买家通过一张图片获取更多的产品信息。

许多店铺为了防止其他店铺盗用自家的图片，在产品图片中添加文字或水印，很容易影响产品的美观度，让消费者对这款产品失去信心。

其次，需要选取一张曝光正确的产品图片。光线的色温及明暗会造成产品的色差问题，如果采用了一张曝光有问题的图片，就容易引起售后纠纷。因此，在图片的选择上，对于图片的正确曝光也需要考虑和筛选。比如，采用逆光拍摄的角度，正面光线不足，就无法辨别衣服的实际颜色，这样就容易让消费者对颜色产生理解误差。

很大一部分消费者习惯用放大功能查看产品情况，由于主图支持放大功能，为了让消费者可以更加清晰地查看产品主图的细节情况，产品主图尽量选择800像素×800像素以上的图片。在保证清晰度的同时也要考虑图片的大小，因为有些平台设有图片大小的限制，比如速卖通平台规定单张图片大小不能超过500KB。

所以说产品主图就像人的一张脸，干净、美丽漂亮的脸蛋才能在第一眼吸引人的注意。优秀的主图的作用包括以下几点：①突显自己的产品，②提高自己店铺的辨识度，③提高曝光量，④提高单击率，⑤提高店铺转换率。那么什么样的主图才是优秀的呢?从总体上来讲，做到图片背景色单一简洁、主体产品突出（占图片60%以上）、画面清晰（推荐800像素×800像素）、文字数量适中等即可。

主图应该避免：①主体很多，没有重点，或是画面杂乱，主体不突出；②背景昏暗，颜色低沉；③图片长宽比例不一致，非正方形；④文字过多，或产品细节过多，遮盖主体；⑤与平台风格不一样，各产品主图不统一、不规范等。

2. 举例

以速卖通为例，平台对于某些产品的主图有明确的要求，这些产品包括女装、童装、婚纱礼服、鞋等行业，下面我们做一下简单的介绍。

（1）女装行业

图片无杂乱背景，统一背景颜色，最好是白色或者浅色底（注意：除有统一背景的品牌店铺外，整个店铺的产品应有定位，呈现出一定的调性）。图片上除了英文标志统一放在左上角，不允许放置任何尺码、促销、水印、文本等信息。图片主体要求占整个图片空间70%以上，禁止出现任何形式的拼图，尤其是产品多色使用多宫格的展示方式（注意：多SKU产品平台会通过另外的方式实现买家端的展示）。可上传6张图片，顺序依次为：模特或实物正面图、背面图、侧面图、细节图。女装主图的正确示例如图5-42所示。

图5-42　女装主图的正确示例

（2）童装行业

主图图片背景要求白底或纯色背景，但要求店铺统一背景风格，模特居中展示需要占主体70%以上，不允许有杂乱背景展示，不允许加边框和中文水印，标志统一放在左上角。允许两张拼图，左图模特右图实物图，但不允许3张以上的拼图。实体图可以平铺，但背景色和风格必须统一，且主图中只能出现一张主体图片。主图建议为正方形、800像素×800像素，建议上传6张图片，第一张为正面图，第二张侧面图，第三张背面图，第四至五张产品的细节图，第六张实物图。童装主图的正确示例如图5-43所示。

图5-43　童装主图的正确示例

（3）婚纱礼服行业

主图像素必须大于等于800像素×800像素，主图背景建议为浅色、纯色或是白色。主图须达到6张，第一张为正面全身图，第二张为背面全身图，且不得少于3张细节图；主图中的真人模特必须露出头和脸，禁止将头剪裁掉或是在脸部出现马赛克。主图不得添加边框，不得出现除店铺编号以外的水印（水印必须是浅色），不得包含促销、夸大描述等文字说明，该文字说明包括但不限于秒杀、限时折扣、包邮、满立减等。品牌商标可放置于主图左上角。产品大小占图片80%以上的空间，多色产品主图禁止出现九宫格。婚纱礼服主图正确示例如图5-44所示。

图5-44　婚纱礼服主图的正确示例

（4）鞋类行业

图片背景简单（自然场景）或者纯白底，以不妨碍产品主体为唯一原则；建议不要用深色背景及光线较暗的实拍图片；重点展示单只或者一双鞋子（占据图片60%以上的空间）。商标固定在图片左上角，且商标不宜过大，最好整店保持统一，鞋子上不能出现水印。图片上不能出现多余文字，严禁出现汉字，不能出现任何促销信息。图片不要自己打图标或者加边框；图片尺寸800像素×800像素及以上，图片长宽比例保持1:1，图片数量必须5张以上；不要用拼接的图片；多颜色展示（每张只展示1种颜色，Listing界面可展示SKU的颜色，不需要在一张图片上展示多种颜色）。鞋类主图的正确示例如图5-45所示。

图5-45　鞋类主图的正确示例

## 四、产品详情界面的编辑

在速卖通平台，真正影响产品转化率的最重要的因素之一就是产品详情界面的编辑，一个好的、高转化率的详情界面除了应包含产品规格详情、产品图片、售后模板，还应设置关联营销、店铺优势说明和公司资质补充等。一个详尽的、新颖的详情界面介绍会不断吸引买家的眼球，为店铺带来源源不断的流量，从而提高店铺产品的销售量。

### （一）产品规格详情

产品规格详情就是参考自己产品的规格表，比如，产品的各项参数、颜色和样式等，尽可能多地给买家展示自己产品的外观、品质和功能。如果是外购的产品，需要供应商提供产品规格，用英文进行说明，也可以参考产品说明书制作产品规格详情模板。产品规格描述越具体越好，这样留给买家对产品的想象空间就越少，可以有效地降低后期的订单纠纷率。尤其是电子产品，可以细分为几个小板块，如产品规格、产品特性、系统支持、产品包装等，产品规格参数一定要和产品本身一致；另外，与基本属性填写也要一致。电子产品的产品规格详情如图5-46所示。

**Features:**
Made of premium material, it is wear resistant and durable.
LCD digital display, easy for you to monitor the real-time battery bank capacity, real-time voltage and current.
Can be installed 6/4 18650 lithium battery.
DIY design, easy and convenient to use.

**Descriptions:**
Fine workmanship provides long service time.
Light weight design is very easy to carry.
Perfect for outdoor travel use.

**6x18650 Battery Power Bank Case**

Type: 18650 Li-ion Battery Charger Box
Material: Plastic
2 Colors: Black/White
Input: DC 5V/2A
Output: DC 5V/2A
Port: 2 USB + 1 Micro USB + 1 Type C
Battery: 6pcs * 18650 lithium battery (Battery Not included)
Power capacity: 20000mAh
Function: Power Bank + Rechargeable 18650 battery charger

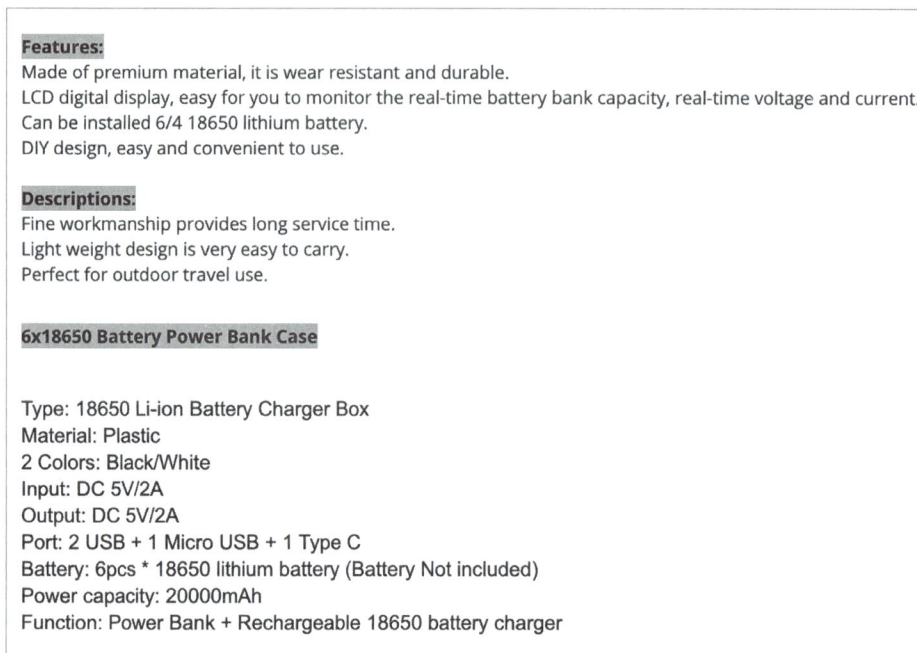

图5-46　电子产品的产品规格详情

## （二）产品实拍图片

产品图片最大的作用就是吸引眼球，图片直接决定买家是否会点击，同时还能展示产品的主要信息，更加决定了能否刺激买家的购买欲望，部分买家会不会直接购买，能否提高产品的转化率。所以，在详情界面的描述中，图片也是至关重要的。对于大部分卖家还是建议实拍产品图片，如果是消费类电子产品的话，实拍图片还应包括场景图、功能图、细节图、包装图等，如图5-47所示。

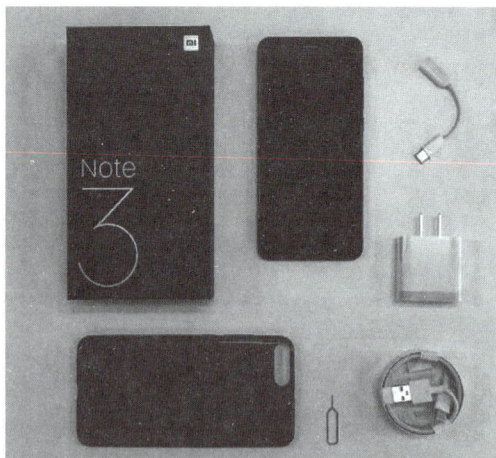

图5-47　详情界面的手机实拍

图片侵权是平台严厉打击的，相信有不少卖家因为这个吃过亏，速卖通平台之前就有过这样的例子，一个卖家大促活动已经审核通过，却因为图片被举报侵权，产品直接被平台下架，这样会给卖家造成很大的经济损失。

## ※ 技能提示5-2

### 无线端的详情界面描述技巧

速卖通无线端虽然比PC端上线晚很多，但是无线端的增长节奏快于速卖通整体增长节奏。速卖通无线端的重要性可想而知。尽管卖家的产品没有设置无线端的详情界面，客户用手机依然能显示，但是如果设置了无线端详情界面，那么产品显示的质量会更好、更稳定、加载速度更快。此外，设置速卖通详情界面的产品会获得更多的权重。商品详情界面是最重要的流量承接界面，想要提升无线端的转化率，卖家要掌握4个无线端详情界面描述的技能：一是无线端详情界面的多语言化，二是无线端详情界面重要内容前置，三是无线端详情界面的图文分离，四是无线端详情界面关联推荐内容设置。

### （三）关联营销

1.关联营销的目的

详情界面的关联营销可以提高买家的访问深度，提高转化率和客单价，也是影响店铺的权重、排名和流量的一个重要因素。所以各卖家都应该给予关联营销足够重视。在产品详情界面，展示同品类相关产品，而不是随机展示不相关的产品，将有机会促进产品的销售。展示相同类别的产品，可以让买家更明确自己要把钱花在什么产品上。展示相似的产品会让买家更加坚定购买此类产品的决心，从心理上让买家认为需要买这种产品。如果在详情界面展示与消费者目标产品无关的产品，那么新产品可能会分散消费者注意力，最终让他们放弃原本要购买的产品。对于跨境电商卖家而言，也就是要掌握关联营销的技巧，而不是盲目做关联营销，最后南辕北辙。

2.关联营销的方法

（1）要明确选择什么样的产品来做关联营销

卖家可以通过关联营销目的来选择关联营销产品。第一，助推爆款。如果爆款正在成长期，则可能需要报名平台活动，关联起来让它得到更多曝光机会。第二，新品测试。一些主打的新品，作为新的爆款去关联，给予最多的曝光度去测试。第三，关联互补产品。关联与产品相关的产品，如卖戒指可以关联项链、手镯等，关联互补产品可以提高客单价。第四，关联替代产品。如买家不喜欢A产品，如果你推荐了B产品可能会引起买家的兴趣，这样可以提高店铺的转化率，通过产品定位来选择关联营销的产品。

（2）关联营销要合理布局

第一，详情界面上方，这里是曝光最多的入口，这适合爆款、引流款、新品测试，但不能放太多，建议最多不能超过8个；第二，详情界面的中部，适合利润款和互补产品，通过不同的产品去搭配营销，如服装搭配、饰品搭配；第三，详情界面下方，适合替代产品。

（3）关联营销的注意事项

关联产品的价格最好不要与被关联的产品价格相差太多，否则会适得其反。另外就是店铺关联一定要讲究美观，排版合理，重点突出。详情界面的关联营销如图5-48所示。

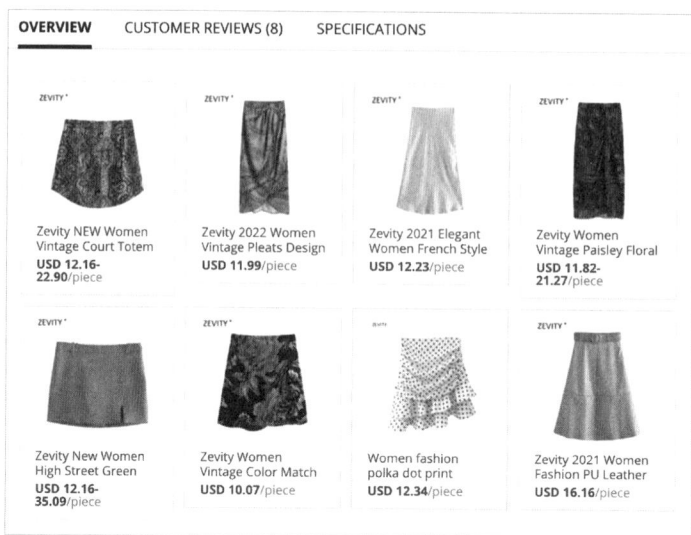

图5-48  详情界面关联营销图展示

### （四）售后模板展示

售后模板展示内容包括支付方式、物流时效、售后保证、五星好评及一些注意事项提醒等。卖家需要根据实际情况做出自己店铺的特色来，如果拥有产品品牌的话，售后模板上最好突出这个产品的品牌和基调，整个详情界面的导航条上设置品牌，这样会给买家一种专业店铺的感觉，能够吸引买家的眼球，延长买家在店铺的停留时间，提高买家购买产品的概率。售后模板展示如图5-49所示。

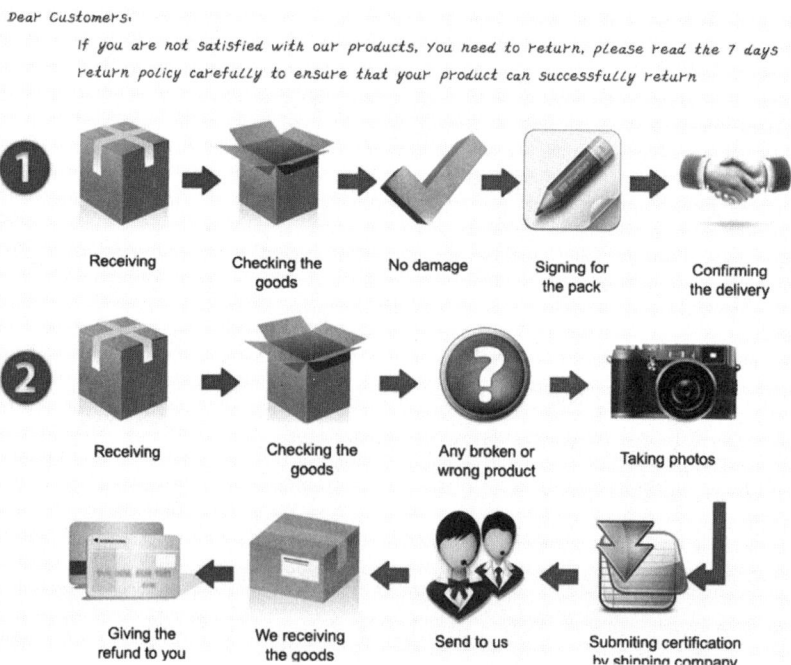

图5-49  详情界面售后模板展示界

### （五）店铺优势说明

店铺优势说明其实就是一个店铺的亮点说明。比如有展会工厂、物流模式等，也可以放到产品详情界面的描述中。主要是突出跟别的卖家或者店铺不一样的东西，或者本身店铺的优势所在，作为打动客户购买的亮点。比如卖家在俄罗斯有海外仓，并且海外仓在莫斯科，那么莫斯科附近地区3~5天即可确认收货，海外仓解决跨境电商的物流时效问题，会提高客户的下单转化率及重复购买率。这就是店铺的优势，卖家可以做个海外仓模板，吸引俄罗斯卖家的购买。

### （六）公司资质补充

如果公司资源比较多的话，如有自己的工厂、仓库，还可参加美国展、德国展、日本展等各种展会，具体展会名称每个行业不一样，强烈建议把这些亮点放在一张图上，这个是卖家公司的实力展示，特别是有展会和自己工厂的。卖家另外再放一些相关的认证图片，这些也放在一张图上，比如CE（欧洲安全合格标志）、RoHS（欧盟关于电子电气产品材料及工艺标准）认证等，这些证明都能代表卖家公司实力，也是提高转化率的重要因素。

## 任务三 产品定价

产品定价对跨境电商销售的作用非常大，它关系到点击率、搜索排序，有时甚至会直接决定购买转化率的高低。产品价格不是影响境外买家购买产品的唯一因素，但绝对是一个至关重要的因素。合理的产品定价可以帮助卖家迎合境外买家的需求，从而赢得更多的订单；不合理的产品定价则可能使卖家和订单失之交臂，甚至是影响卖家的交易信用和利益。

■ 产品定价

### 一、影响产品定价的因素

影响产品定价高低的因素主要有产品进价、运费高低、税率、折扣率、目标利润率、市场竞争、活动促销、销售策略等。其中，销售策略和折扣率最为重要。

#### （一）销售策略

不同的产品定价反映着不同的销售策略，反过来也可以说，不同的销售策略决定着不同的产品定价。

跨境电商的销售策略可以有很多，但主要有两大类：一是以价带量，二是实价销售。

以价带量俗称爆款，就是把价格定得特别低，以此来吸引点击率，使排名靠前，从而实现"薄利多销"。实价销售就是老老实实地做生意，"等客上门""千做万做蚀本生意不做"。总体来看，电子商务采取最多的是第一种方法，第二种方法现在已经很少见了。

#### （二）折扣率

配合销售策略的主要是价格。尤其是在电子商务的庞大平台上，同样的产品当然是"价低者得"。最直观的价格高低，体现在价格折扣率上。卖家可把所有产品分成爆款、引流款、盈利款三大类。设置爆款和引流款的目的是吸引流量和点击率，盈利款则是赚取利润，具体内容详见表5-1。

表5-1　爆款、引流款、盈利款折扣率

| 产品分类 | 产品数量 | 折扣率 | 盈利率 | 目的 |
|---|---|---|---|---|
| 爆款 | 1 | 5.0 折 | 亏 3% 以下 | 吸引流量 |
| 引流款 | 2~3 | 6.0~7.0 折 | 赚 3% 以下 | 赚取点击率 |
| 盈利款 | 其余 | 8.0~9.5 折 | 赚 3% 及以上 | 赢取较多利润 |

需要注意的是，折扣率和盈利率、盈利额是不同概念，并不是说折扣率越高就一定会亏损，这些都要事先做好规划。

## 二、产品定价方法

### （一）精准定价法

所谓精准定价法，是指根据上述影响产品定价高低的各项因素来决定产品售价。其中，最主要的因素有三大项，即成本、费用、利润。次要因素也有三大项，即产品类型（爆款、引流款、盈利款）、产品特质（同质性、异质性、可替代性）、同行竞争（同行价格、店铺策略）。

这时采用的定价方法主要是成本加成法。我们可通过如下例子来了解。

【例5-1】如果卖家从境内采购到一批总价为300元的产品，共计200条，另付快递费15元，目标利润率为150%，银行外汇买入价为6.5，其他因素忽略不计，那么，产品定价可以定多少？

解：不考虑跨境物流费用，定价为

定价=(成本+费用+目标利润)÷银行外汇买入

=(300÷200+15÷200+300÷200×150%)÷6.5

=0.59(美元)

在这里，如果采购价中包括增值税，可凭增值税发票享受退税政策。费用除了快递费用，一般还包括跨境物流费用、平台交易费用（平台推广及交易佣金等，目前速卖通的佣金率为8%，部分订单会产生联盟费用5%~8%）、关税（用中国邮政小包等个人物品申报的零售出口一般在目的地不用交关税）及其他费用等。目标利润是指根据卖家需求、市场竞争情况确定合理盈利率。

如果考虑跨境物流运费（即包邮），那么就要先查询不同包裹采用不同方式寄到不同国家（地区）的费用是多少。〔例5-1〕中的产品如果采用中国邮政挂号小包物流，按照到美国的运费标准可计算相关运费（见表5-2）。

表5-2　中国邮政挂号小包寄送至美国的运费标准

| 国家（地区）列表 | 0~0.150 千克（含 0.150 千克） | | 0.151~0.300 千克（含 0.300 千克） | | 0.301–2.000 千克（含 2.000 千克） | |
|---|---|---|---|---|---|---|
| | 正向配送费（根据包裹重量按克计费） | 挂号服务费 | 正向配送费（根据包裹重量按克计费） | 挂号服务费 | 正向配送费（根据包裹重量按克计费） | 挂号服务费 |
| | 元／千克 | 元／单 | 元／千克 | 元／单 | 元／千克 | 元／单 |
| 美国（United States） | 54.00 | 15.50 | 50.00 | 16.00 | 51.00 | 16.00 |

假如该单件产品加上包装的重量为0.100千克，那么其运费为

（0.100×54+15.50）=20.90（元）

20.90÷6.5≈3.22（美元）

若考虑跨境物流运费，该产品的上架价格为

0.59+3.22=3.81（美元）

这里的上架价格（list price，LP）是指产品在上传时所填的价格，除此以外还有销售价格和成交价格。销售价格（discount price，DP）是实际成交价，也称折后价，是指产品在店铺折扣下显示的价格。成交价格（order price，OP）是指买家最终下单后所支付的单价。它们之间的关系可用如下公式来表示

销售价格=上架价格×折扣率=成交价格+营销推广成本

速卖通平台促销活动的折扣一般要求在5%~50%，但通常以15%~30%的折扣最受买家欢迎。折扣率过高，反而会让买家产生虚假折扣的感觉。以30%折扣为例，这时上例产品的销售价格为

3.81×(100% — 30%)=2.67（美元）

相关数据表明，目前速卖通上的平均实际毛利率为15%左右。这是大多数卖家的定价策略，遇到促销活动推出50%的折扣时，若只卖1件产品基本上是平出或会略有亏损，只有卖到2件及以上才会有盈利。

### （二）竞争定价法

如果卖家觉得上述办法得到的定价缺乏竞争力，或者觉得这种方法过于烦琐，也可采取竞争定价法或叫傻瓜定价法。这种定价方法会更实际一些。

简单地说，就是卖家可以在全球速卖通上参照同类或相仿的产品，搜索销量排在前10位的产品定价情况，然后对它们的价格做加权平均，而作为自己的销售参考定价。

例如，速卖通上同类产品"最近30天"销售排名前十位的销量价格（卖家包邮）详见表5-3。

表5-3 销售排名前十位的同类产品销量和价格

| 店铺 | 销量／件 | 价格／美元 | 店铺权重 | 加权价格／美元 |
|---|---|---|---|---|
| 1 | 3250 | 4.20 | 0.325945 | 1.368969 |
| 2 | 1980 | 4.36 | 0.198576 | 0.865791 |
| 3 | 956 | 5.15 | 0.095879 | 0.493777 |
| 4 | 861 | 4.08 | 0.086350 | 0.352308 |
| 5 | 733 | 3.98 | 0.073513 | 0.292582 |
| 6 | 625 | 4.69 | 0.062682 | 0.293979 |
| 7 | 620 | 5.12 | 0.062180 | 0.318362 |
| 8 | 415 | 4.78 | 0.041621 | 0.198948 |
| 9 | 320 | 3.20 | 0.032093 | 0.102698 |
| 10 | 211 | 3.98 | 0.021161 | 0.084221 |
| 合计 | 9971 | — | 1.000000 | 4.371635 |

在表5-3中，我们可把销量栏加总，分别计算权重，具体计算方法为

店铺权重=店铺销量÷总销量

加权价格=店铺权重×价格

1号店铺的销量是3250，除以总销量9971，就是1号店的权重0.325945，该权重乘以1号店的单价4.20美元，得到1号店的加权平均价格1.368969美元，把10个店铺的加权平均价格相加，即得到总的加权平均价格为4.371635美元。

综上，这时卖家就可以把该产品定价为4.37美元（包邮）了。所要注意的是，采用这种定价方法，需要每隔一段时间调整一次，以确保具有竞争优势。

## ※ 技能提示5-3

### 产品定价技巧

产品的定价除了前面介绍的精准定价和竞争定价外，跨境电商产品定价还有其他很多方法，具体情况要根据卖家和产品的特性进行综合分析，在给店铺的引流款产品定价的时候，可能就会直接根据成本甚至低于成本的方法进行定价，进而达到产品引流的功效。因此，在实际操作过程中，店铺里的产品要根据实际需要，综合运用不同的定价方法，达到店铺销量和利润的最大化。

## 任务四 优化店铺

许多卖家虽然开设了跨境电商平台，可是无论曝光量、浏览量还是访客数等指标都非常不理想，不但无人问津，而且许多店铺的成交量为0。其原因有很多，主要是店铺优化不力、推广不够。

▪ 店铺的优化与推广

# 一、优化店铺

跨境电商的店铺优化主要体现在以下几个方面。

## （一）对产品标题描述的优化

当出现以下3种情形时，卖家就需要对产品标题描述进行优化了：一是产品在档期内滞销，即卖家上传的产品在14天、30天、60天内的浏览量低、访客数少；二是同款产品与其他店铺的价格相差不大，但销量不如其他店铺；三是曝光量低、跳失率高，这很可能是因为产品标题没有很好地挖掘产品属性和卖点。

以速卖通为例，具体优化方法是：卖家可登录"我的速卖通"—"数据纵横"—"搜索词分析"界面，输入原本产品标题中的主要关键词，查看排在前几位的产品标题是否已经包括自己的产品；若不包括，卖家可以换个关键词，重新进行搜索，看哪个关键词搜索人气最高或较高，从而进行修改，以使自己的产品也能被买家搜索到，并排在前两页。

## （二）对产品详情描述的优化

对产品详情描述的优化，主要体现在属性、图片、文案3个方面。

1. 对产品属性的优化，主要是完善产品属性的填写

因为买家登录产品详情界面后，首先看到的是产品属性的部分，尤其是产品使用价值，这往往是买家决定是否下单的关键。一般来说，卖家在完善产品属性时，完整度要超过产品发布界面所提示的平均值，这样才能增加被买家搜索到的机会。

2. 对产品展示图片的优化，分为动态图（主图）优化和详情图优化两部分

速卖通上的动态图（主图）可以放6张图片，在这其中尤其要注重首图的展示效果，像素要求是800像素×800像素，然后，要分别从正面、侧面、反面、细节、包装五位一体全面展示产品效果。虽然增加水印有助于保护图片版权，但这样做有可能降低买家的体验效果，所以平台一般不主张卖家在主图上加水印。如果能在图片上增加一些简单的促销、打折语，如"hot""10% off"等，会有助于提高点击率。

为了节省买家登录网页的时间和流量，速卖通上的产品详情图数量不宜过多，一般以8~12张为好，最多不宜超过15张。目前，许多买家是用手机上网的，并且今后手机上网是发展趋势，所以详情界面的优化目标应当追求少而精。

3. 对产品文案的优化，主要是要表达出卖家对产品的熟悉和喜爱程度，以及对买家的理解与尊重

对文案的优化应主要放在以下几个方面。

（1）设置问候语，对买家的光临和选购表示感谢。

（2）优化购物须知，设身处地地为买家着想，解答他们可能会遇到的问题。如果卖家正在开展促销活动，不要忘记提醒买家。

（3）优化产品描述，可展示产品的各个细节，也可以展示产品的品牌、信誉等实力，或者展示产品的卖点、买家评价、销售盛况以情感人，或者在买家购买、付款、验货、退换货、保修等方面加以说明，让买家放心下单，抑或展示卖家正在开展的各项优惠活动，让买家感到便宜、实惠。

（4）优化卖家承诺，要迎合买家的心理给予承诺，让买家产生更大的信任感。

（5）优化购物指南，主要是指导买家如何挑选产品、如何选择物流、如何付款、如何使用优惠券等，拉近彼此之间的距离。

（6）引导买家评价，鼓励买家把自己的购物体验写下来。这既是对买家的一种尊重，也是对其他买家的一种指引。

（7）提高买家忠诚度，如邀请买家成为本店会员等。

### （三）对产品价格的优化

对产品价格优化的目的是促使卖家的店铺在平台搜索上排名靠前，增加曝光率，提高点击率和转化率。

对产品价格的优化主要体现在以下3个方面。

#### 1. 产品的自我优化

这主要是科学设置产品的零售价格和批发价格。例如，如果同款产品有几个，可以把销量不太好的产品的价格设置得低一些，以此来吸引买家点击。而卖家的真正目的在于，通过这种方式刺激买家浏览利润相对丰厚的其他产品。对于批发价格设置，可以设置成两件起批，给予买家10%~30%的价格折扣，促使买家多买。因为这时的跨境物流费用几乎不变，所以这种折扣销售双方都得益。

#### 2. 向竞品价格看齐

若价格设置不合理则会无人问津，所以卖家应多了解平台上同类竞品的价格情况，以作为一种参考。

#### 3. 多采用心理定价法

境外买家和境内一样，有一种心理定式，那就是常常会以"0"作为价格临界点，而这就给心理定价法创造了机会。

具体地说，价格尾数可以取吉利数如"6""8"来激发买家欲望，用"9"来让买家觉得便宜，而且会觉得你的定价很认真、很精确，从而产生一种信任感。例如，一件产品定价10.04元就不如定价9.99元，前者会让买家感到已经超过了10元，后者则会令人感到还不到10元，而其实两者之间只不过相差5分钱。

### （四）对店铺本身的优化

对店铺本身的优化，主要包括优化装修风格、加大营销宣传力度、完善装修、提升买家好评率和降低买家不良体验订单率5个方面。

店面装修布局不好，自然难以引起买家关注，买家好评率低、不良体验订单率高，更不会吸引买家。

#### 1. 优化装修风格

优化装修风格主要包括两方面：一是根据产品来优化统一风格，例如，销售男装的店铺和销售手表的店铺风格肯定是不同的；二是根据促销活动内容来优化并统一风格，这主要是配合和呼应平台活动的氛围。

2. 加大营销宣传

营销宣传主要是卖家配合平台推出营销活动，如限时限量折扣、全店铺打折，界面上会有醒目的"×× off"标记，开展店铺满立减、店铺优惠券活动时，会有图标供买家点击使用。而这时候，营销宣传上就要故意给买家制造一种紧张气氛，促使买家尽快下单，不让他有过多的犹豫和"货比三家"的时间，导致订单流失。如限时限量折扣时间一般不要超过7天，全店铺打折、店铺满立减、店铺优惠券的活动时间不要超过3天，并且店铺优惠券的使用期限不要超过10天等。

3. 完善店铺装修

卖家在速卖通上发布产品的数量要达到10个，这才具备开通商铺并对店铺进行装修、完善装修的条件。产品数量达不到10个，便不能创建店铺；如果创建后上架产品减少到10个以下，速卖通也会关闭店铺，只保留产品。

## ※ 技能提示5-4

### 店铺的装修技能

客户对店铺的第一印象直接影响客户的认知度，一定程度上还会影响客户的选择。而店铺漂亮的装修会给客户留下良好的印象，也能更好地展示产品，这是客户选择我们的第一步。同时高质量的产品图片则会直接影响客户的购买决定。所以，卖家一定要掌握店铺装修的技能，不要忽略这些最基础的影响客户感官的点，而一味地去打价格战。

完善店铺装修的具体办法如下。

（1）首先，登录"我的速卖通"—"店铺"—"商铺管理"—"店铺装修及管理"界面。

（2）要充分运用"店招"模块，完善"轮播图"模块区域，吸引买家注意，具体示例如图5-50所示。

图5-50　图片轮播界面

（3）要充分利用"排行榜"模块。展示整个店铺前3个热卖产品（按最近3个月销量排序），引导买家购买店铺爆款，如图5-51所示。

图5-51　热卖产品界面

（4）要巧妙地利用自定义模块工具。因为跨境电商针对的是境外买家，而这些买家分布在全球各地，所以要针对买家所在国（地区）语言，通过添加自定义模块，来设置该国（地区）语言或多国（地区）语言按钮。

4. 提升买家好评率

提升买家好评率的途径主要有3种：一是产品描述要客观、实际，买家最看重的是产品本身；二是提供的物流方式性价比高、在途时间短，同时尊重买家对物流方式的选择；三是通过赠送小礼物、嘘寒问暖等方式来表达对买家的关心，争取提高回头率。

5. 降低买家不良体验订单率

降低买家不良体验订单率的计算公式为

买家不良体验订单率=买家不良体验订单数÷所有考核订单

因此，降低买家不良体验订单率的途径主要有两条：一是降低买家不良体验订单数；二是增加考核订单数。降低买家不良体验订单数的办法主要是：耐心解答、主动沟通，加强库存管理、减少发货失误，让买家了解物流进程，提高询问满意程度并及时安抚不满情绪。增加所有考核订单的办法主要是扩大销售，因为只有销售才会带来订单。

## 二、跨境电商的店铺推广

速卖通店铺推广涉及方方面面，所以要有一个系统的营销方案。在这方面新老店铺因其所处不同阶段，所以侧重点各不相同。具体内容会在项目六中介绍。

### （一）新设店铺的推广

新设店铺浏览量小且不稳定，店铺信誉度低、评价少，订单转化率低，缺少热卖产品，在市场精确定位方面也缺乏经验。所有这些，都是新手卖家的薄弱之处。

在这种情况下，店铺推广的着重点要放在一些基础工作上，如选品、选词、产品描述等方面。过了这个阶段后，再通过数据分析调整方案、优化店铺。最后运用基础营销方式，完善推广方案。

在选品时，可以遵照2∶7∶1法则，即20%选择热销产品，目的是低价引流；70%选择促销产品，通过打折促销提升转化率、赚取利润；10%是品牌产品，主要是为了获取品牌价值（但要注意避免知识产权纠纷），如果卖家无法区分这些产品分类，那就不妨先各种产品都选一点以试探市场。

在选词时，要把重点放在长尾关键词上，这是新开店铺最主要的流量来源，而且适合长期进行下去，同时关注搜索排名位置的变化。竞争大、流量高的热门关键词也可以用，但不宜大量添加，而更适合做短期推广。

在产品描述时，标题要突出卖点，如用材、促销、质量等；图片要经过适当加工，以便更好地对产品进行全方位展示。产品详情描述可以从质量证明、认证入手，突出卖家实力、客户好评等。

在调整推广方案时，要根据已有关键词的排名，在保证流量、不超预算的前提下，尽量延长推广时长，及时添加市场上流行的时尚关键词。把曝光率较高的关键词和转化率较高的产品组合起来，调整曝光率较高、点击率较少的产品图片排位，每隔一段时间就加以分析、调整、优化。在完善推广方案时，要特别注重速卖通上的各项促销活动，如限时限量折扣、满立减、全店铺折扣、优惠券、平台大促、品牌馆活动等结合起来。

### （二）原有店铺的推广

已经经营一段时间的店铺，要在巩固自然流量引入的基础上继续选择合适的店铺活动方式来增加流量，在此基础上也可以考虑通过直通车付费推广，或委托专业推广公司、社交媒体推广等多种方式进行推广。

直通车付费推广，是按照点击付费方式来帮助卖家进行产品推广的方式，所有卖家都可任意选择。直通车费用初次充值的最低额度是500元，一旦充值就不许提现，也不许退出。直通车推广的投入较大，并且其效果好坏很难精确衡量。一般来说，热门关键词如果要想排到第1页，每次点击需要耗费几元甚至十几元，费用可谓不低，但卖家可以控制每天的消费金额。例如，如果卖家每天控制消耗金额的上限是200元，那么当这200元用完后，当天的产品推广便将终止，这样就不会产生无法控制的流量费用了。

委托专业推广公司进行推广的优点是效率高。这一点对速卖通卖家来说很重要，因为买家都在境外，所以在选择推广公司时一定要关注该公司是否拥有足够的境外买家资源，这样才能具有明确的针对性。由于卖家店铺中可能拥有成百上千种产品，所以把一两种销售份额最高的产品（最好是单种产品的销量要能占到总销量一半左右）委托给专业推广公司推广，在打造爆品的同时起到引流作用。这种推广费用并不高，一般100元就能买到爆品推荐套餐了。至于其效果，可登录"我的速卖通"—"数据纵横"网页查看。

对于社交媒体推广，卖家要先了解境外买家喜欢上哪些社交网站，这样才能有的放矢。Facebook是全球大型社交网站，在全球PV（page view，页面浏览量）指标上仅次于谷歌，但在我国目前还不能访问。Twitter（推特）是微博的始祖，境外用户众多，但目前在我国同样无法访问。VK是俄罗斯最大的社交网站，目前在我国也是无法访问的。Pinterest是美国最大的、以图片为主的社交网站，在我国可以访问。卖家运用上述境外社交媒体推广产品时，最大的问题主要有3点：一是这些网站在境内大多无法访问；二是卖家很难用纯正、得体的外语进行对外推广；三是粉丝数量太少导致推广效果较差。如果这些问题解决了，上述社交媒体推广将是一条非常好的免费推广渠道。

## 学以致用

### ▶ "差生"杨甫刚的创业故事

杨甫刚毕业于义乌工商职业技术学院国际贸易系物流专业，他通过在淘宝网上开网店，大二时他每个月纯收入超过1万元，一年营业额过200万元，流动资金有十几万元，毕业时就已经有员工14人，年营业额超千万元。他的成功跟自己的努力和学校的支持分不开。

**一、努力拼搏**

杨甫刚大一开学没多久，为了尽量减少父母的负担，就开始在校内捡矿泉水瓶、易拉罐卖钱。但刚开始干不久，他就遭到学校门卫的强烈不满："大学生捡垃圾，还读什么大学？！"

被说成是"捡垃圾的"，这让杨甫刚大受打击，不过很快，在朋友的推荐下，杨甫刚开始转战淘宝，当时他拥有的创业成本只是1辆自行车与500元生活费。开张的第二天晚上，杨甫刚发现已有一名上海客户下了订单。客户选购的只是一款小饰品，如果发货，除掉运费，他只能赚0.5元。但杨甫刚没有放弃，为赚0.5元，他舍不得坐公交车，而是步行送货，因为坐公交车要花去1.5元，那这趟生意就亏本了。为赚这0.5元，口渴时他连纯净水也舍不得买。就是这种拼搏精神，使他的店铺慢慢做大。

**二、学校支持**

2009年，义乌工商职业技术学院成立创业学院，下设10个创业班，并首次对外招生120人。创业学院的门槛并不低——淘宝店达到4颗钻或月收入达到8000元才可以。对于能进创业班的"优秀学生"，学校最给力的支持是：上课时可以接单发单；学生实行弹性上课制度，但要确保期末考试合格；淘宝等级可以抵学分，一颗钻（超过250个好评）抵两个学分；每班都配备上网室和仓库，老师负责教学生如何修饰商品图片、跟客户谈生意、寻找合适货源等实用技能。

### ▶ 根据以上案例内容请思考：

1.你对义乌工商职业技术学院支持学生创业怎么看？你是否认同这样的做法？

2.目前，义乌工商职业技术学院是全国创新创业典型经验高校、全国高校实践育人创新创业基地、国家级创新创业教育实践基地，可以说学校在创业教育方面积累了丰富的经验，也培养了学生良好的创新意识和开拓进取的精神。结合你所在院校，你觉得学校的创业教育可以从哪些方面着手？

▶解析

1.义乌工商职业技术学院从学生实际出发，分层分类，因材施教，对不同学生采取不同的教育方式，更加注重学生的动手能力和创新创业精神的培养，体现了现代职业教育的特点。

2.可根据学校自身情况进行分析，如充分利用当地资源，全面培养学生的创新创业精神等。

📖 项目五习题

# 跨境电商的营销推广与订单处理

## 项目目标

### 知识目标

1. 速卖通平台店铺自主营销的功能。

2. 联盟营销的规则。

3. 直通车推广的要领和技巧。

4. SNS营销的基本概况。

5. 订单处理和发货的基本流程。

6. 交易评价管理的具体操作方法。

### 能力目标

1. 能够制定营销方案，对店铺产品进行营销和推广。

2. 能运用店铺自主营销功能，建立店铺营销手段。

3. 能够运用直通车进行店铺产品的推广。

4. 能熟练运用SNS（social network services,社交网络服务）进行营销和推广。

5. 能够处理订单的各个流程，包括售前、售中和售后。

6. 能够有效与买家沟通，管理好交易评价。

### 素质目标

1. 培养良好的管理协调能力。

2. 培养遵纪守法、诚信经营的职业素质。

3. 培养良好的团队合作能力。

4. 培养良好的沟通交际能力。

项目六
引导案例

## 项目背景

小汪成功上传了产品，在对产品标题、关键词、属性进行优化及对店铺进行装修和优化推广后，店铺的曝光量有了一定的提升。虽然是店铺曝光量提高了，但是迟迟出不了单，作为速卖通新手的小汪，很想知道速卖通快速出单的技巧，比如，速卖通新店铺如何短时间内引流？使用什么样的推广手段才能提高出单量和转化率？其实，现在是一个全民营销的年代，单单开店已经远远不够，不会做营销和推广就意味着你已"OUT"了，跨境电商的运营原理也是如此，平时要多多利用平台的工具来进行营销，如单品折扣、满减活动、店铺优惠券、搭配活动、互动活动、店铺优惠码等，还有平台活动、联盟营销和直通车推广等无疑都是很有效的方法。在明白了这些道理之后，小汪走上了速卖通营销与推广的学习之路。

# 任务一　店铺自主营销

店铺自主营销是指在店铺内通过自己组织活动、打折优惠等行为促进销售。店铺自主营销包括六大营销工具：单品折扣、满减活动、店铺优惠券、搭配活动、互动活动、店铺优惠码，如图6-1所示。下面我们依次介绍这6个工具的设置和使用方法。

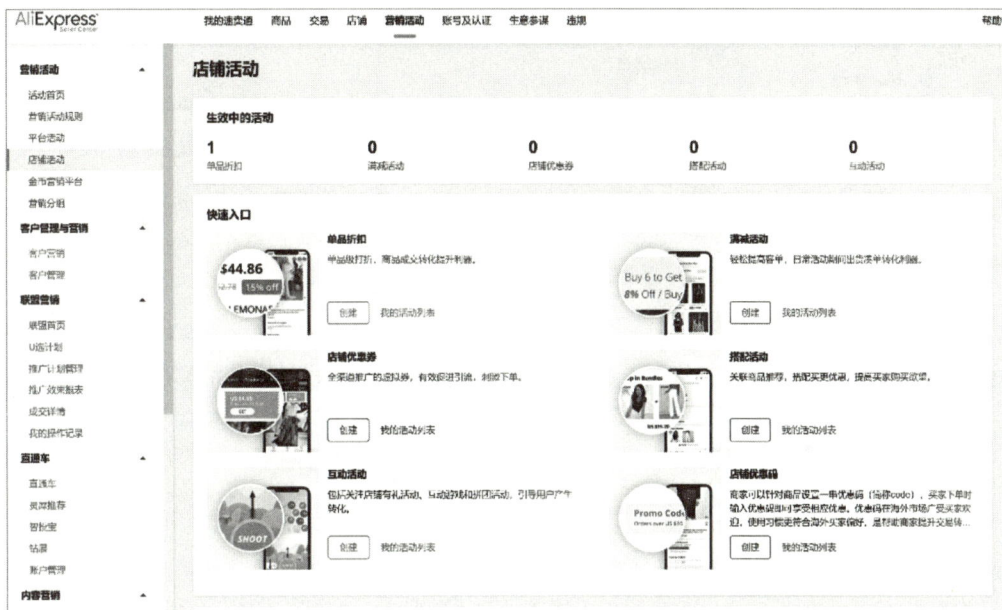

图6-1　店铺活动界面

## 一、店铺自主营销方式

### （一）单品折扣

单品级打折优惠，是原全店铺打折+店铺限时限量工具结合升级的工具，用于店铺自主营销。单品折扣的活动开始时间是美国太平洋时间，单品折扣活动相比于以前的全店铺打折和限时限量活动，有如下变化：第一，不限时长与次数，即取消每月限制的活动时长和活动次数，单场活动最长支持设置180天；第二，活动进行中可暂停，即允许活动进行中暂停活动（适用于活动设置错误快速止损）。

1. 单品折扣创建步骤

（1）点击"营销活动"—"店铺活动"—"单品折扣活动"，如图6-2所示。

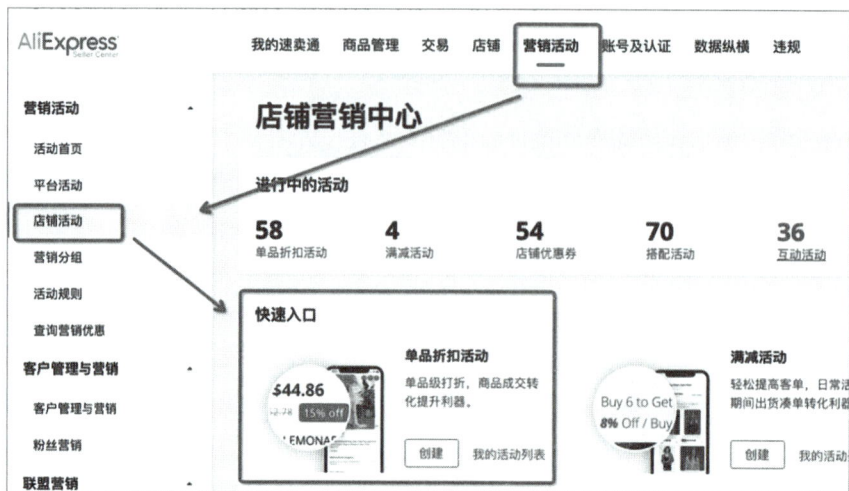

图6-2　单品折扣活动界面

（2）点击图6-2中所示的"创建"活按钮，进入创建店铺活动界面，然后进入如图6-3所示的设置界面，单品折扣活动的设置需要确定活动名称、活动开始时间和活动结束时间。

图6-3　单品折扣"创建活动"界面

（3）设置好后，点击"提交"按钮，进入如图6-4所示的界面，点击"选择商品"按钮。

图6-4　单品折扣"添加产品"界面

（4）进入如图6-5所示的界面，在此界面中选择要参与活动的产品，注意每个活动最多只能选择40个产品。可筛选全部已选商品和未设置优惠商品，支持商品ID搜索；支持以单个商品、营销分组、表格导入形式进行设置。

图6-5　单品折扣"产品选择"界面

（5）点击"确定"按钮，设置产品折扣率和促销数量（见图6-6）。可批量设置折扣库存，也可单独设置。支持批量设置折扣、批量设置限购、批量删除（默认所有SKU都参加活动，见图6-7、图6-8）；支持按照营销分组设置折扣，分组内的商品会被导入活动内（见图6-9）。

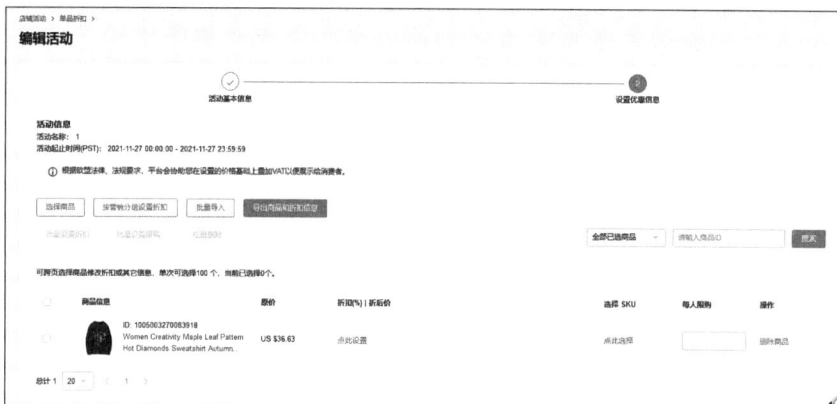

图6-6　进入折扣设置界面

图6-7　设置折扣

图6-8　选择参与活动的SKU

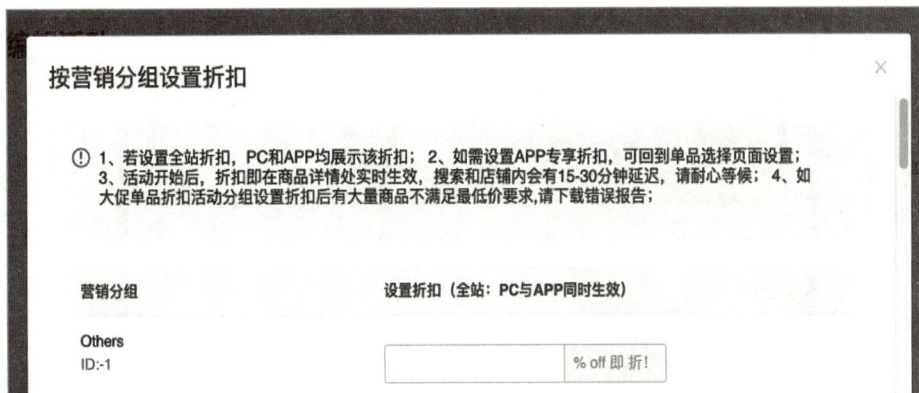

图6-9　按营销分组设置折扣界面

特别注意：目前设置APP折扣不具备引流功能，因此营销分组设置折扣处取消了设置APP折扣的功能。如需设置APP折扣，可回到单品选择页面设置。

温馨提示：如只设置全站折扣，即PC端和APP均展示同一个折扣。支持通过表格形式批量导入（见图6-10）。支持单个商品设置粉丝/新人专享价；不支持部分SKU参加活动，不想参加的SKU，请修改商品普通库存数为0。

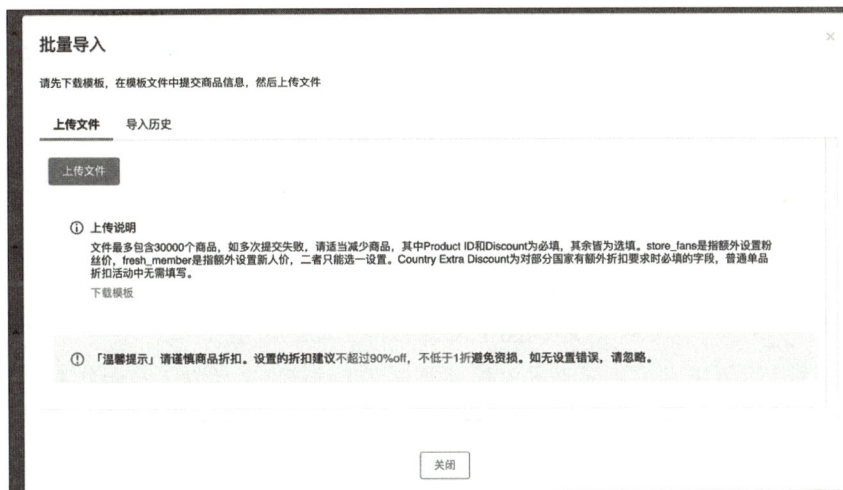

图6-10　批量导入页面

（6）点击图6-11中的"确定"按钮后即完成设置，活动将处于"未开始"状态，此时仍可以进行修改活动时间、增加和减少活动产品等操作。活动开始前6小时将进入锁定状态，活动状态将变成"等待展示"，活动开始后将处于"展示中"状态。"等待展示"和"展示中"就不可编辑，也不可停止，卖家需要谨慎设置。单品折扣活动一旦创建，产品即被锁定，目前只支持部分属性的编辑功能，若价格设置错误则只能进行下架操作。同一个商品只能参与同一个时间段内一场单品折扣活动；可同时参加同个时间段的平台活动，平台活动等级优先于单品折扣，因此会生效平台活动折扣。

单品折扣活动注意事项

6-11　点击"确定"完成设置

## ※ 技能提示6-1

### 活动优惠生效规则

　　限时限量折扣活动与平台常规活动的优先级相同，正在进行其中任一个活动的商品不能参加另一个活动。限时限量折扣和平台活动的优先级高于全店铺打折活动，如果有商品同时参加了限时限量折扣（或平台活动）和全店铺打折活动，则该商品的在买家页面展示时以限时限量折扣活动（或平台活动）的设置为准，两者的折扣不会叠加。

## ※ 技能提示6-2

### 店铺自主营销多种活动的设置

　　单品折扣、店铺优惠券活动可以跨月创建，店铺满立减活动开始和结束日期必须在同一个月内。例如，单品折扣的开始时间若在1月1日，结束时间在2月28日之前均有效。店铺满立减活动的开始时间若在1月1日，结束时间需要在1月31日之前。

### （二）满减活动

#### 1.满立减

　　满立减活动是一款店铺自主营销工具，只要你开通速卖通店铺，即可免费使用。你可以根据自身经营状况，对店铺设置"满X元优惠Y元"的促销规则，即订单总额满足X元，买家付款时则享受Y元优惠扣减。优惠规则由卖家根据自身交易情况设置，正确使用满立减工具，既能让买家感觉到实惠，又能刺激买家为了达到优惠条件而多买，从而提升销售额，拉高平均订单金额和客单价，买卖双方互利共赢。

　　重要提示：满立减/满件折的优惠是与其他店铺活动优惠叠加使用的，

店铺自主营销活动：满立减

对于已经参加折扣活动的商品，买家购买时以折扣后的价格计入满立减/满件折规则中。所以，同时使用打折工具和满立减/满件折工具时，一定要计算一下自己的利润哦！

满立减每月数量10个，总时长720小时，可以设置隔月活动，可以叠加使用，一般活动设置后24小时内生效。设置操作如图6-12所示，首先输入活动名称及起止时间。

注意：同一个时间内（活动开始时间到活动结束时间）只能设置一个满立减活动（含部分商品满立减、全店所有商品满立减）。

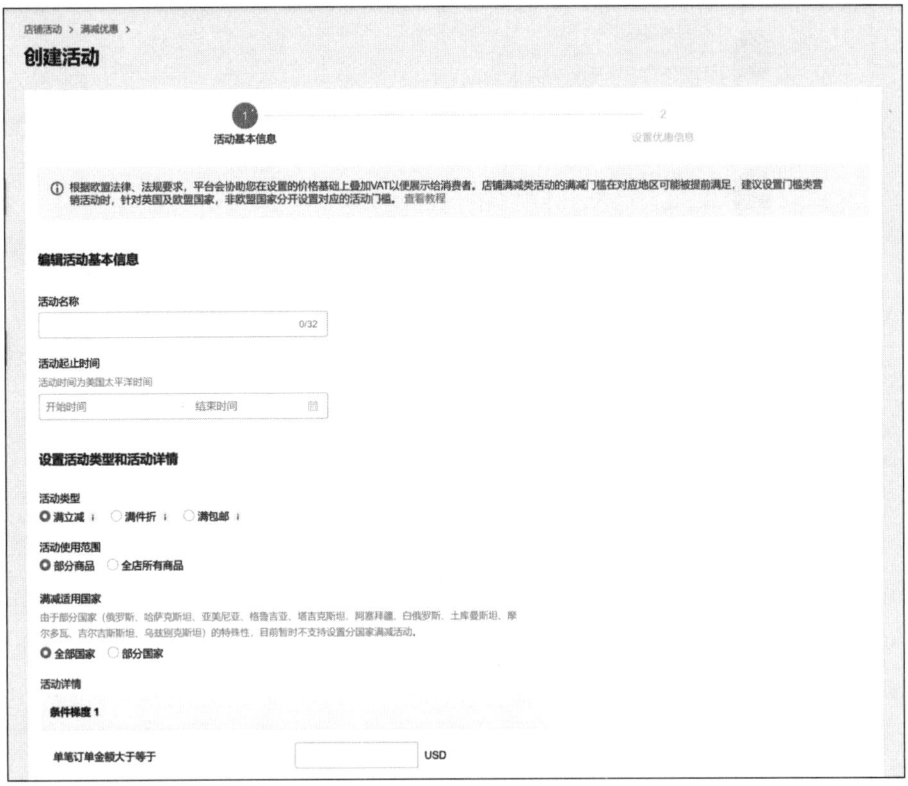

图6-12　满立减活动的设置界面

针对"满立减"活动需要"选择产品"，每次活动最多可以选择100件产品，选择产品界面如图6-13所示。卖家通过商品分组、营销分组、商品ID、商品名称搜索对应的产品。选择产品后，产品数会在选择栏的左上角进行展示。

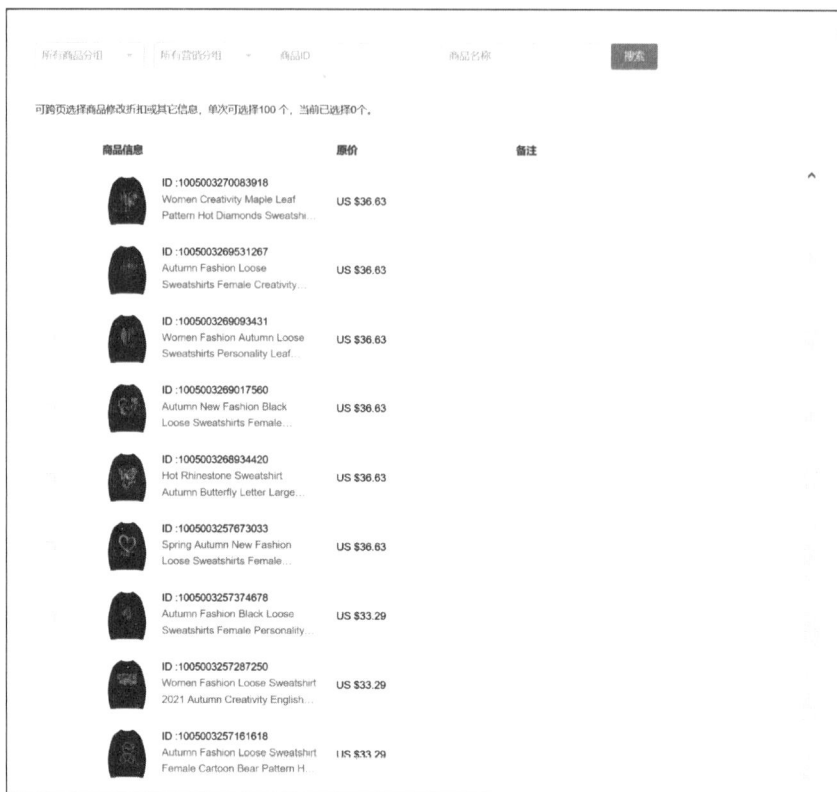

图6-13 满立减产品添加界面

可以通过"批量导入"点选商品，也可以通过批量导入Excel文件来导入商品，Excel一次最多可以导入10000件商品。Excel 批量导入界面如图6-14所示，先下载模板，在模板文件中提交商品信息，然后上传文件。

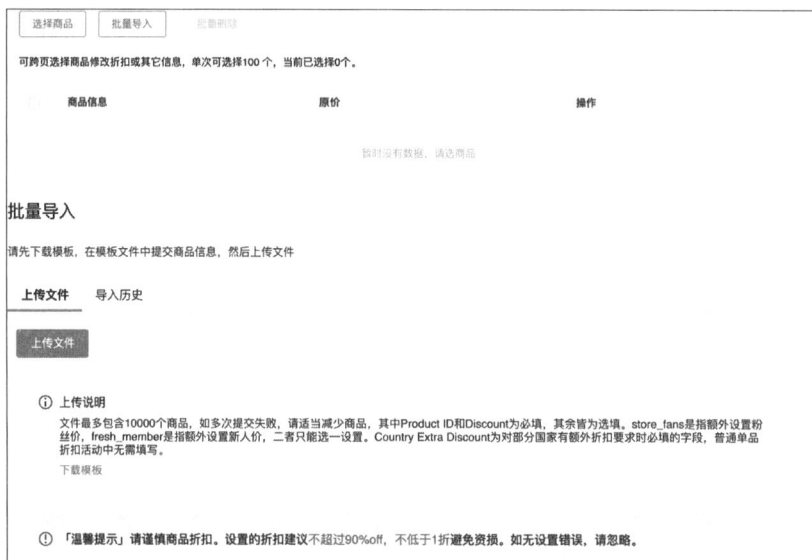

图6-14 批量导入商品界面

在设置"满减条件"上，目前的满减条件支持类型有"单层级满减"和"多梯度满减"，选择"单层级满减"，需要设置单笔订单金额条件及立减条件，该类型的满减活动可以支持优惠可累加的功能（即当促销规则为满100减10时，则满200减20，满300减30，依此类推，上不封顶），同一优惠比例的满减活动，可以支持优惠可累加功能，如图6-15所示。

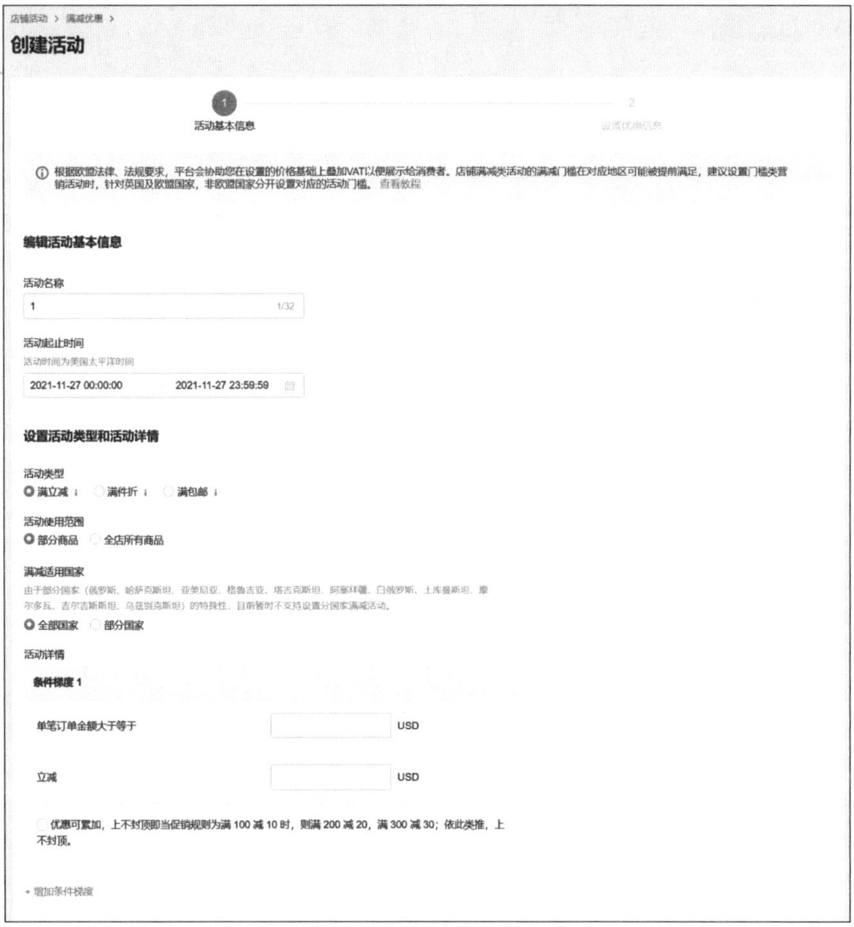

图6-15　满立减单层级满减界面

"多梯度满减"指的是不同优惠比例的阶段性满减活动，即设置时需要满足以下两个要求：第一，后一梯度的订单金额必须大于前一梯度的订单金额；第二，后一梯度的优惠力度必须大于前一梯度。比如，满减梯度一设置为满100美元立减10美金（即9折），则满减梯度二设置的单笔订单金额必须大于100美元，假设设置为200美元，则设置对应的立减金额必须大于等于21美元（即最大为8.95折）。选择"多梯度满减"，需要至少设置两个梯度的立减优惠条件，最多可以设置三个梯度的立减优惠条件，如图6-16所示。

设置好金额后点击"提交"按钮，确认提交活动。

满立减展示条的展示位有：Store Home（店铺主页）界面，Products（产品）界面，Sale Items（销售项目）界面，以及Sale Items界面下的Seller Discount（销售折扣）界面和产品的详情信息（此展示只针对系统模板，如果是购买的装修模板则以装修模板的设计为准）。店铺满立减活动在产品的详情页展示如图6-17所示。

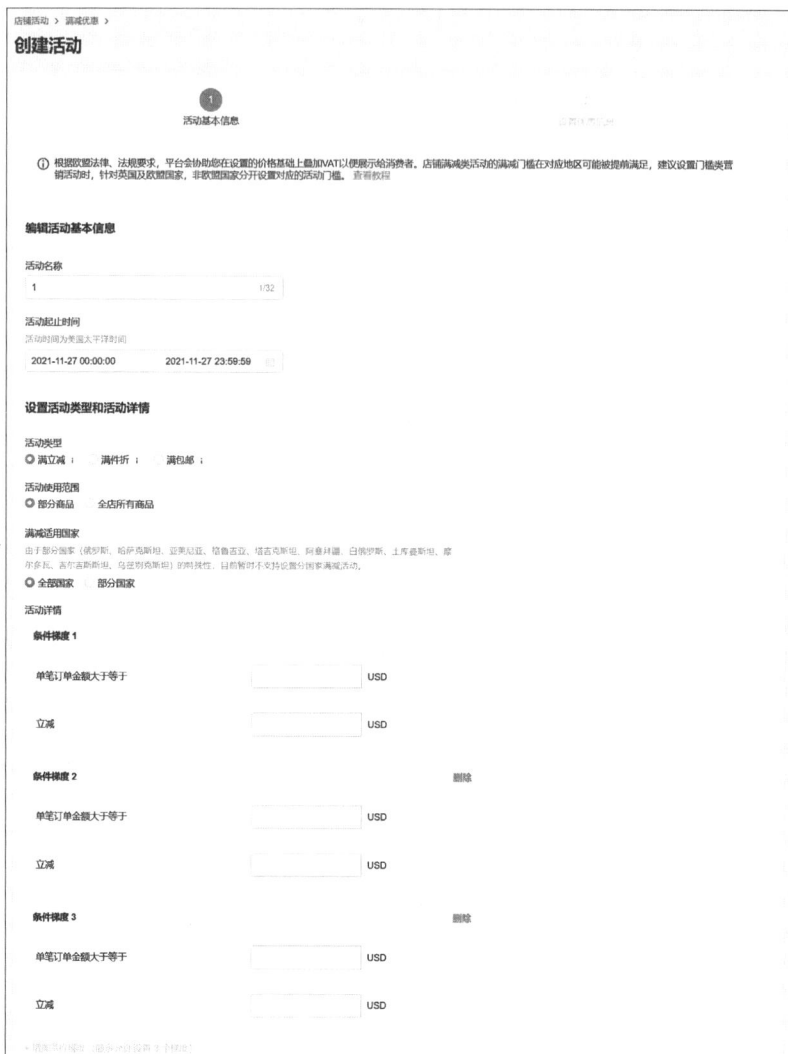

图6-16　满立减多梯度满减界面

图6-17　满立减展示界面

2.满件折

满件折活动是一款店铺自主营销工具，只要你开通速卖通店铺，即可免费使用。你可以根据自身经营状况，对店铺设置"满X件优惠Y折"的促销规则，"满X件优惠Y折"，即订单总商品满足X件数，买家付款时则享Y折优惠，卖家无须修改价格。

重要提示：满件折活动的优惠可以与店铺其他活动优惠叠加使用，对于已经参加折扣活动的商品，买家购买时以折扣后的价格计入满件折规则中。所以，同时使用打折工具和满件折工具时，一定要计算一下自己的利润哦！

（1）创建活动

登录"我的速卖通"，点击"营销活动"，在"店铺活动"选择"满减优惠"，点击"创建活动"，如图6-18所示。

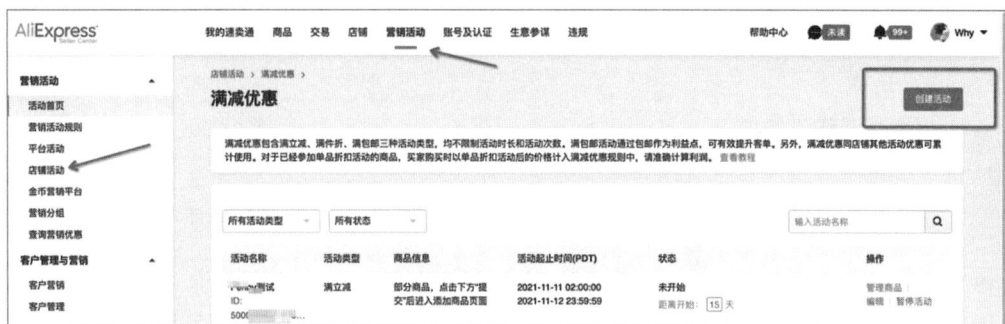

图6-18　满件折活动进入界面

（2）填写活动的基本信息

在"活动名称"一栏内填写对应的活动名称，买家端不可见。在活动"开始时间"及"结束时间"内设置活动对应的起止时间，具体如图6-19所示。

图6-19　满件折活动名称及活动起止时间设置

注意：同一个活动时间内同一个商品（活动开始时间到活动结束时间）只能设置一个满立减活动（含部分商品满立减、全店所有商品满立减），或者一个满件折活动（含部分商品满件折、全店所有商品满件折）。

（3）设置活动类型和活动详情

①设置"活动类型"，选择"满件折"，如图6-20所示。

图6-20　满件折活动界面

ⅰ.选择"部分商品"，即为设置部分商品参与满件折活动，订单金额包含商品价格(不包含运费)，商品按折后价参与。

ⅱ.选择"全店所有商品"，为全店铺商品均参与满件折活动，订单金额包含商品价格（不含运费），所有商品按折后价参与。

ⅲ.适用国家，可选"全部国家"和"部分国家"。若选择"全部国家"，则所有国家的用户都可享受该权益；若选择"部分国家"，则仅选中国家的用户可看到并领取该权益。需注意的是，在选择"部分国家"前需完成国家营销分组设置。

②设置"满减条件"

ⅰ.可只设置一个条件梯度，则系统默认是单笔订单件数条件及立减条件，在"条件梯度1"的前提下，该类型的满减不支持优惠可累加的功能( 即当促销规则为满3件减10% off时，则满6件仍旧是10% off )。

ⅱ.可设置多个条件梯度，最多可以设置3个梯度的满件折优惠条件。多个条件梯度需要满足：第一，后一梯度订单件数必须大于前一梯度的订单件数；第二，后一梯度的优惠力度必须大于前一梯度。

③选择商品

针对商品满件折活动，可以通过"选择商品"或者"批量导入"点选商品，单次最多可选择100个商品，如图6-21所示。

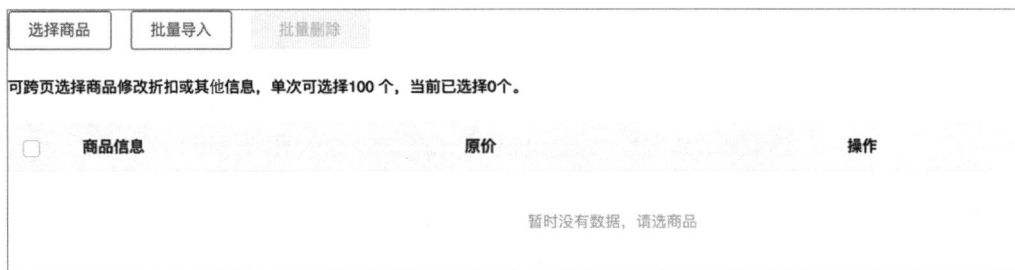

图6-21 "选择商品"或者"批量导入"点选商品界面

通过批量导入Excel文件的方式导入商品，一次最多可以导入10000商品。Excel 批量导入界面如图6-22所示，先下载模板，在模板文件中提交商品信息，然后上传文件。

图6-22 Excel批量导入界面

（4）确定，完成设置

以上设置完成后，点击"确定"按钮，即可完成设置。

3. 满包邮

满包邮，通过包邮作为利益点，可有效提升转化率。卖家可以根据自身经营状况，对店铺设置"满N元/件包邮"的促销规则，买家下单时，若是订单总商品数超过了卖家设置的满包邮件数，或订单总金额超过了卖家设置的满包邮金额，在买家付款时，在指定的地区范围内，系统自动减免邮费。

（1）创建活动

登录"我的速卖通"，点击"营销活动"，在"店铺活动"选择"满减优惠"，点击"创建活动"，如图6-23所示。

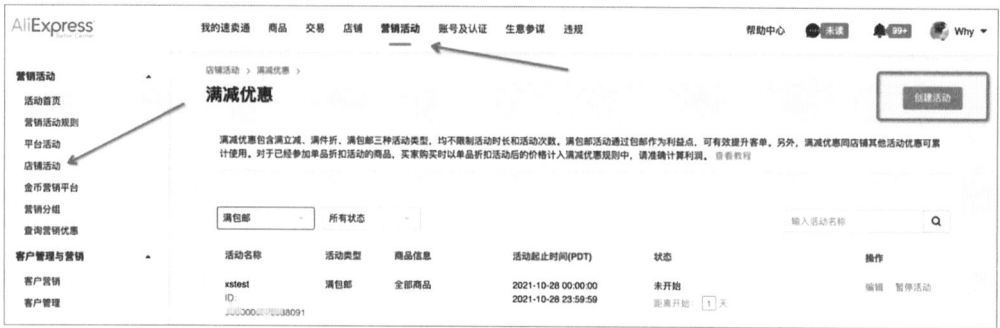

图6-23　满包邮活动进入界面

（2）填写活动的基本信息

在"活动名称"一栏内填写对应的活动名称，买家端不可见。在活动"开始时间"及"结束时间"内设置活动对应的时间，如图6-24所示。

图6-24　满包邮活动名称及活动起止时间设置

（3）设置活动类型和详情

①设置"活动类型"，选择"满包邮"。

ⅰ.选择"部分商品"，允许挑选部分商品参加满包邮活动，单个活动最多添加10000个商品。

ⅱ.选择全店所有商品满包邮，即允许所有商品添加满包邮活动。

②设置"满减条件"，如图6-25所示。

ⅰ.满件：单笔订单件数大于等于所设置的满包邮件数。

ⅱ.满金额：单笔订单金额大于等于所设置的满包邮金额。

注意：订单金额包含商品价格（不包含运费）。

图6-25　满包邮条件设置

③设置包邮区域和物流方式，系统默认展示全站成交前列国家。

如图6-26所示，包邮区域和物流方式都支持多选。

图6-26　满包邮目标区域和物流方式设置

（4）活动提交，完成创建

设置完活动信息后，点击下方"提交"即可。需要注意的是活动一旦创建无法删除。

### （三）店铺优惠券

1.店铺优惠券的基本作用

店铺优惠券是速卖通推出的第四款店铺自主营销工具，卖家可以设置让买家进入自己店铺领取店铺优惠券，也可以为了提升店铺的二次购买率而向买家定向发放店铺优惠券，让买家 先领券再下单，提升购买转化率。店铺优惠券的基本作用如下。

（1）促进本次消费

让买家先领券再下单，这是非常直接的一种刺激消费的方式。对于 新买家来说就是一剂强心针，帮助其下决心购买。

（2）巩固老客户黏度

众所周知，对老客户的维护是非常重要的，将店铺优惠券信息发 给老客户，可以作为奖励和回馈，提高回头购买率。

（3）为店铺引流

拿到优惠券的买家，为了使用这一"财产"，一定会在卖家的店铺中 寻找合适的产品，这大大增加了店铺中产品的曝光度和浏览量，提升出单概率。

在买家眼中，拿到手的优惠券就是一种财产，不用就会觉得亏了，在这样的心理作用下，买家下单的概率比平时更高。

2. 速卖通平台优惠券的类型

店铺级优惠卡券，用于店铺自主营销。可以设置优惠金额和使用门槛，并通过多种渠道进行推广刺激转化提高客单。卖家日常常用的优惠券有领取型、定向发放型、互动型优惠券，如图6-27所示。

图6-27 店铺优惠券发放类型界面

（1）店铺领取型优惠券

领取型优惠券可在各种渠道发放，用户获取后到店购买使用，是引流、转化、拉新的有效手段。

店铺领取型优惠券活动以月为单位，每月活动总数量10个。活动开始后，卖家设置的优惠券信息会在店铺内、产品详情页、买家购物车等地方展示，买家可通过"领取按钮"领取优惠券。其设置路径如下。

店铺自主营销方式：店铺领取型优惠券

①创建活动

登录"我的速卖通",点击"营销活动",在"店铺活动"选择"店铺优惠券",点击"创建店铺优惠券按钮",如图6-28所示。

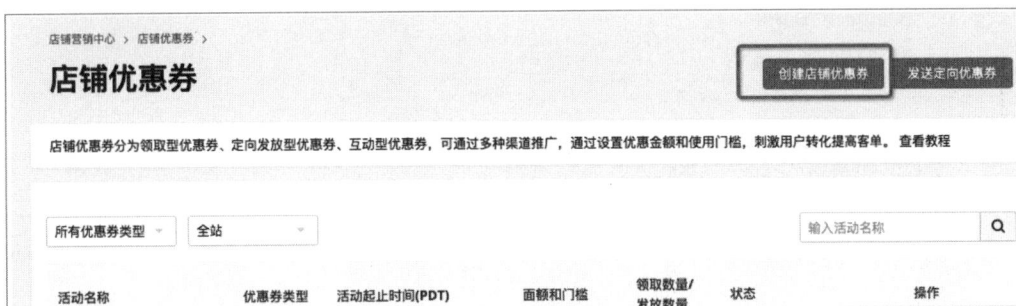

图6-28　店铺优惠券活动进入界面

在"优惠券类型"一栏,选择"领取型",在"活动名称"一栏内填写对应的活动名称,买家端不可见。在活动"开始时间"及"结束时间"内设置活动对应的活动起止时间。活动时间默认为美国太平洋时间,同时可查看不同时区的时间,便于商家更好地进行国家差异化运营。具体如图6-29所示。

图6-29　领取型店铺优惠券"活动创建"设置界面

②设置优惠券详细内容

如图6-30所示的优惠券详细内容设置界面,可对优惠券信息进行具体设置。

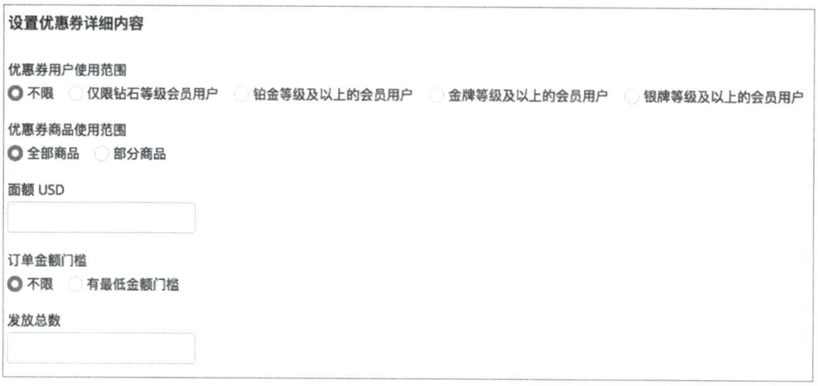

图6-30　设置优惠券详细内容界面

ⅰ.用户和商品使用范围

可以根据不同会员等级设置优惠券（只有对应等级及以上的买家才可以看到，如设置铂金等级的优惠券，那么铂金级和钻石级的买家可见，金牌和银牌的买家不可见）。

优惠券使用范围可以选择"全部商品"，也可以选择"部分商品"。

ⅱ.优惠券面额和门槛设置

a. 面额

优惠券的优惠金额，若优惠券为满X美元优惠Y美元时，这里的面额指的是Y。

b. 使用条件

一种可设置为不限最低金额（订单金额满优惠券面额+0.01元）。

一种可设置最低金额门槛，满X美元优惠Y美元，这里的最低金额门槛指X。

发放总数可任意设置。

ⅲ.优惠券使用规则设置

店铺领取型优惠券使用规则设置如图6-31所示。

优惠券的
使用条件

图6-31　店铺领取型优惠券使用规则设置界面

a. 设置每人限领数量

可在图6-31的"每人限领"框中输入每人限领的数量。

b. 设置使用时间

"买家领取成功起的有效天数"指买家拿到手后有多少天可以用，也可以通过"指定有效期"指定优惠券只能在设置的使用时间内使用，其他时间不可使用。

③设置完成

点击"提交"，完成设置。

■ 店铺自主营销
方式：定向发
放型优惠券

（2）定向发放型优惠券

这是针对指定用户发放的优惠券，凡是与店铺有过交易、加过商品到购物车或者Wish List的买家都可作为定向发放对象，用于人群定向营销。卖家只需通过创建优惠券活动—选择发放对象—点击发放三步操作，便可利用优惠券实现新老买家的主动激活与维护。定向发放型优惠券分为直接发放和二维码发放型两种，如图6-32所示。

定向发放型店铺优惠券是由卖家自主设置优惠金额和使用条件，并且由卖家自己发放给与自己有过互动的买家（有过交易、买家加了其产品到购物车且未下单、买家加了其产品到Wish List且未删除），买家可以在有效期内使用，且只能在该店铺使用的优惠券。

定向发放型店铺优惠券不是给买家一个折扣那么简单，最主要的是能帮助卖家提升营销精准度。领取型优惠券适合广撒网大量发放，领取对象未知，通常灵活性较低；而定向发放型优惠券，可挑选添加购物车和Wish List的个别潜力买家或新买家做精准营销，对象明确，预算灵活，如图6-32所示。

图6-32　定向发放型店铺优惠券

①直接发放型优惠券

直接发放型优惠券由卖家直接发放给客户，这时候建议随客户营销邮件一起对买家进行优惠券的营销，刺激买家前来下单。

ⅰ.创建店铺优惠券

登录"我的速卖通"，点击"营销活动"，在"店铺活动"选择"店铺优惠券"，点击"创建店铺优惠券"，如图6-33所示。

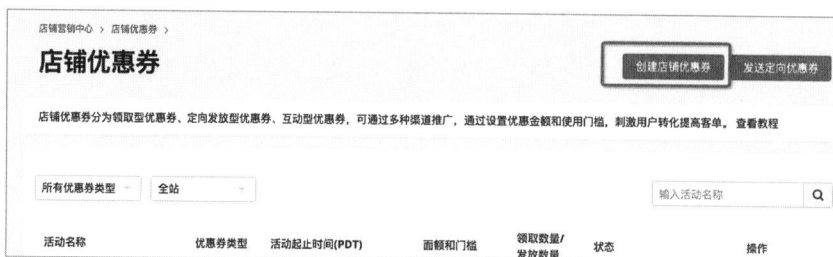

图6-33　直接发放型优惠券创建界面

ⅱ.填写活动的基本信息

在图6-34中的"优惠券类型"中选择"定向发放型"—"直接发放"。

图6-34　直接发放型优惠券活动设置界面

输入活动名称（只有卖家可见，不会同步到卖家前台）。"活动起止时间"中，活动开始即开始生效；"活动结束时间"可自行设置。

ⅲ.设置优惠券详细内容

a.商品使用范围

优惠券使用范围可以选择"全部商品"，也可以选择"部分商品"。

b.优惠券面额和门槛设置

（a）面额

优惠券的优惠金额，若优惠券为满X美元优惠Y美元时，这里的面额指的是Y。

（b）使用条件

一种可设置为不限最低金额（订单金额满优惠券面额+0.01美元）。

一种可设置最低金额门槛，满X美元优惠Y美元，这里的最低金额门槛指X。

发放总数可任意设置，如图6-35所示。

图6-35　设置直接发放型优惠券详细内容

c. 优惠券使用规则设置

直接发放型优惠券使用规则设置如图6-36所示。

图6-36　直接发放型优惠券使用规则设置界面

（a）设置每人限领数量为1张。

（b）需要设置指定有效期，即优惠券只能在设置的使用时间内使用，其他时间不可使用。

ⅳ. 完成设置

点击"提交"，完成设置。

ⅴ. 选择买家进行优惠定向发放

回到店铺优惠券列表页，在界面右上方，点击"发送定向优惠券"，如图6-37所示。

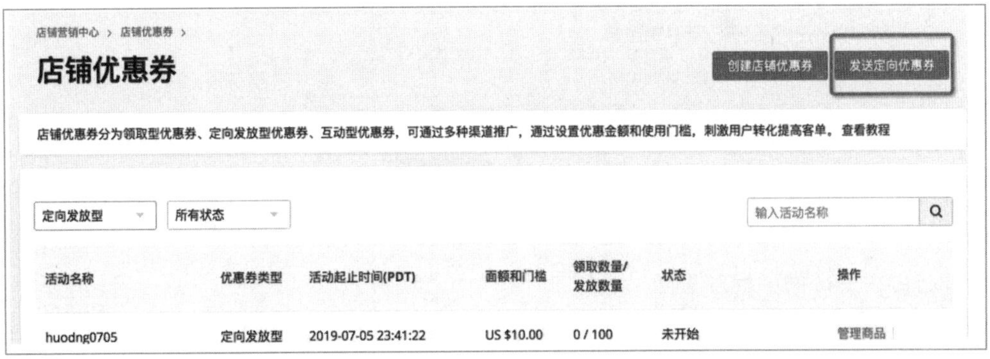

图6-37 选择定向优惠券发送买家

在定向优惠券界面，"选择分组"，勾选自己想要的分组，若要新建分组，点击"客户分组"按钮，如图6-38所示。

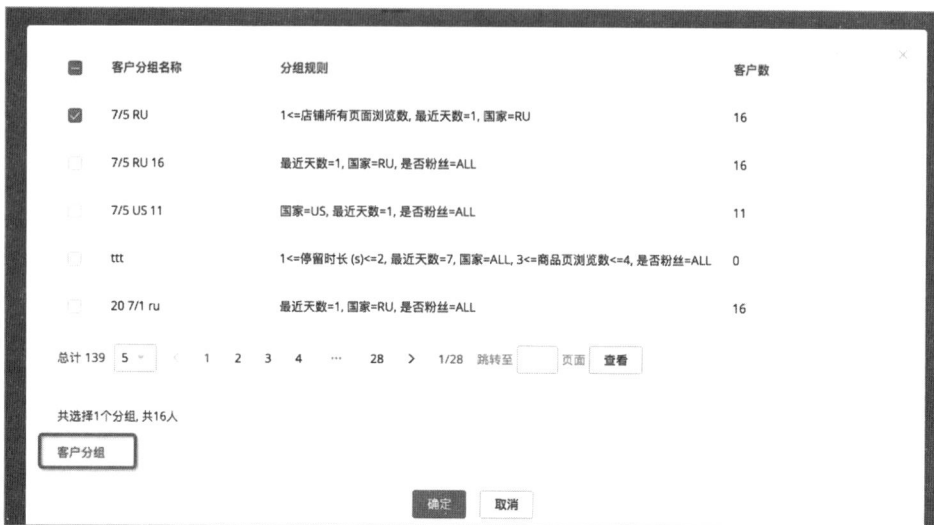

| | 客户分组名称 | 分组规则 | 客户数 |
|---|---|---|---|
| ☑ | 7/5 RU | 1<=店铺所有页面浏览数, 最近天数=1, 国家=RU | 16 |
| ☐ | 7/5 RU 16 | 最近天数=1, 国家=RU, 是否粉丝=ALL | 16 |
| ☐ | 7/5 US 11 | 国家=US, 最近天数=1, 是否粉丝=ALL | 11 |
| ☐ | ttt | 1<=停留时长(s)<=2, 最近天数=7, 国家=ALL, 3<=商品页浏览数<=4, 是否粉丝=ALL | 0 |
| ☐ | 20 7/1 ru | 最近天数=1, 国家=RU, 是否粉丝=ALL | 16 |

总计 139  5  ＜ 1 2 3 4 … 28 ＞ 1/28 跳转至 ___ 页面  查看

共选择1个分组, 共16人

客户分组

确定 取消

图6-38 客户分组界面

返回"发送定向优惠券"界面，选择之前创建的活动，点击"确认发送"，则完成定向发放优惠券，如图6-39所示。

## 发送定向优惠券

选择客户
选择客户  已选择1个分组的客户, 共计16人

选择优惠券
选择已创建优惠券 剩余 0 客户未指定优惠券

Spend US $10.00 off US $10.01  还可以发放100人

Spend US $75.00 off US $100.00  还可以发放9人

Spend US $751.00 off US $751.01  还可以发放5人

Spend US $12.00 off US $12.01  还可以发放100人

Spend US $24.00 off US $24.01  还可以发放444人

Spend US $0.23 off US $0.24  还可以发放444人

Spend US $1.00 off US $1.01  还可以发放1000人

Spend US $3.00 off US $3.01  还可以发放100人

确认发送 取消

图6-39 点击"确认发送"完成设置

②二维码发放型优惠券

此类优惠券给予买家的是二维码，这种类型的优惠券建议卖家可以搭配在发送给客户的

包裹中，买家通过扫码的形式就可以领取优惠券了。

ⅰ. 创建活动

登录"我的速卖通"，点击"营销活动"，在"店铺活动"选择"店铺优惠券"，点击"创建店铺优惠券"，如图6-40所示。

图6-40 二维码发放型优惠券创建界面

ⅱ. 填写活动的基本信息

优惠券类型选择"定向发放型"—"二维码发放"，如图6-41所示。

图6-41 二维码发放型优惠券活动设置界面

与直接发放型优惠券不同的是，活动结束时间与优惠券有效期结束时间相同。

注意：由于考虑到物流时间的影响，所以对应的活动结束时间和优惠券结束时间一致，卖家应合理设置优惠券的使用结束时间，尽可能减少买家收到货之前已经无法领取店铺优惠券的情况。

ⅲ.设置优惠券详细内容

二维码发放型优惠券详细内容设置如图6-42所示。

图6-42　设置二维码发放型优惠券详细内容

a.商品使用范围

优惠券使用范围可以选择"全部商品"，也可以选择"部分商品"。

b.优惠券面额和门槛设置

（a）面额

优惠券的优惠金额，若优惠券为满X美元优惠Y美元时，这里的面额指的是Y。

（b）使用条件

一种可设置为不限最低金额（订单金额满优惠券面额+0.01美元）。

一种可设置最低金额门槛，满X美元优惠Y美元，这里的最低金额门槛指X。

c.设置优惠券使用规则

默认每人限领一张并指定具体的有效期。

图6-43　二维码发放型优惠券使用规则设置界面

ⅳ.完成设置

点击"提交"，设置完成。

ⅴ.下载二维码

返回活动列表，下载二维码，把二维码打印到包裹、发货订单等处或者投放到其他营销渠道中并引导买家进行扫码，如图6-44所示。

图6-44　下载二维码界面

"二维码发放型优惠券"主要有以下两种营销方式。

第一，卖家可以在包裹中放置优惠券的二维码图片，买家在收到包裹后，可通过扫描二维码的方式领取该类型的店铺优惠券，且领取优惠券之后，买家可以直接看到卖家的无线店铺的首页，帮助卖家进行无线端引流。

第二，卖家可以将发放型优惠券的二维码投放在买家营销邮件、旺旺或者SNS）等渠道进行二次营销。

通过以这两种类型的营销方式，可以为卖家增加店铺流量，更能提升客户的二次购买率。

（3）互动型优惠券

互动型优惠券分为金币兑换型、秒抢型、聚人气型店铺型优惠券3种类型。

金币兑换型优惠券用于速卖通APP的金币频道。速卖通无线金币频道是目前手机APP上高流量、高黏度的频道。频道中包括各类游戏的玩法和红包优惠，吸引着全球买家回访并转化。作为一个大流量的营销平台，卖家可以通过设置店铺优惠券或者报名参加金币兑换商品活动来通过金币频道吸引更多高黏度的买家到自己的店铺里。

用户在金币频道内，通过签到或者游戏获取金币，进而通过金币来兑换相应的权益，如店铺优惠券。因此设置金币兑换型优惠券，便有机会参与金币频道活动。

秒抢型店铺优惠券和聚人气型店铺优惠券则是速卖通平台新推出的两款店铺优惠券营销利器。

①金币兑换型优惠券

卖家在后台设置无门槛的店铺优惠券，优惠券面额1~200美元不等，每个面额至少设置50张发放量，且每个月最多只能创建10个活动，有使用条件的最多3个，无使用条件是10减去有使用条件的个数，对应的有使用条件

店铺自主营销方式：金币兑换型优惠券

的店铺优惠券设置比例必须为1:3以下，即优惠券订单金额/优惠券面额≤3。设置完成后，后台会结合买家的行业偏好，展示在金币频道上，且只会展示在金币频道上，供用户兑换，同时后台会将6个卖家热销的产品和店铺优惠券一同展示。比如兑换比例是1:50，50个金币可以兑换1美元优惠券，100个金币可以兑换2美元优惠券。

具体设置流程如下。

ⅰ.创建活动

登录"我的速卖通"，点击"营销活动"，在"店铺活动"选择"店铺优惠券"，点击"创建店铺优惠券"，如图6-45所示。

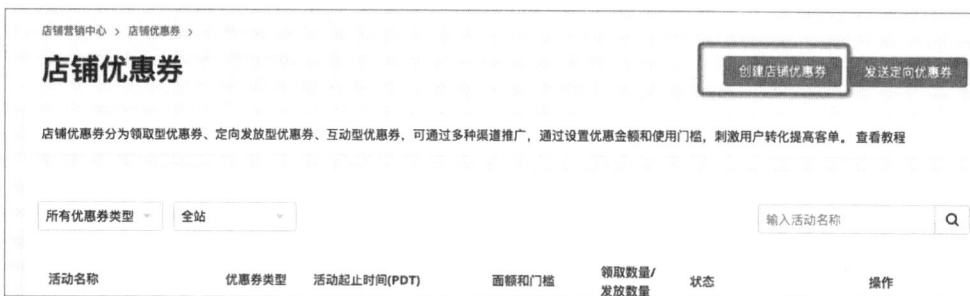

图6-45 金币兑换型优惠券活动创建界面

ⅱ.填写活动的基本信息

在图6-46的优惠券类型中选择"互动型"—"金币兑换"。

输入活动名称（只有卖家可见，不会同步到卖家前台）。在"活动起止时间"中设置"开始时间"和"结束时间"。

图6-46 金币兑换型优惠券活动设置界面

ⅲ.设置优惠券详细内容

a.优惠券面额和门槛设置

可在图6-47所示的界面设置优惠券面额及使用门槛。

图6-47　金币兑换型优惠券详细内容设置界面

需要注意以下问题。

第一，金币兑换型优惠券默认商品使用范围为全部商品。

第二，金币兑换型优惠券使用门槛条件必须为1:3以下，即优惠券订单金额/优惠券面额≤3，如优惠券面额为10美元，那么优惠券订单门槛最高为30美元，不限最低金额。

b. 设置优惠券使用规则

默认每人限领1张，使用时间为领取成功之后的有效天数。

图6-48　金币兑换型优惠券使用规则设置

ⅳ. 完成设置

点击"提交"，完成活动创建。

设置完成后，店铺的信息会在活动开始时同步到手机金币频道（根据不同的买家偏好展示不同的店铺），如图6-49所示。

图6-49　金币兑换型优惠券活动创建确认界面

　　卖家在金币兑换型优惠券活动点击"确定"后即完成设置，活动将处于"未开始"状态，此时可以进行修改活动时间、活动面额、发放数量等操作或者关闭活动。展示中的活动目前仅可以对"数据状况或者活动设置"进行查看，但不支持修改活动或关闭活动操作。

　　在活动开始后，金币兑换型优惠券会在手机金币频道中的兑换店铺"Coupon"（优惠券）的界面展示，如图6-50所示。

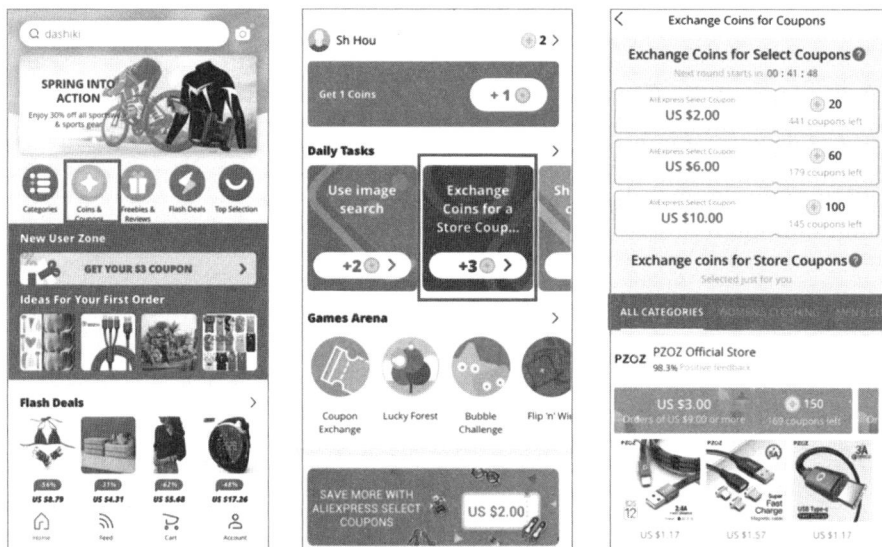

图6-50　金币兑换型优惠券买家展示界面

②秒抢型店铺优惠券

　　秒抢型店铺优惠券通过无门槛的大额店铺优惠券吸引买家到店，并且可有效维持店铺的买家活跃度。其设置基础要求是：卖家每个月可以设置30个秒抢型店铺优惠券活动，但是同一时间最多只能设置3个活动。设置的秒抢型店铺优惠券必须是大额无门槛的优惠券，其面额可以为5~200美元中的任意整数，张数为50~990000间的整数，活动的开始时间只可选择每天的2点、8点、14点和20点（美国太平洋时间），结束时间为开始后的10分钟。设置过程中有两次提醒，在活动开始前都可以进行修改，活动开始后只能增加张数，不可做其他修改。如果报名的活动需要进行编辑修改，需要重新选择活动开始时间。

秒抢型优惠券是平台发起商家参与的活动，该类活动不会主动在店铺中呈现，会在平台活动中不定时地曝光。

具体设置流程如下。

ⅰ.创建活动

登录"我的速卖通"，点击"营销活动"，在"店铺活动"选择"店铺优惠券"，点击"创建店铺优惠券"，如图6-51所示。

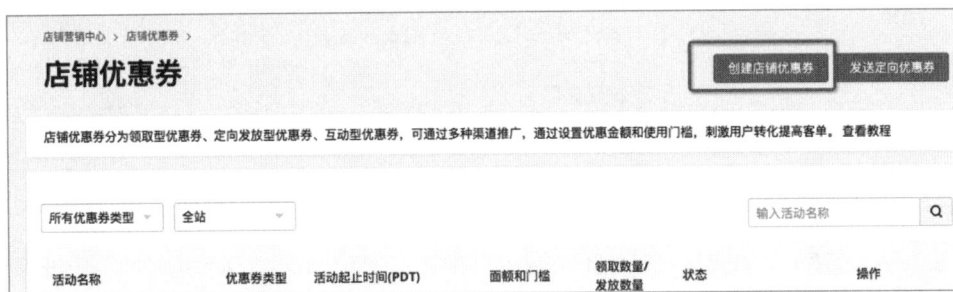

图6-51　秒抢型店铺优惠券活动创建界面

ⅱ.填写活动的基本信息

可在图6-52"优惠券类型"中选择"互动型"——"秒抢"。

输入活动名称（只有卖家可见，不会同步到卖家前台）。在"活动起止时间"中设置"开始时间"和"结束时间"。

图6-52　秒抢型店铺优惠券活动设置界面

需要注意的是，活动的开始时间只可选择每天的美国太平洋时间2点、8点、14点、20点，结束时间为开始时间后2小时。

ⅲ. 设置优惠券详情

可在图6-53所示的界面中设置秒抢型店铺优惠券详细内容。

**设置优惠券详细内容**

优惠券商品使用范围
● 全部商品　○ 部分商品

面额 USD
10

订单金额门槛
● 不限　○ 有最低金额门槛

发放总数
100

图6-53　设置秒抢型店铺优惠券详细内容

输入活动名称（只有卖家可见，不会同步到卖家前台）。在"活动起止时间"中设置"开始时间"和"结束时间"。

优惠券商品使用范围为全部商品。优惠券订单金额门槛使用条件是不限，即优惠券的门槛金额为：订单金额满优惠券面额+0.01美元。

需要注意的是，设置的秒抢型店铺优惠券必须是大额无门槛的优惠券。

ⅳ. 设置优惠券使用规则

秒抢型店铺优惠券每人限领1张，使用时间需要商家指定一定的有效期，如图6-54所示。

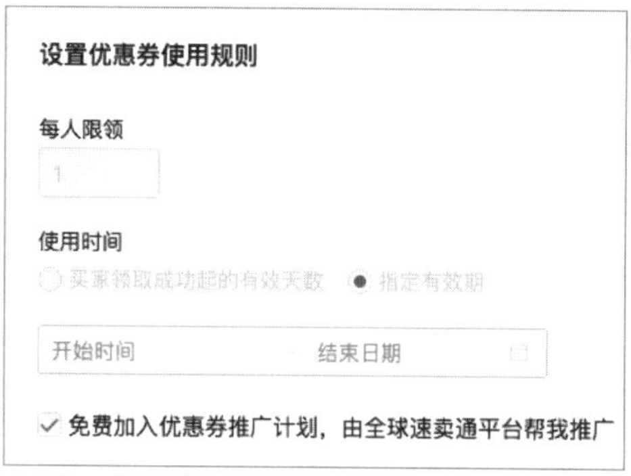

**设置优惠券使用规则**

每人限领
1

使用时间
○ 卖家领取成功起的有效天数　● 指定有效期

开始时间　　　　　结束日期

✓ 免费加入优惠券推广计划，由全球速卖通平台帮我推广

图6-54　秒抢型店铺优惠券使用规则设置界面

ⅴ. 完成设置

点击"提交"，完成活动创建。

③聚人气型店铺优惠券

通过买家人传人的形式快速给店铺带来新流量，由买家分享，邀请其他买家帮其领取，即可获得此店铺优惠券。聚人气型店铺优惠券是平台发起商家参与的活动，因此该类活动不会主动在店铺中呈现，会在平台活动中不定时曝光。此活动的设置基础要求是：卖家每个月可以设置10个聚人气型店铺优惠券活动，但是同一时间只能设置一个。设置的聚人气店铺优惠券必须是无门槛的优惠券，其面额可以为2~200美元中的任意整数，张数为100~990000张间的整数，设置过程中有两次提醒，在活动开始前都可以进行修改，活动开始后只能增加张数，不可做其他修改。

具体设置流程如下。

ⅰ.创建活动

登录"我的速卖通"，点击"营销活动"，在"店铺活动"选择"店铺优惠券"，点击"创建店铺优惠券"，如图6-55所示。

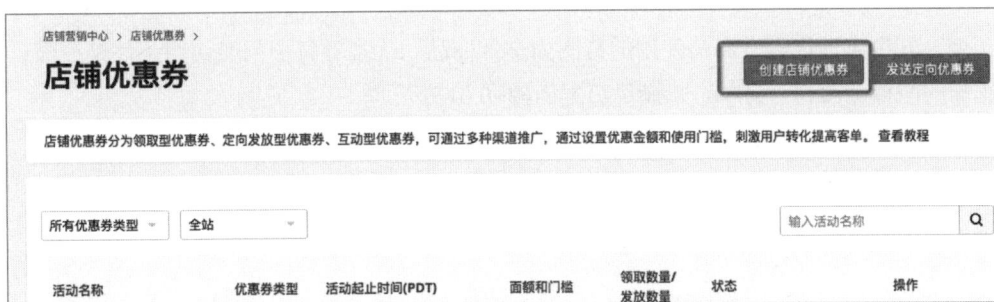

图6-55　聚人气型店铺优惠券活动创建界面

ⅱ.填写活动的基本信息

可在图6-56中的优惠券类型中选择"互动型"—"聚人气"。输入活动名称（只有卖家可见，不会同步到卖家前台）。在"活动起止时间"中设置"开始时间"和"结束时间"。

图6-56　聚人气型店铺优惠券活动设置界面

ⅲ. 设置优惠券详细内容

可在图6-57所示界面中设置聚人气型店铺优惠券详细内容。

**设置优惠券详细内容**

优惠券商品使用范围
● 全部商品　○ 部分商品

面额 USD
10

订单金额门槛
● 不限　○ 有最低金额门槛

发放总数
100

图6-57　设置聚人气型店铺优惠券详细内容

聚人气型店铺优惠券商品使用的范围为全部商品。优惠券订金门槛使用条件是不限，即优惠券的门槛金额为：订单金额满优惠券面额+0.01美元。

ⅳ. 设置优惠券使用规则

聚人气优惠券每人限领1张，使用时间需要商家设置一定的有效期，如图6-58所示。

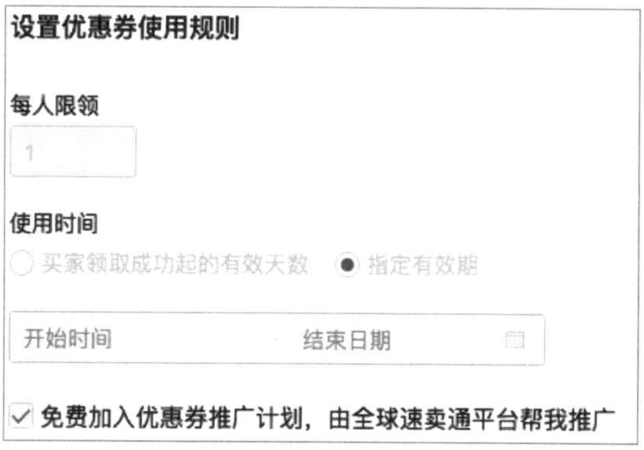

**设置优惠券使用规则**

每人限领
1

使用时间
○ 买家领取成功起的有效天数　● 指定有效期

开始时间　　　　　结束日期

☑ 免费加入优惠券推广计划，由全球速卖通平台帮我推广

图6-58　聚人气型店铺优惠券使用规则设置

ⅴ. 完成设置

点击"提交"，完成活动创建。

需要注意以下几个问题。

第一，平台活动如果要求设置秒抢型店铺优惠券及聚人气型店铺优惠券，会有详细的要求。

第二，不论是秒抢型还是聚人气型店铺优惠券，以及已有的店铺领取型优惠券和定向发放型优惠券，买家可以同时领取多张，但是在一次下单时只能使用其中的一张。卖家可以合理地计算店铺利润，才能获得好的流量和转化效果。

值得注意的是，不管是秒抢型店铺优惠券还是聚人气型店铺优惠券活动，设置后不会主动在店铺内呈现，只有报名相应的平台活动，才会出现在对应平台活动的场景内。所以单独设置秒抢型或聚人气型店铺优惠券是没有曝光渠道的，需要报名平台活动一起推广才有曝光机会。

## （四）搭配活动

可以将店铺商品进行组合销售，刺激转化提高客单。

新版搭配销售，去掉了算法搭配折扣比例，卖家可以编辑算法创建的搭配套餐，进行自主定价。

1.人工搭配销售

搭配销售用于店铺内商品组合搭配销售方案，同时提供算法搭配功能。

（1）创建搭配套餐

登录"我的速卖通"，点击"营销活动"，在"搭配活动"，点击"创建搭配套餐"，如图6-59所示。

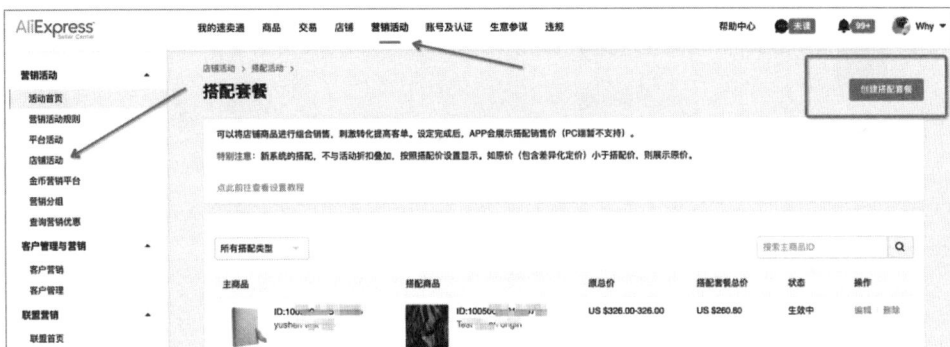

图6-59　创建搭配套餐活动界面

（2）选择主商品和搭配的子商品

选择1个主商品和1~4个子商品，同时设置搭配价，如图6-60所示。一个商品最多可作为主商品出现在3个搭配套餐中，最多可作为子商品出现在100个搭配套餐中。

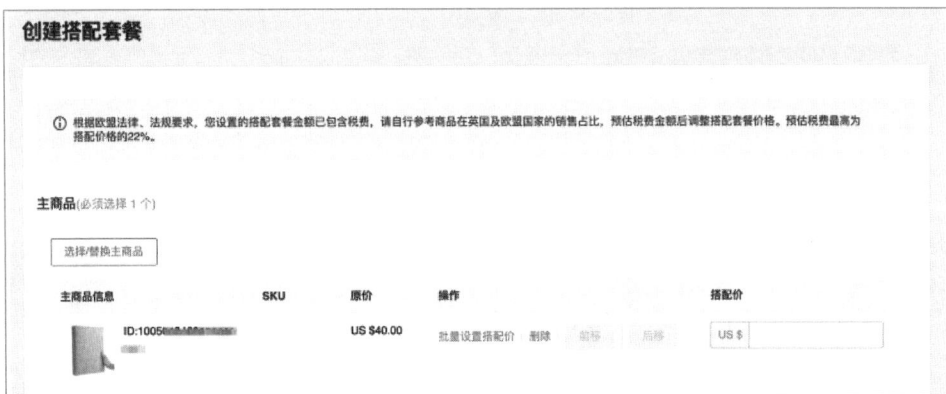

图6-60　选择主商品界面

①设置搭配价：可以批量设置或者单个进行设置，搭配价不可大于商品原价。

②通过"删除"可以删去已选的商品，重新进行商品选择。

③通过"前移""后移"，可以进行子商品的顺序移动，确认在对消费者展示时的子商品搭配顺序。

（3）提交搭配创建

编辑后可提交创建搭配套餐，如图6-61所示。

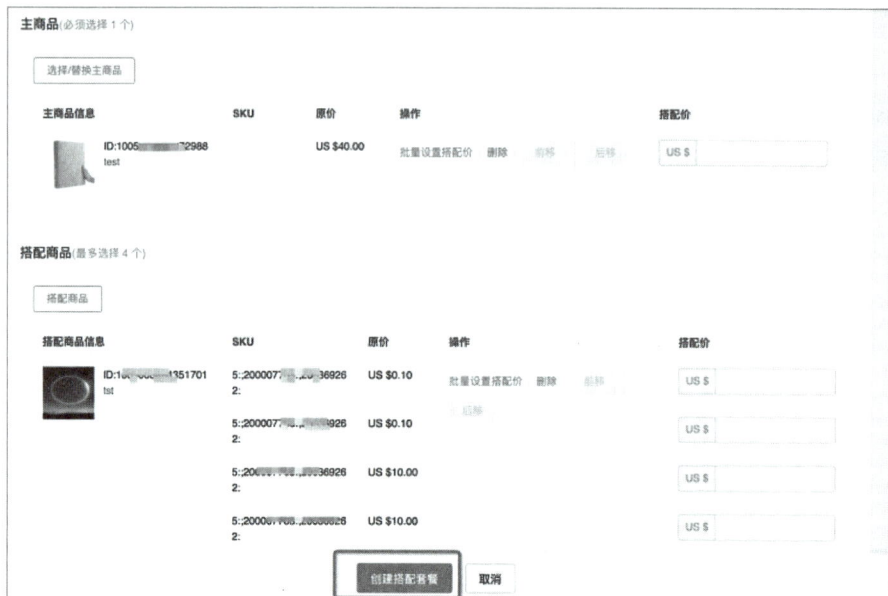

图6-61　创建搭配套餐提交界面

2. 管理搭配销售

创建好的搭配套餐，可以进行编辑或者删除。

（1）编辑搭配套餐，点击列表页"编辑"按钮，进入编辑界面，编辑后可重新提交，如图6-62所示。

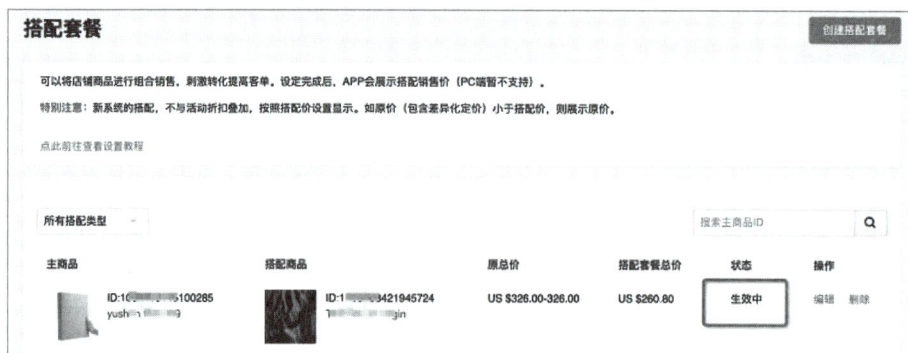

图6-62　搭配套餐编辑界面

（2）删除搭配套餐，操作如图6-63所示。

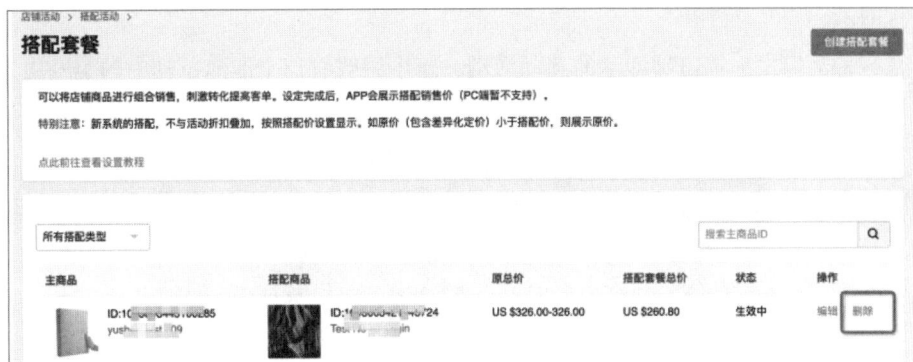

图6-63　搭配套餐删除界面

## （五）互动活动

店铺互动活动分为互动游戏和拼团两类。

### 1. 互动游戏

目前有翻牌子、打泡泡、收藏有礼3种互动游戏，设置后选中放入粉丝趴帖子中可快速吸引流量到店。

（1）互动游戏介绍

①翻牌子

这是一种九宫格互动活动，有8张牌对应8个不同的奖励，买家可以通过点击不同的牌获取不同的奖品，其中的奖励由卖家自行设置（可以有空奖），一个买家一次只能点击一张牌，如图6-64所示。

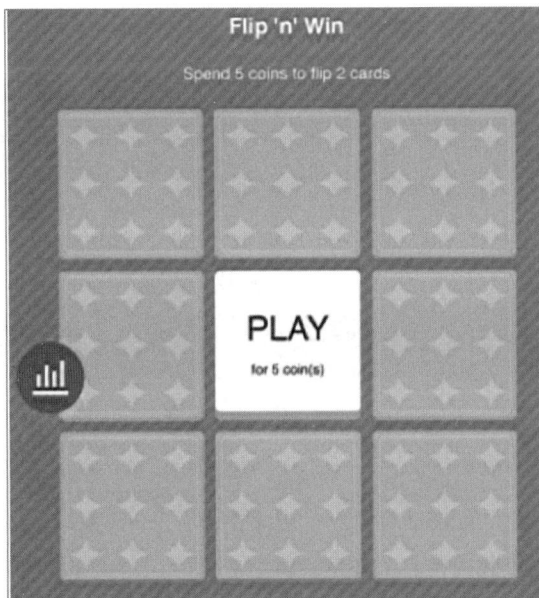

图6-64　翻牌子游戏

②打泡泡

这是一种买家发射箭击破泡泡的互动活动，每个游戏有18个泡泡，其中的奖励由卖家自行设置（可以有空奖），买家一局游戏只能互动一次，如图6-65所示。

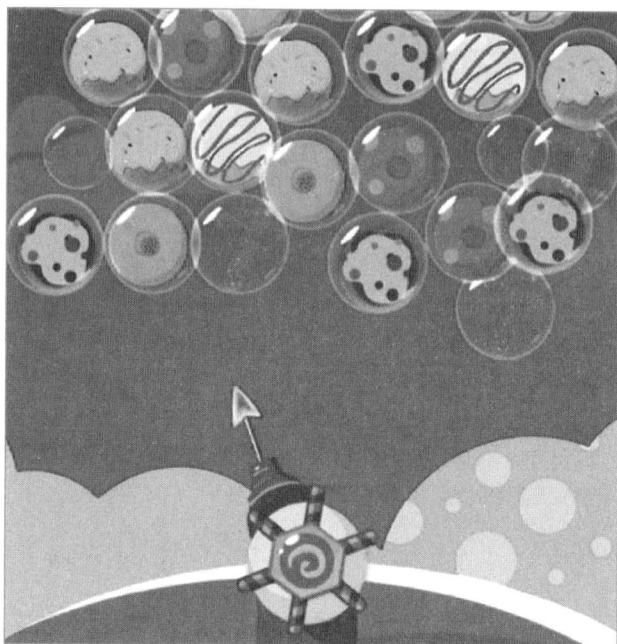

图6-65　打泡泡游戏

③收藏有礼

这是一种卖家自行设置的互动活动，买家收藏店铺之后，可以获得相应的奖励，奖励由卖家自行设置，如图6-66所示。

图6-66　有礼收藏界面

（2）互动游戏设置入口

登录商家后台，点击"营销活动"—"店铺活动"—"互动活动"，进入创建界面后，选择"创建互动游戏"，点此前往，如图6-67所示。

注意：可通过选"游戏互动"后，筛选出互动游戏列表页。

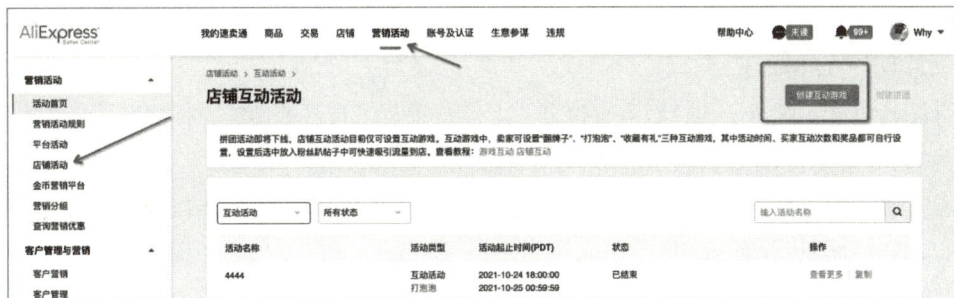

图6-67 创建互动游戏界面

（3）创建互动游戏

活动基本信息设置如下。

①可点击"创建活动"进入活动基本信息设置页面，如图6-68所示。

图6-68 互动游戏活动设置界面

②活动名称最长不超过32个字符，只供查看，不展示在买家端。

③活动起止时间为美国太平洋时间。

④最长支持设置180天的活动，且取消每月活动时长、次数的限制。

⑤活动时间开始后，活动即时生效。

⑥游戏类型：每次只能选择一种互动类型。

⑦互动次数：可选择"活动期间限制每天互动次数"（1~100），也可选择"活动期间限制互动总数"（1~1000）。

⑧图片格式：翻盘子和打泡泡支持自主上传背景。格式要求具体为：翻牌子自主上传图片应为300像素×300像素，打泡泡自主上传图片应为130像素×130像素。

⑨奖励设置：可自行设置对应所需奖励，所设置的店铺优惠券需要和店铺互动活动符合才可以创建，如图6-69所示。

奖励设置
最多允许设置 8 个奖励，其中一个为系统默认空奖（活动过程中由于奖励可能发完，所以必须由系统默认设置一个空奖）。

选择奖励

| 奖励类型 | 面额和门槛 | | 操作 |
|---|---|---|---|
| 优惠券 | US $2.00 无金额限制 | | 删除 |

提交　上一步

图6-69　互动游戏奖励设置界面

创建时可以添加多个奖励，最多允许设置 8 个奖励，其中一个为系统默认空奖（活动过程中由于奖励可能发完，所以必须由系统默认设置一个空奖）。可配置奖励店铺领取型优惠券和定向发放型优惠券。

互动活动进行过程中，如果奖品已经发放完了，可以随时进行奖品的替换。系统会默认有一个空奖，当店铺的奖励发放完毕时发给买家空奖。

（4）互动游戏粉丝营销设置

互动活动创建完成后买家端不会直接看到，需要卖家设置到对粉丝进行营销的帖子里。

登录"我的速卖通"，点击"营销活动"—"客户管理"—"粉丝营销"—"互动游戏"配置，如图6-70所示。

图6-70　粉丝营销界面

2.拼团

拼团是对外传播拉新的工具，通过拼团营销工具可设置更低的折扣，驱动用户在站外和好友分享并共同下单。

（1）店铺拼团设置入口

登录商家后台，点击"营销活动"—"店铺活动"—"互动活动"，进入创建页面后，选择"创建拼团"，点此前往，如图6-71所示。

注意：选择拼团后，可筛选出拼团列表页。

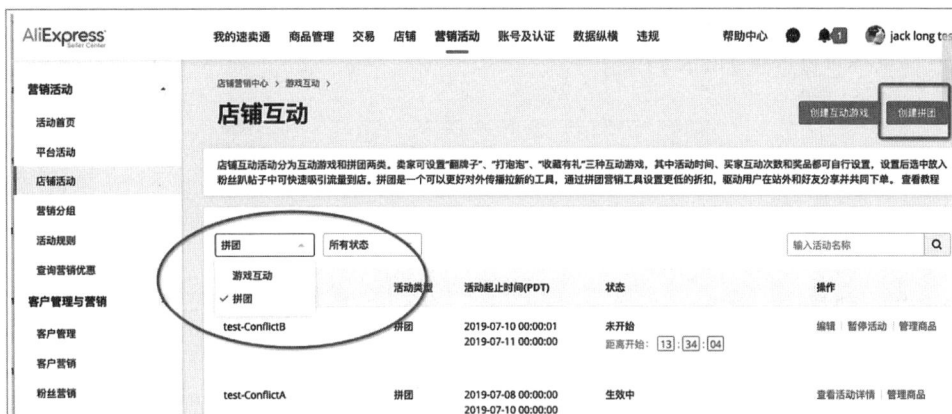

图6-71　拼团活动创建界面

（2）创建拼团活动

①活动基本信息设置见图6-72所示。

图6-72　拼团活动基本信息设置界面

ⅰ.进入"互动游戏"，点击"创建拼团"后进行活动基本信息设置。

ⅱ.活动名称不得超过32个字符，只供卖家查看，不展示在买家端。

ⅲ.活动起止时间为美国太平洋时间，可通过小工具查看其他时区。

ⅳ.最长支持设置180天的活动，且取消每月活动时长、次数的限制。

ⅴ.活动时间开始后，活动即时生效。

ⅵ.拼团类型分二人团和多人团，即一人发起拼团，选择商品且付款成功后，通过社交账号分享给外部用户，被分享者通过链接来参团，选择商品并付款成功后即拼团成功，如在24小时内（或者活动结束）未凑齐人数，则拼团失败。

ⅶ.拼团模式一旦设定，无法修改。

ⅷ.点击"提交"后进入设置优惠信息界面。

②优惠信息设置见如图6-73所示。

图6-73　拼团活动优惠信息设置界面

ⅰ.点击"选择商品"进入商品选择页。

ⅱ.选择完商品后点击"确定"，进入折扣、库存、限购设置界面。

ⅲ.折扣范围为5% ~ 99%，使用批量设置时，会默认选中所选商品的全部SKU进行折扣设置。

ⅳ.支持SKU维度设置活动库存，勾选上需要参与活动的SKU输入库存即可。

ⅴ.拼团活动库存模式同平台活动一致，即需要单独设置活动库存。

ⅵ.拼团价会单独在拼团链接界面呈现，不会同步到商品详情页。

ⅶ.点击"查看APP详情"和"获取PC详情链接"后可查看APP端二维码及复制拼团活动PC端的链接，转发到站外社交渠道进行推广，或者装修到店铺内进行曝光。

ⅷ.当商品已经参加了拼团活动，必须等拼团活动结束释放商品（或者退出拼团活动后释放商品）方可参加下一场活动。

（3）活动状态介绍

活动状态展示如图6-74所示。

ⅰ.活动状态分为：未开始、生效中、已暂停、已结束。

ⅱ.未开始状态会展示倒计时，可编辑（进入活动基本信息页）、管理商品（进入优惠信息编辑）、暂停活动。

ⅲ.生效中状态可查看活动详情、管理商品、暂停活动，可支持在生效的状态中修改商品折扣信息。

ⅳ.已暂停状态可重新生效活动、查看活动详情。

ⅴ.已结束状态可查看活动详情。

| 拼团 ▾ | 所有状态 ▾ | | | | 输入活动名称 🔍 |
|---|---|---|---|---|---|
| **活动名称** | | **活动类型** | **活动起止时间(PDT)** | **状态** | **操作** |
| 拼团8月 | | 拼团 | 2019-07-10 00:00:00 2019-07-12 00:00:00 | 未开始 距离开始：13 : 23 : 30 | 编辑 ┃ 暂停活动 ┃ 管理商品 |
| test-ConflictB | | 拼团 | 2019-07-10 00:00:01 2019-07-11 00:00:00 | 未开始 距离开始：13 : 23 : 31 | 编辑 ┃ 暂停活动 ┃ 管理商品 |
| test-ConflictA | | 拼团 | 2019-07-08 00:00:00 2019-07-10 00:00:00 | 生效中 | 查看活动详情 ┃ 管理商品 |
| Test_conf_qw_709_02 | | 拼团 | 2019-10-31 00:00:00 2019-11-01 00:00:00 | 未开始 距离开始：113 天 | 编辑 ┃ 暂停活动 ┃ 管理商品 |
| Test_conf_qw_709_01 | | 拼团 | 2019-10-30 00:00:00 2019-10-31 00:00:00 | 已暂停 | 重新生效活动 查看活动详情 |

图6-74　活动状态展示界面

## （六）店铺优惠码

店铺优惠码是一种新的营销工具，商家可以针对商品设置一串优惠码（以下称code），买家下单时输入优惠码即可享受相应优惠。优惠码在境外市场广受买家欢迎，使用习惯更符合境外买家偏好，是帮助商家提升交易转化的利器！建议采取阶梯型门槛的配置，保证店铺同时生效的code活动有高低2个不同的门槛，提升转化率和客单。

1.商家设置流程

（1）活动入口

①点击"创建"可以进入创建活动界面，如图6-75所示。

②点击"我的活动列表"可以进入活动列表界面。

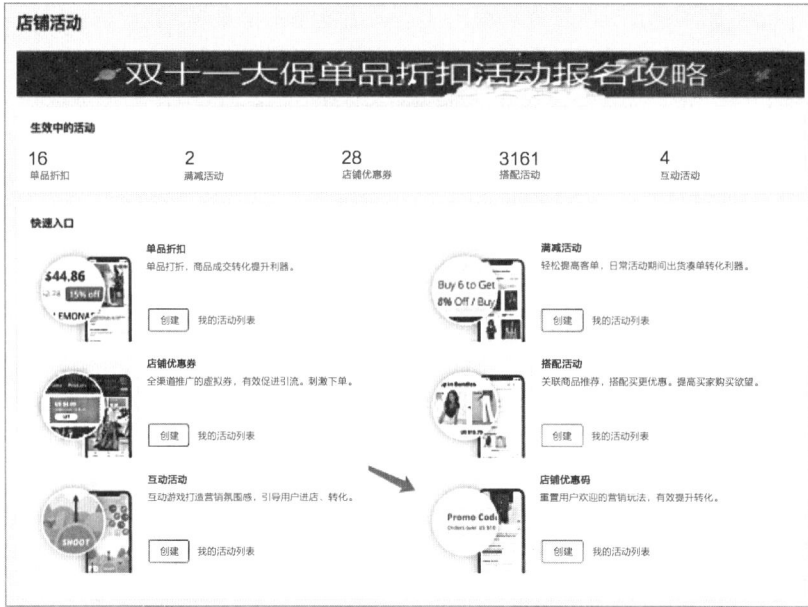

图6-75　店铺优惠码活动入口

（2）创建活动基本信息

店铺优惠码活动基本信息创建如图6-76所示。

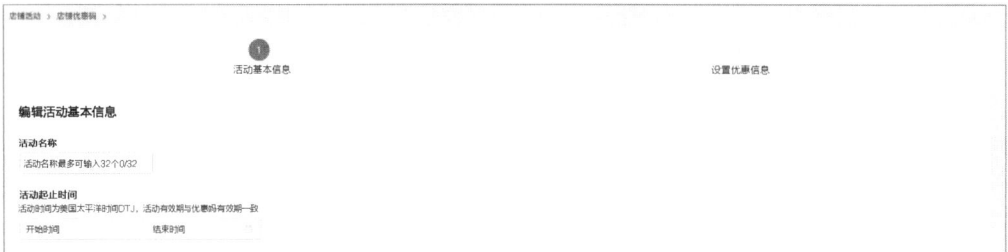

图6-76　店铺优惠码活动基本信息创建界面

①填写活动名称

活动名称主要用于在活动管理界面快速定位该活动，活动名称不会展示给买家。

②设置活动起止时间

活动起止时间一律为美国太平洋时间，活动有效期最长可设置为180天。

需特别注意的是，活动起止时间等同于code有效期。

（3）设置活动详情

店铺优惠码活动详情设置界面如图6-77所示。

图6-77　店铺优惠码活动详情设置界面

①选择code生成方式

目前提供2种code生成方法：商家自定义和随机生成。

ⅰ.商家自定义：商家可以手动填写一串code，由6~12位数字与英文字母组成，无法重复使用，建议使用随机生成。

ⅱ.随时生成：可一键生成code（推荐使用）。

② code展示

可以选择是否在商品详情页展示，若设置为展示，则该code将展示在商品详情页的优惠入口及优惠弹层（demo见上方获取code处）；否则不会在商品详情页展示，商家可以通过其他方式将code分享传播。

需特别注意的是，若1个商品同期存在2个及以上生效中的code，且商家均选择在商品详情页展示，优先级规则如下。

第一，若优惠比率不同，则优先推荐优惠比率大的code。

例如，满100美元减10美元，优惠比率为10%；满200美元减30%，优惠比率为30%；则优先推荐满200美元减30%的code。

第二，若优惠比率相同，优惠门槛不同，则优先推荐门槛更低的优惠。

例如，满100美元减20美元，优惠比率为20%；满50美元减20%，优惠比率为20%；则优先推荐满50美元减20%的code。

第三，若优惠比率相同，优惠门槛相同，则优先推荐满立折优惠。

例如，满100美元减20美元，优惠比率为20%；满100美元减20%，优惠比率为20%；则优先推荐满100美元减20%的code。

第四，若优惠比率相同，优惠门槛相同，优惠内容计算规则相同，则优先推荐快到期的优惠。

第五，若优惠比率相同，优惠门槛相同，优惠内容计算规则相同，到期时间相同，则优先推荐创建最早的优惠。

③社交推广平台

ⅰ.开启后，将支持网红/达人获取code并在社交媒体等渠道分享。

ⅱ.与网红合作的细节，请前往下面的链接：http://connect.aliexpress.com（目前仅支持部分商家使用）。

④活动使用范围

ⅰ.目前提供全部商品和部分商品2种类型。

ⅱ.全部商品：即店铺全部商品，包括后续上新的商品，都将在该活动下生效。

ⅲ.部分商品：即手动挑选部分商品在该活动下生效，请在活动基本信息填写完毕提交活动，后续可以手动添加或删除。

⑤发放总数

ⅰ.即该活动下，code（含多个，社交推广平台会生成1个或多个code）可被所有买家使用的总次数。

例如，某活动发优惠码总数为10000，且有10个code，则无论使用哪个code下单，最终合计使用次数不超过10000。

ⅱ.在活动进行中，可通过修改发放总数来满足更多买家需求。

ⅲ.注意：若1笔订单最终取消，则发放总数相应退回1次。

⑥每人限制使用次数

即该活动下，每个买家可使用code（含多个）的总次数，最多可设置：5。

例如，某活动设置每人使用次数为3次，活动有10个code，则无论使用哪个code下单，最终使用次数不超过3。

需注意的是，若1笔订单最终取消，则使用次数相应退回1次。

（4）设置优惠内容

店铺优惠码活动优惠内容设置如图6-78所示。

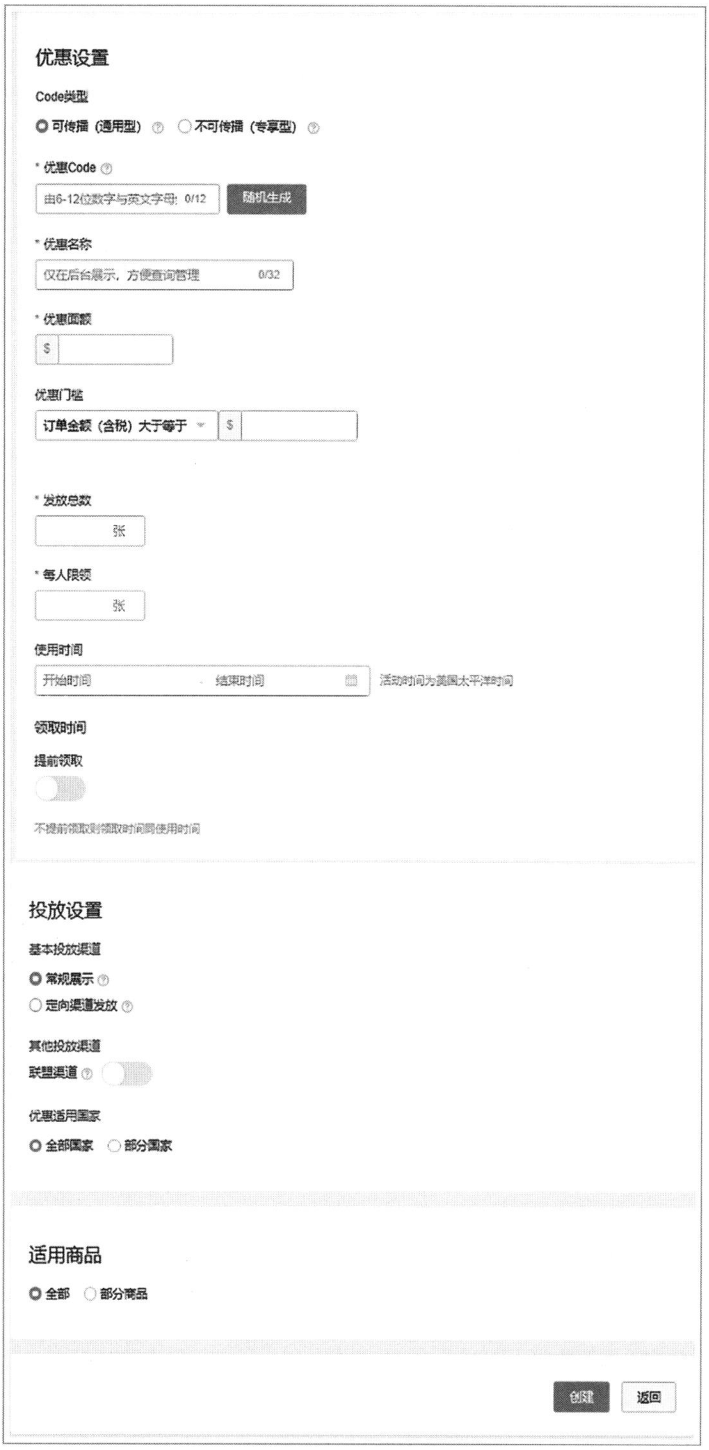


图6-78　店铺优惠码活动优惠内容设置界面

① 选择活动类型

目前提供“可传播（通用性）”和“不可传播（专享型）”2种类型。

② 填写使用门槛

ⅰ. 如图6-78所示，商家需要填写该code使用门槛，单笔订单金额（含税）大于等于X。

ⅱ. 最低档门槛建议略低于你店铺的平均货单价，提升转化率。参考系数：0.8。

③ 填写优惠内容

如图6-78所示，商家需要填写该code优惠面额、发放总数、每人限领等信息，同时还需要设置好投放渠道和适用国家等内容。

注意：若商品单价较小，选择折扣的方式可以更好地吸引买家成交。

（5）添加商品

上述信息填写完成后，若选择的是部分商品，则可以进入添加商品界面进行操作，支持批量添加、删除，如图6-79所示。

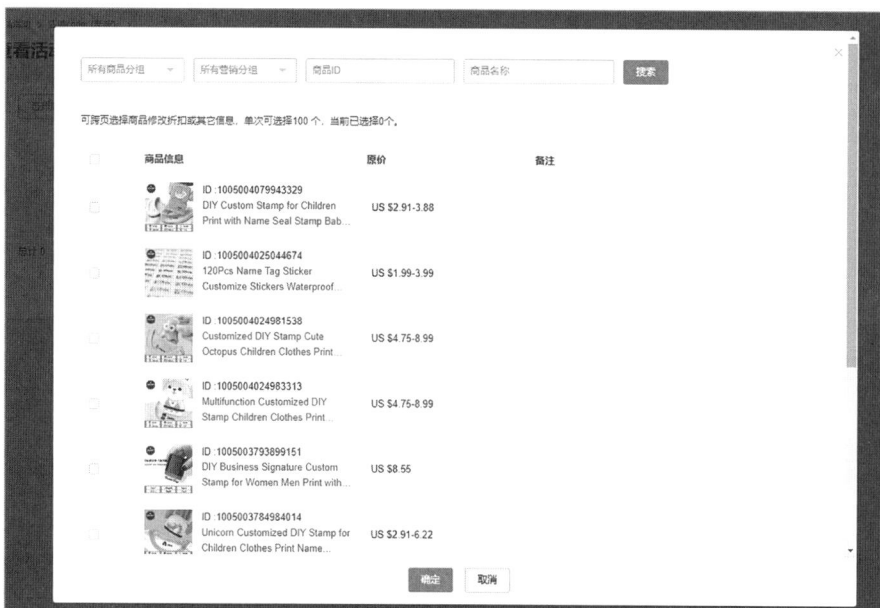

图6-79　添加商品界面

（6）活动管理

① 商家可以在活动列表页对已创建的活动进行管理，支持根据活动状态筛选，支持根据活动名称快速查询，如图6-80所示。

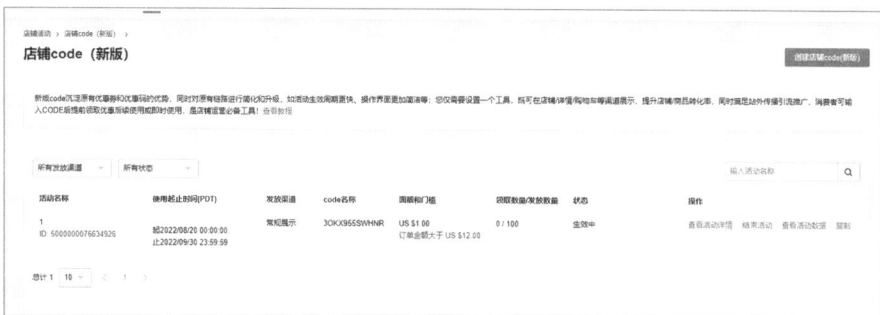

图6-80　code活动管理界面

購物券

平台活动

②支持查看该活动下code的发放总数和使用数量。

③支持根据不同活动状态，对活动进行编辑、暂停等。

（7）优惠计算规则

code支持与其他店铺活动优惠叠加使用，参与计算的优惠如下：平台活动价/店铺单品折扣—石油计划（即跨店铺满包邮）—店铺满件折—店铺满包邮—店铺满立减—店铺券—跨店购物券—平台优惠券/平台（店铺）code。

需注意以下问题。

①每个类型均可与其他类型叠加计算，每个类型不可与自己叠加计算。

②计算方式为递减计算。

③所有的优惠都不包含运费。

## 二、平台活动

### （一）平台活动的作用

平台活动是曝光产品、获得流量、提高转化率的主要渠道，参加好平台活动，也是提高销量的重要方法之一。速卖通平台活动是指在某个时段或特定节假日，整合相关资源，利用专门设立的特定频道，或者给予特殊的推广渠道资源，快速地为参加活动的卖家店铺带来大量的流量和曝光的营销方式，该活动订单的转化率较高，是速卖通卖家店铺的又一营销利器。平台的主要活动有Super Deal（超级大促）、Today' Deals（今日大促）全球场、印尼团购、俄罗斯团购和巴西团购等常规活动；也有行业主题活动，如童装、母婴产品等活动；还包括平台大促，每年在3、8、12月都会有大规模的平台大促。这些活动的名称和方式会随时变化，每期活动都有其不同的消费客户群及活动特色，所促销的产品和要求也不相同。

### （二）平台活动流程

参加平台活动需要卖家报名参与，具体的平台活动流程如图6-81所示。

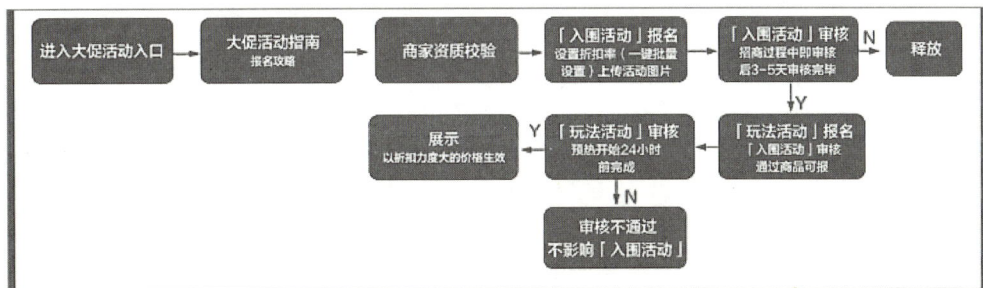

图6-81　平台活动报名流程

平台活动从报名到参与活动其实是个很简单的过程，接下来具体介绍和卖家有关的报名操作流程。

1. 选择对应想要报名的平台活动

可以通过筛选栏找到符合卖家要求的平台活动，目前的筛选支持两个维度的筛选功能，活动状态包括"所有活动"及其"可参加的活动"和具体活动类型。

**2. 查看活动报名要求，找到符合要求的活动进行报名**

未达到报名门槛可查找不符合资质的原因并尽快进行相应的设置。需注意的是，针对店铺满立减和店铺优惠券校验的是即时性的数据，即卖家设置后符合要求立马就可以同步。

**3. 选择符合要求的产品，设置对应的活动折扣和库存要求**

目前根据SKU维度设置活动折扣和活动库存，设置完对应的信息即可报名参加活动。

报名平台活动后不能进行更改，所以卖家要谨慎报名设置对应的活动。

活动设置的步骤为：单击速卖通后台"营销活动"下的"平台活动"界面，通过平台活动报名的筛选栏快速找到可以报名的符合卖家要求的平台活动，选择找到对应想要报名的平台活动，如图6-82、图6-83所示。

图6-82 平台活动进入界面

图6-83 平台报名活动筛选界面

查看活动报名要求，找到符合要求的活动进行报名。符合要求时，"我要报名"的按钮显示为可点；若不符合要求，"我要报名"不可点，且在下方会显示"不符合资质原因"，卖家可以根据实际情况进行调整，如图6-84、图6-85所示。

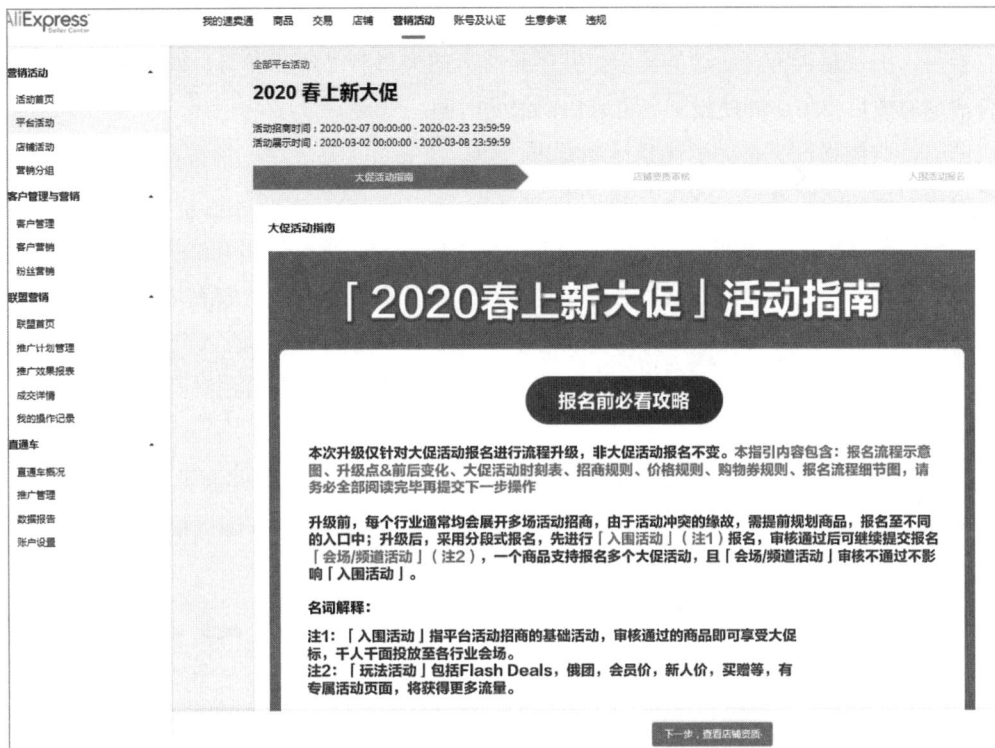

图6-84  平台活动资质查看进入界面

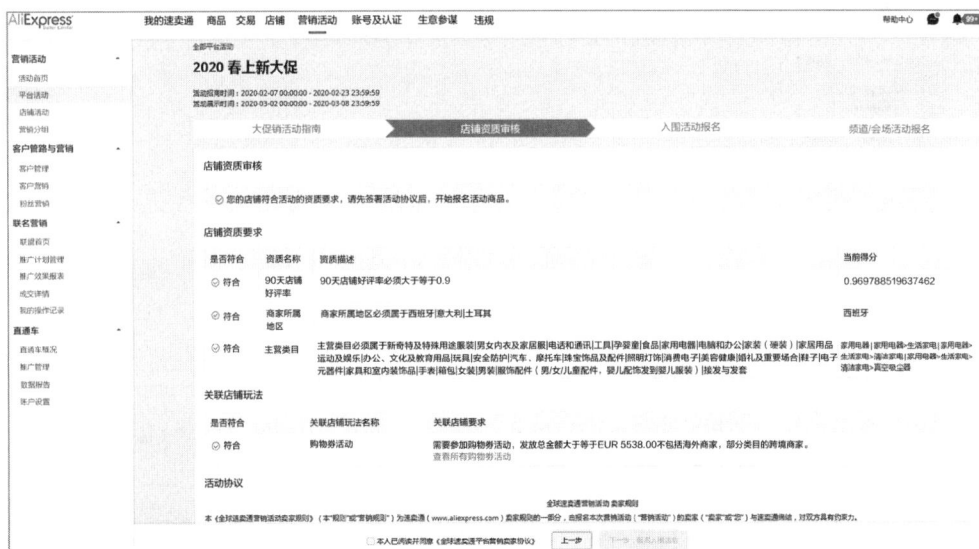

图6-85  活动资质审查界面

点击"展开所有活动信息"后就可以看到所有的活动要求，只有满足所有的活动要求后，才可以进行报名操作。每个平台活动都有活动描述、招商时间、展示时间、活动要求、类目要求、报名情况的说明。卖家在参与活动时，要认真仔细地阅读这些说明，看看是否达到或是满足这些要求。一般情况下，要考虑以下3个方面的内容。

第一，类目是否符合活动的要求。并不是所有的类目产品都能参与，如果卖家的产品不符合活动的类目要求，即使报了名也是白白浪费时间。

第二，店铺指标是否能够满足活动要求。如店铺等级、好评率、销售量、DSR、发货期等是否达到活动的要求。

第三，利润率是否足够大。一般活动的力度都比较大，有些折扣要达到50%以上，这种情况下就要考虑卖家产品的利润率是否有足够的折扣空间（当然，参加活动的目的不应该简单地理解为多销售产品，应该作为商铺运营整体策略的一部分来核算投入产出）。

同时还要考虑是否有足够的库存，因为一旦参加活动的话，销量相对而言会很大，这种情况就要考虑产品的供应链能力了。

选定平台活动后，单击"我要报名"，即可进入报名界面，首先是要选择参加活动的产品，如图6-86所示，由于平台活动的资源非常有限，所以给卖家的资源也很少，卖家应该选择具有竞争力的或者平台允许的产品参加活动。

图6-86 平台活动选择产品界面

选择完合适的产品后，单击"确定"按钮，可以对产品的促销信息进行设置，如图6-87所示，根据平台的提示，对产品的价格、活动库存及限购数量进行设置。

点击"全部提交报名"按钮以后，报名即已成功，但是否能够参加活动，需要速卖通平台审核。一旦平台审核通过后，当活动开始时，相关产品会自动参与展示。

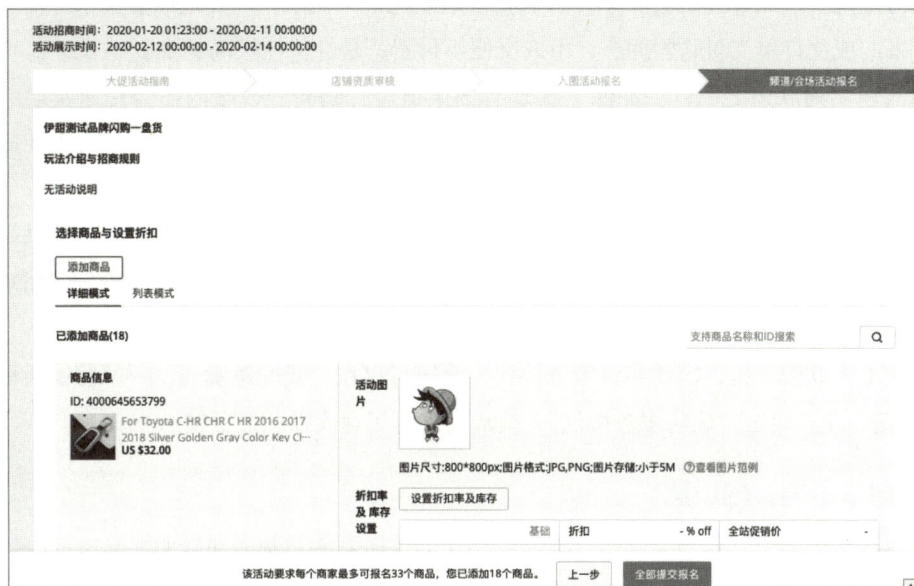

图6-87　平台活动规则设置界面

## （三）增加产品入选的方法

速卖通平台活动是一档快速出单、快速提高产品曝光率、快速增加店铺点击率的促销活动，至今平台活动的发展日益火爆，正因为这样，平台审核产品的维度越来越严格。

因为每期活动的运营资源有限，所以并不是所有报名产品都会入选并获得推广。活动中的"未入选的产品"的状态并不意味着卖家的产品存在问题，它仍旧能在速卖通平台上正常销售，只是不会出现在活动中。

卖家可以通过以下途径改善这种情况。

第一，仔细阅读招商细则。明确活动的招商范围、选品规定和其他注意事项。

第二，发布更高质量的产品。清晰的、符合实际情况的图片，详细的描述，合理的价格区间，具有更好交易性的产品才更有机会入选活动并成交。

第三，给出更好的参选条件。考虑免运费或者给出更好的折扣。

第四，保证联系电话畅通、旺旺在线。运营人员可能会因为活动和卖家进行联系。

# 任务二　联盟营销

## 一、联盟营销的概念

速卖通联盟是速卖通官方推出的一种"按效果付费"的推广模式，"联盟"是指互联网上其他的各种各样的网站，这些网站组成广告联盟，速卖通在这些网站上投放广告，可以吸引更多站外流量，比如站外的买家可以通过联盟网站进行推广的搜索引擎、付费广告、社区论坛、邮件营销等渠

■ 联盟营销

道看到产品广告。它是境内最大的境外网络联盟体系之一。加入速卖通 联盟营销的卖家可以得到海量境外网站曝光机会并享有联盟专区定制化推广流量，速卖通联盟卖家只需为联盟网站带来的成交订单支付联盟佣金，不成交便不付费，是性价比极高的推广方式。

加入速卖通联盟之后，产品除了在现有的渠道进行曝光外，站内还会在速卖通的联盟界面或渠道增加额外曝光机会，站外会输送联盟流量，带来的用户只有下单后卖家才需要支付佣金。

速卖通联盟营销的优势主要有：海量的曝光（数10亿次的网络曝光，PC端和移动端全覆盖）、全球覆盖（速卖通覆盖全球上百个国家，有数10亿的境外买家）、精准投放（精准的地域匹配，精准的购物习惯匹配）。

初次加入联盟营销，需要签订服务协议，卖家可以在"我的速卖通"—"营销活动"—"联盟营销"中，单击"确认服务协议"，就成功加入了速卖通联盟营销。

## 二、联盟营销佣金的设置

需要注意的是，一旦加入联盟，那么整个店铺里所有产品都变成联盟产品，同时，系统会自动根据卖家设置的默认联盟佣金比例为卖家所有的产品设置联盟佣金。一般而言，如果卖家未自己修改的话，速卖通系统默认的联盟佣金比例是5%，此外，速卖通要收取成交价的5%的佣金，所以在这种情况下，卖家在制定价格时一定要注意。

### （一）联盟营销佣金的种类

总体上来讲，佣金可以分为以下3种。

（1）所有加入联盟的产品佣金：卖家一旦加入联盟，那么整个店铺所有产品都变成联盟产品，都会有默认的佣金比率，即5%。

（2）店铺下的"类目产品佣金"：卖家可以对店铺下所有产品对应的"类目"设置类目佣金比率，即一类产品可以设置一个佣金比率。

（3）主推产品佣金：可以将店铺里的部分产品设置为主推产品，在卖家能接受的范围内，主推产品的佣金比率一定不能太低。下面，我们就来看一下如何设置佣金。

### （二）联盟营销佣金的设置方法

点击"联盟营销"下的"佣金设置"按钮，如图6-88所示，默认的有一个"所有未设置的类目"，这即是所有的线上批发产品将默认使用的佣金比例，默认值一般是5%，卖家也可以单击"修改"，自己设置在3%~5%间。

图6-88　佣金设置界面

　　点击"添加类目设置"，可以设置"类目产品佣金"，如图6-89所示，选择卖家所需要的产品类目，并且设定佣金比例。注意，类目佣金比例一般不低于默认佣金比例，大部分情况下高于5%，可以根据系统提示来进行设置。

图6-89　类目产品佣金设置界面

　　单击"我的主推产品"，如图6-90所示，可以设置并管理主推产品的佣金。卖家可以对已存在的主推产品进行修改，依次查看其推广报表。

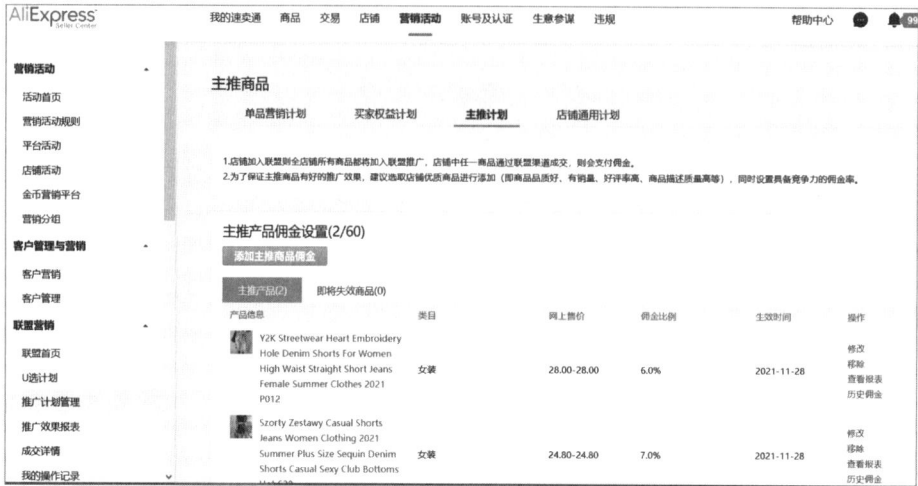

图6-90 主推产品佣金设置界面

单击"添加主推产品"，卖家可以搜索到在售的产品，在搜索结构中勾选所要主推的产品，并且根据系统提示设定佣金比例和生效日期即可，如图6-91所示。需要注意的是，主推产品数量上限一般是60个。

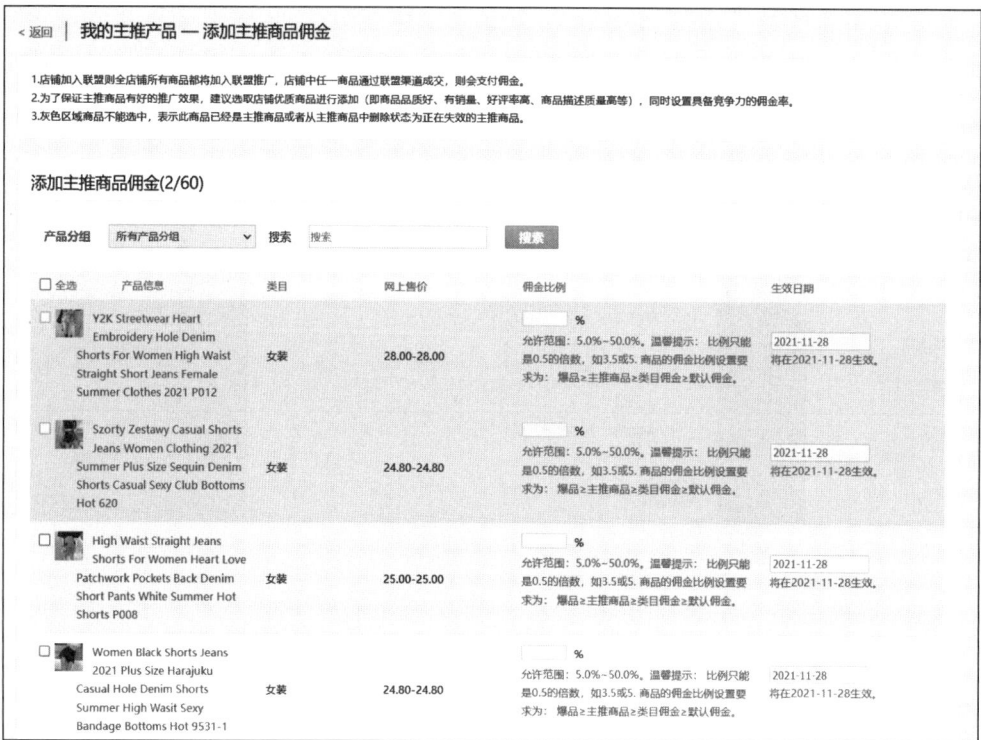

图6-91 添加主推产品界面

如果产品是联盟产品，但是未做过任何佣金设置，那么会按照默认佣金比率进行计算；如果某个产品已设置为主推产品，则按照主推产品的联盟佣金比率进行计算；如果该产品对应的类目进行了佣金的设置，则按照该产品所属的类目联盟佣金比率进行计算；如果用户既设置了默认佣金，又设置了类目佣金和主推产品佣金，那么优先生效主推产品佣金。

促销产品佣金是按照折扣后价格计算。一个订单中的多个产品，将单独计算联盟佣金。订单中的运费不算在联盟佣金之内。联盟佣金的扣除在联盟订单交易完成时进行结算。

对于退款的订单，如果在交易期内，买家进行退款的联盟订单会退回联盟佣金；如果交易结束后，买家正常退货，由于联盟网站已经起到了导购的作用，那么联盟佣金是不退的。

### 三、联盟营销的效果查看

我们一般通过联盟看板、流量报表、订单报表、退款报表和成交详情报表等查看联盟营销的实际效果。联盟看板如图6-92所示，卖家可以很直观地看到联盟营销的实际效果，也可以根据浏览量、访客数、支付金额、预计佣金和退款佣金的维度进行展示。

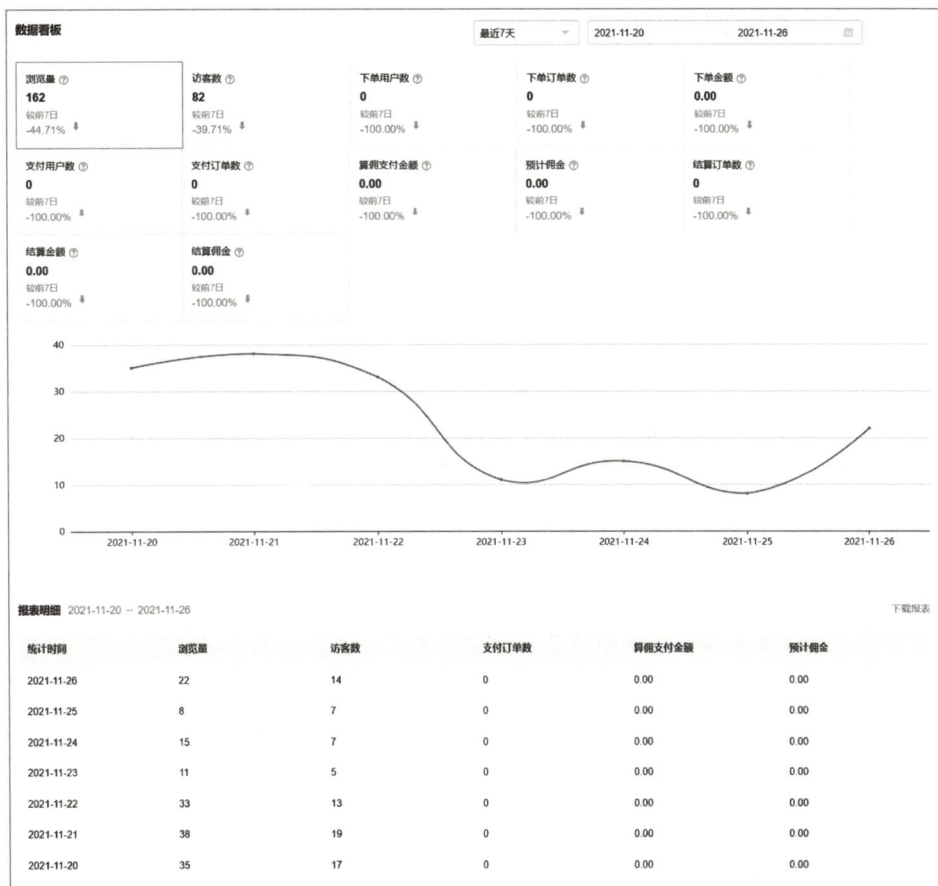

图6-92 联盟看板界面

"成交详细报表"如图6-93所示，选择某一时段后，可以查看订单的具体成交时间、成交金额、子订单（即一个订单中包含多于一个产品）信息、佣金比例及据此算出的实际联盟佣金额和佣金总和，这样可以一目了然地知道佣金支出的细节。

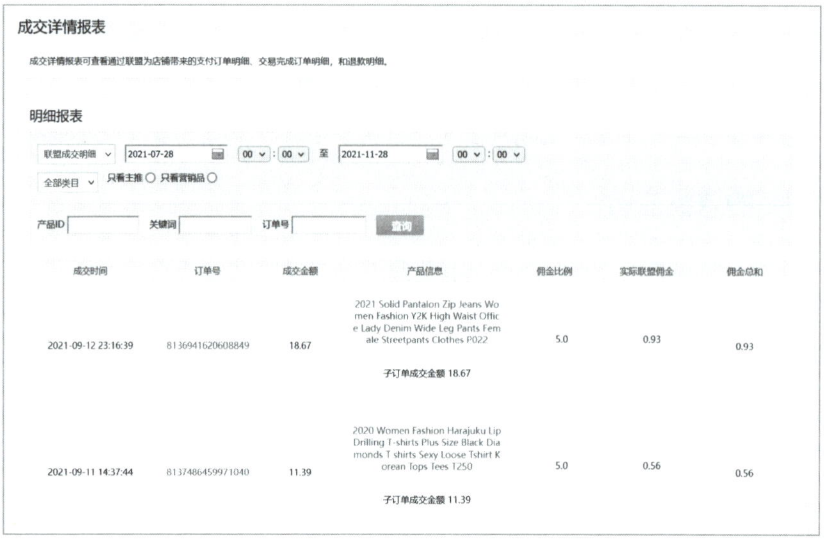

图6-93　成交详细报表界面

## 四、联盟营销订单判定规则

如何判断一个订单否是通过联盟来的呢？速卖通有自己的判定规则：买家从联盟网站，通过特定格式的推广链接，访问到速卖通时，速卖通会识别这些买家，在30天内，如果买家在卖家店铺下单，并且这笔订单最终交易完成，才算作一个有效订单。

需要注意的是，这30天是指买家从首次通过推广链接进入开始计算，如果在这30天内买家又通过推广链接进入，那么又会重新开始计算30天。

另外，买家在购买前通过点击联盟推广链接进入，买家再发店铺或者产品的链接，成交后还是会计算联盟佣金的。目前推广链接不会被其他的非推广链接覆盖，并且在30天内都有效，即买家单击后当天没有购买，30天内购买店铺任何产品都是会计算联盟佣金的。

# 任务三　直通车推广

速卖通直通车是一种广告营销工具，用于吸引流量。在使用速卖通直通车之前，需要对速卖通直通车的基础概况有深入的了解，才能使用速卖通直通车获取数量、提高转化率。本节将详细讲解速卖通直通车的使用技巧。

## 一、直通车的概念

速卖通直通车是为速卖通卖家量身定制的，能够快速提升店铺流量，按点击率付费的营销工具。简单来说，就是卖家通过直通车后台自主设置相关的关联词，并出价竞争展示位置，当买家搜索时，即可曝光产品，吸引潜在买家入店，而直通车会在买家单击所展示的推广产品时，对卖家收取一定的推广费用。如图6-94所示为直通车的推广展示位置。

图6-94　直通车推广展示位置

直通车的推广展示位置一般在搜索结果界面的右侧和底部，这两个位置作为推广区比较醒目，也容易吸引买家的注意。其中，右侧推广区在买家进行搜索或类目浏览时，每一页的结果列表的右侧区域可同时展示5个直通车产品；底部推广区在买家进行搜索或类目浏览时，每一页的结果列表的下方区域可同时展示最多4个直通车产品。

当卖家使用了直通车后，流量和推广效果都会得到提升。为了更为全面和深入地了解速卖通直通车，需要了解速卖通直通车的三大优势：关键词海量选择、多维度曝光产品、全面覆盖潜在买家。

## 二、直通车的规则

速卖通直通车包含3个规则：前台展示规则、排序规则及扣费规则，下面将分别进行介绍。

### （一）前台展示规则

直通车的前台展示区主要是两大块：右侧5个推广位和底部4个推广位。其中符合右侧5个推广位的展示条件是推广评分为"优"和有竞争力的出价；而符合底部4个推广位的展示条件是推广评分为"良"或以上及有竞争力的出价。

### （二）排序规则

直通车的排名主要受两大因素的影响，分别是推广评分和出价。其中推广评分在整体排名中起着很关键的作用，它主要通过4个因素来考量，分别是产品信息质量、产品与关键词的匹配性、产品评分及店铺评分，其流程图如图6-95所示。

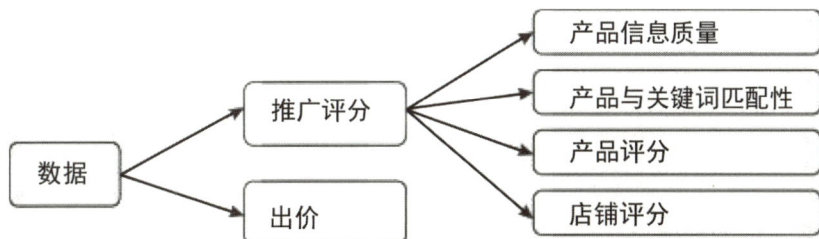

图6-95　直通车推广评分流程界面

在进行排名时，排名位置是实时都有可能变化的，因为系统会根据推广评分和出价进行调整，推广评分一共分为两种情况：优和良。如果要排在首页的右侧，那么推广评分必须为优；如果推广评分为良，不管出价多高，也没有办法排在首页的右侧。

### （三）扣费规则

直通车的扣费规则如下。

（1）直通车是根据点击量扣费的，只展示是不会扣费的。

（2）只针对境外的有效点击量扣费，境内及尼日利亚等地区的点击量不收费，无效重复点击量不收费。

（3）具体扣费额度与卖家的推广评分和出价相关。

（4）扣费小于等于出价。

### ※ 技能提示6-3

#### 速卖通直通车出价技巧：尽量避开强大的竞争对手

关键词的位置不是一味地抢高位，在商品销量和评价跟同行产品对比都没有明显优势的情况下，建议位置一定要避开竞争对手。比如竞争对手已经有几千的销量，而自身才几百，那一定不要在挨着竞争对手的位置。如果在同页，竞争对手在左侧直通车位置，此时卖家应该选择把位置调整在下方，不要以卵击石，在自身实力不足的时候正面竞争往往会得不偿失，白白给竞争对手增加了成交的机会。

所以在自身优势不明显的时候，卡位一定要注意前后位置上同类产品的情况，热词一定不要跟其正面竞争。如果是比较精准的长尾词可以尝试卡位比较靠前的位置。

## 三、直通车的后台

在"我的速卖通"后台中，单击"营销活动"选项，进入"营销活动"选项卡，在左侧的"速卖通直通车"列表框中，选择"直通车概况"选项，即可进入"速卖通直通车"后台，如图6-96所示。在该后台界面中共包含四大板块内容，下面将分别进行介绍。

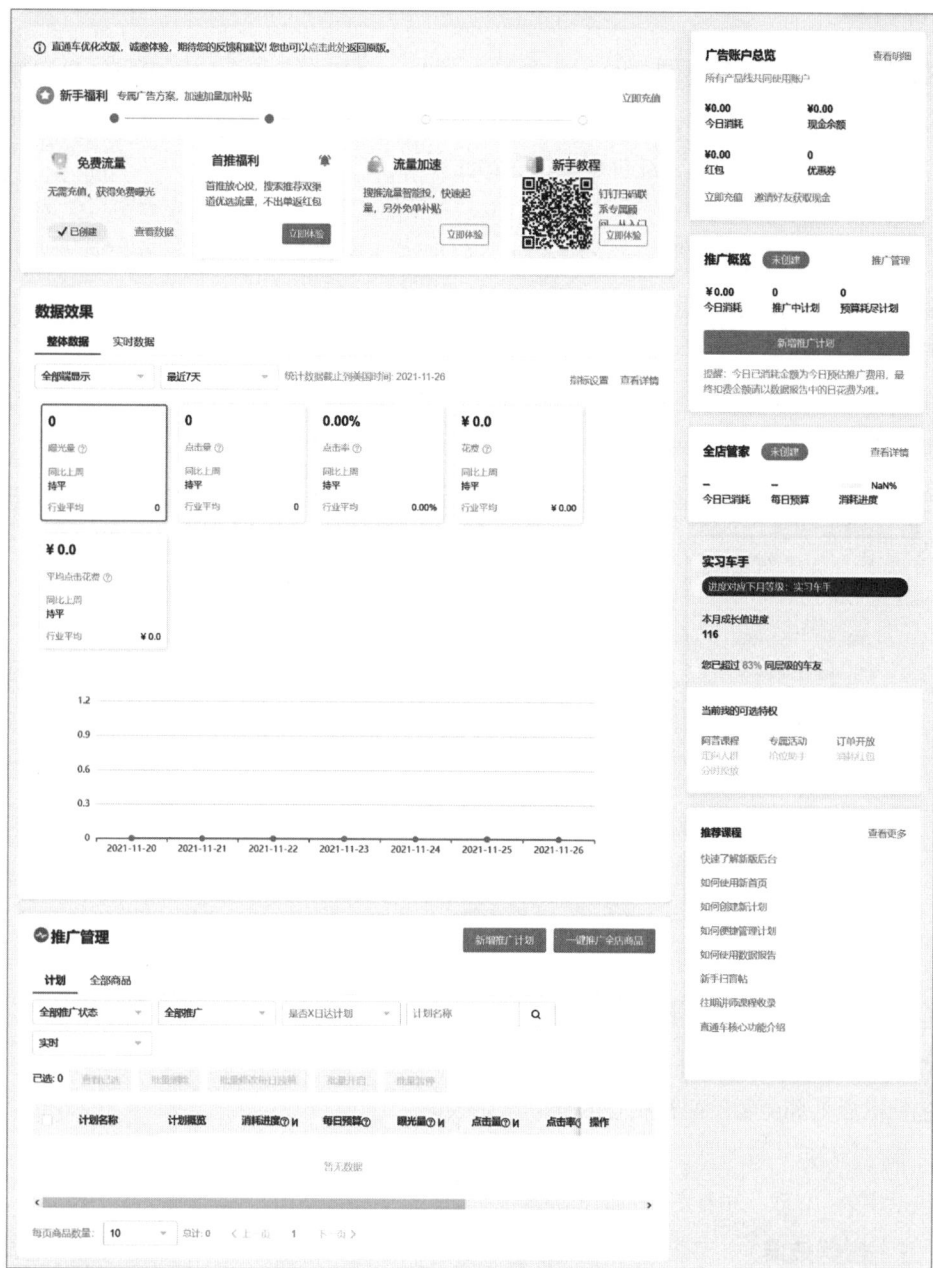

图6-96　直通车后台界面

## （一）账户概览

在"广告账户总览"选项组中，包含今日消耗、现金余额、红包、优惠券等信息。下面将分别进行介绍。

1. 今日消耗

显示卖家账户今日的推广消费金额。

2. 现金金额

现金余额是指卖家现金账户的可用余额。如遇账户余额不足，利用点击量进行推广服务的功能将自动终止。下方有个"立即充值"按钮，账户余额不多时可单击此按钮充值。

### 3. 红包

实时显示卖家的账户今日已经产生的现金红包、金额，系统会按照卖家红包和现金账户的余额等比例扣除。例如，卖家的现金账户有8000元，红包账户有2000元，每消耗100元，系统会从现金账户扣除80元，红包账户扣除20元。

### 4. 优惠券

实时显示卖家的账户今日已经产生的现金消费券、金额消费券，系统会按照卖家红包和现金账户的余额等比例扣除。

## （二）推广管理

在"计划"推广选项组中，包含推广状态、计划名称、计划概况、消耗进度，每日预算、曝光量、点击量、点击率等信息，如图6-97所示。

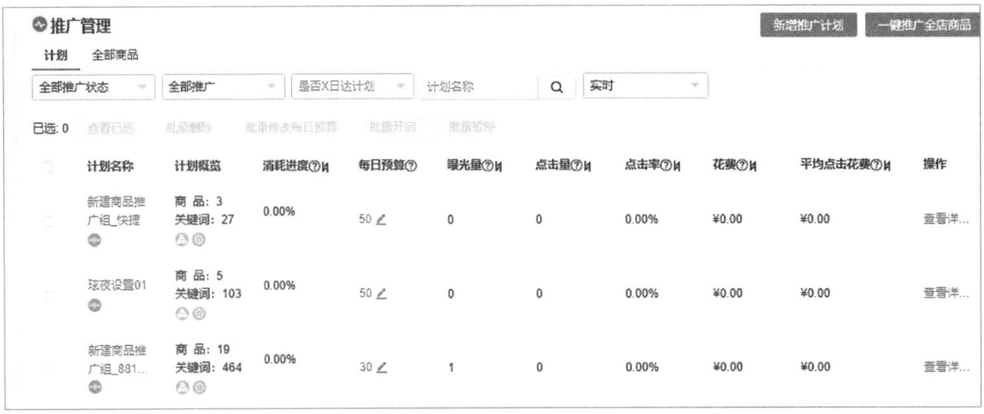

图6-97　直通车推广信息概况界面

### 1. 推广状态

包括已激活和已暂停两种状态的推广计划数。

### 2. 推广产品

包括已激活和已暂停两种状态的推广产品数据。

### 3. 询查周期

包括实时、7日、30日等可选时间周期。

## （三）数据效果

在"数据效果"选项组中，可以查看曝光量、点击量、点击率、花费及平均点击花费数据，这些数据，都是默认为最近7天的数据，如图6-98所示。如果卖家想查看更多的数据报告，则可以单击"查看详情"即可进入数据报告界面查看。

图6-98　直通车推广效果数据报告界面

在"数据效果"下拉列表框中，各常用数据指标的含义如下。

1. 曝光量

曝光量是指在卖家所选择的时间区间段（如最近7天），通过速卖通直通车的推广，卖家的产品在被境外买家（不包括中国买家）搜索的时候，获得的展现次数。

2. 点击量

点击量是指在卖家所选择的时间区间段（如最近7天），通过速卖通直通车的推广，卖家的产品在被境外买家（不包括中国买家）搜索的时候，获得的买家进一步单击查看的次数。

3. 点击率

点击率的计算公式为

$$点击率 = 点击量 \div 曝光量$$

如果点击率较高，说明买家对卖家的推广产品感兴趣，愿意通过单击进一步查看了解卖家的产品详情。点击率是反映卖家的产品是否满足买家的采购需求、是否令买家感兴趣的重要指标。

4. 花费

花费是指一段时间内，卖家为速卖通直通车推广带来的点击量所支付的总扣费金额。

5. 平均点击花费

平均点击花费是指在一段时间内，卖家为速卖通直通车推广带来的点击量所支付的平均点击扣费金额，代表了卖家引入一个潜在买家的平均成本。计算公式为

$$平均点击花费 = 总花费金额 \div 总点击量$$

**（四）消息中心**

在右侧信息栏下方，可以向卖家推送及时的产品升级公告、最新的直通车活动资讯、全面的培训课程信息及专业的方案诊断建议。

## 四、直通车推广计划的创建

目前，创建直通车推广计划有两种方法：一种是打造爆品的重点推广计划，另一种是方便测品的快捷推广计划。这两种方法都各有优点，下面将分别进行介绍。

### （一）重点推广计划

重点推广计划具有独特的创意推广，可以更好地协助卖家打造爆品。重点推广计划最多允许创建10个，每个计划建议推广同类目的产品以便于后期管理，并且可选择想要重点推广的产品，集中精力做推广。下面将介绍创建重点推广计划的具体步骤。

（1）在"速卖通直通车"后台中，单击首页"我要推广"按钮，进入点击"新增推广计划"界面，如图6-99、图6-100所示。

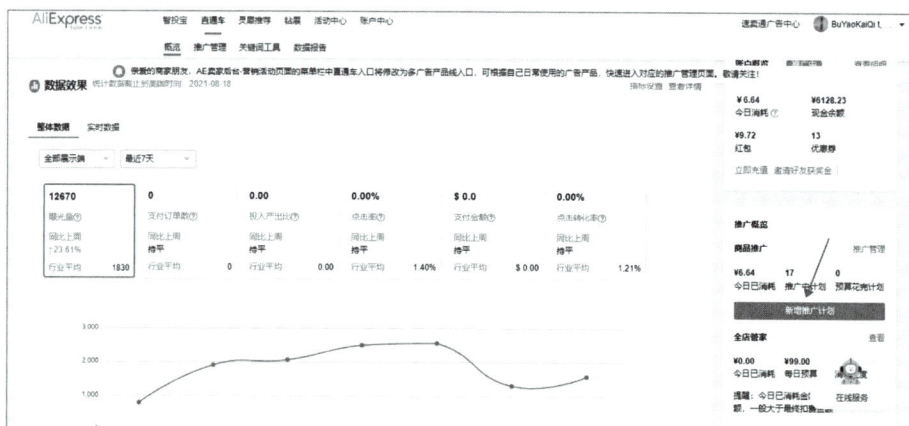

图6-99　进入"我要推广"界面

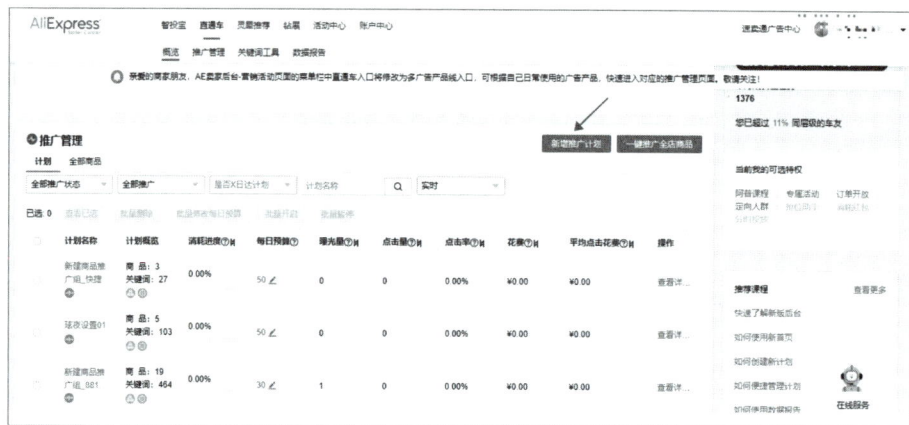

图6-100　进入"新增推广计划"

选择"重点推广"选项，如图6-101所示。在"商品组推广名称"文本框中输入名称，单击"提交，开始推广"按钮。

图6-101 重点推广方式界面

打开"新建推广单元"—"选择商品"对话框，在"全部商品"下拉列表框中选择"所有商品分类"选项，如图6-102所示，选择合适的商品对象。

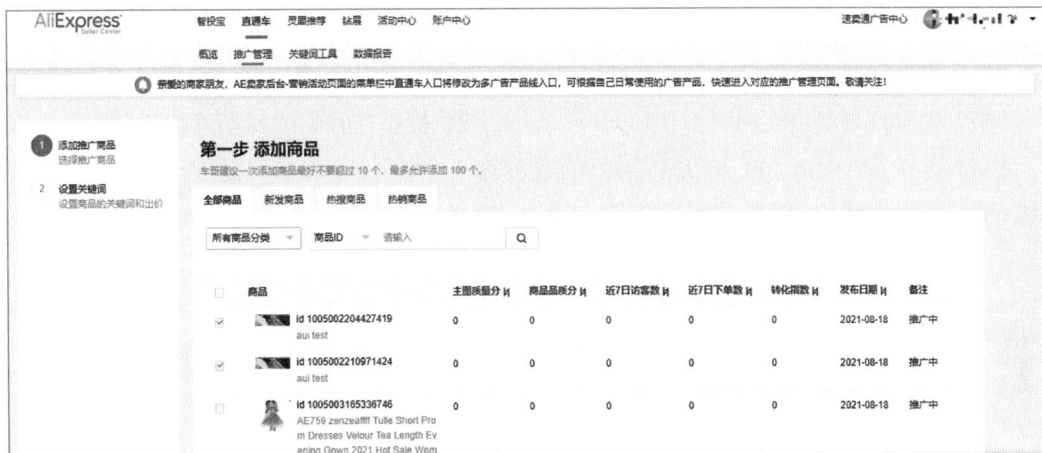

图6-102 产品选择界面

单击"下一步"按钮，打开"新建推广计划"—"选择关键词"对话框，选择合适的关键词，并单击其右侧的"添加更多关键词"超链接，添加关键词，并修改关键词的价格，如图6-103所示。

图6-103　选择关键词界面

完成关键词的选择添加操作后，打开"推广单元新建完成"对话框，显示推广计划已新建完成信息，单击"关闭"按钮即可。

### （二）快捷推广计划

快捷推广计划具备批量选词、批量出价等特点，每个账户最多能够同时创建30个快捷推广计划，每个计划最多能同时推广100个产品。创建快捷推广计划的操作方法与创建重点推广计划的操作方法类似，唯一的差别在于选择的推广计划不一样。在"速卖通直通车"后台中，单击首页左侧的"我要推广"按钮，打开"选择推广方式"对话框，选择"快捷推广"选项，如图6-104所示。

图6-104　快捷推广界面

## 五、直通车各种报告的查看

直通车的数据报告包含账户报告、商品报告及关键词报告等，下面将分别进行介绍。

### （一）账户报告

账户报告是针对速卖通直通车账户的整体营销状况提供的效果统计分析报告，如图6-105所示。

账户报告中包含曝光量、点击量、点击率、花费、平均点击花费、下单数、下单金额、加入购物车次数、加入收藏夹次数等多个数据指标，可以查看最近7天和自定义时间段的数据报告。

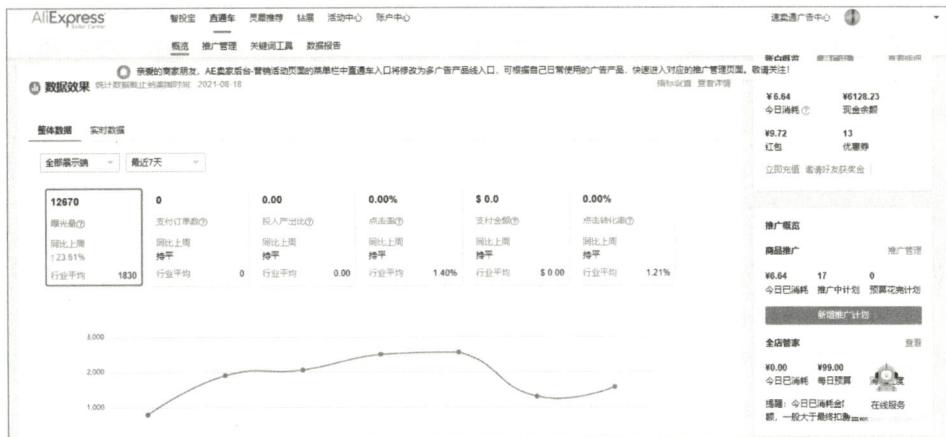

图6-105　账户报告界面

### （二）商品报告

商品报告用于展示商品的数据结果，包括曝光量、点击量和花费等核心指标，用于确认下一步的优化方向，如图6-106所示。

图6-106　"商品报告"界面

### （三）关键词报告

在推广商品时，得到充足的曝光量的基础取决于关键词，所以卖家要了解关键词的数据效果，包括关键词的数量、曝光量、点击量、花费等核心指标，来确认下一步的优化方向，如图6-107所示。

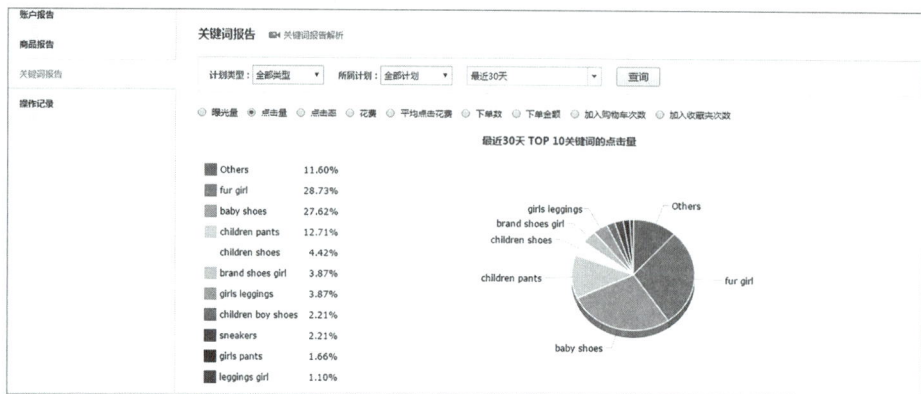

图6-107 "关键词报告"界面

## 六、直通车推广计划的优化技巧

优化推广计划有两个关键点：曝光和转化。其中曝光决定卖家的产品能不能被买家看到；转化决定买家看到卖家的产品会不会单击，进而会不会下订单。因此，将这两个关键点做好了，直通车的推广计划就能够实施到位了。

### （一）曝光

速卖通直通车的曝光通过关键词的设置和有效排名来实现。下面将对这两点分别进行介绍。

**1. 关键词的设置**

买家通过买家首页的搜索框，用关键词来寻找卖家的产品，所以关键词越多，买家找到卖家产品的入口就越多，因此，卖家在设置关键词时，一定要多设置关键词，从而达到高曝光率的效果。

有些卖家在设置关键词时，关键词量也不少，但是因为这些词都不是买家搜索的关键词，只是型号词，所以导致即使关键词数量达到了，也没有很多曝光机会。因此，卖家在设置关键词时，一定要设置买家会搜索的关键词。

**2. 有效排名**

因为排名关系到费用问题，所以大家也会比较谨慎。举例说明，同样一个关键词，"bag"是一个相对高价的关键词，很多卖家肯定舍不得出那么高的价格排到第一页右侧。但是即使在其他位置，通过一定的出价，还是可以获得非常好的曝光的。因此，对于核心关键词的排名要进行分析并适量出价，以达到更好的曝光效果。

### （二）转化

影响曝光转化成点击量或影响点击量转化成曝光的因素，主要有主图大小、背景颜色、标题设置、价格设置和旺旺在线等。

这些转化因素的含义如下。

1. 主图大小

主图的大小应占图片空间的80%左右。

2. 背景颜色

从点击量数据分析，白色背景的产品的点击率更高。

3. 标题设置

标题只显示32个字符，所以重点关键词要前置。

4. 价格设置

要去前台搜索，对比同行之间的价格，进行相应调整，避免因价格原因流失点击量。

5. 旺旺在线

通过旺旺在线聊天工具可以提高洽谈概率。

# 任务四　处理订单

订单是每个跨境电商卖家都非常关注的部分，卖家店铺的转化率如何，营销推广是否到位，客户是否信任，实际上可以直接反映在订单的数量上。但是，如果跨境电商的订单管理工作没有做好，很有可能直接影响到店铺的整体好评率，影响到店铺的等级，甚至会影响到店铺的可持续发展。

## 一、订单处理概况

跨境电商的营销推广是为了让潜在的客户能够充分体会到卖家产品的存在，促使客户下单购买产品，但真正影响店铺信誉和服务等级的是好评率，而正确的管理和处理订单是获得客户好评的重要因素。

当卖家上传产品达到一定数量后，随着营销手段的实施和推广，店铺的流量会不断地增加，订单就会越来越多，因此，处理订单成为跨境电商卖家需要关注的重中之重。

在速卖通平台，订单的处理和管理主要在"交易"选项卡下的"管理订单"中完成。点击"交易"选项卡，进入"我的订单"界面，如图6-108所示。

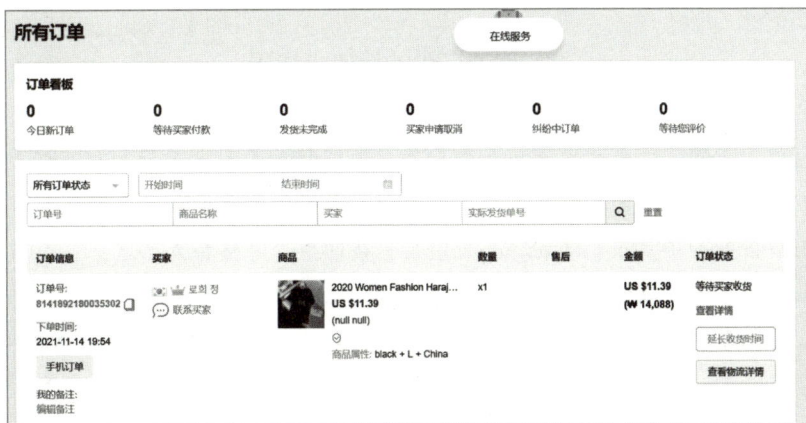

图6-108 "我的订单"界面

在"我的订单"界面中包含当前订单的基本情况，主要分为3个部分：特别关注、等待您操作的订单、等待买家操作的订单"，其具体含义如下。

### （一）特别关注

今日新订单——单击后将出现今日新生成订单，包括"已经付款订单"和"未付款订单"。

### （二）等待您操作的订单

（1）等待您发货：已经通过风险审核并且资金已经到账，需要卖家发货后"填写发货通知"或者"线上发货"的订单，如图6-109所示。

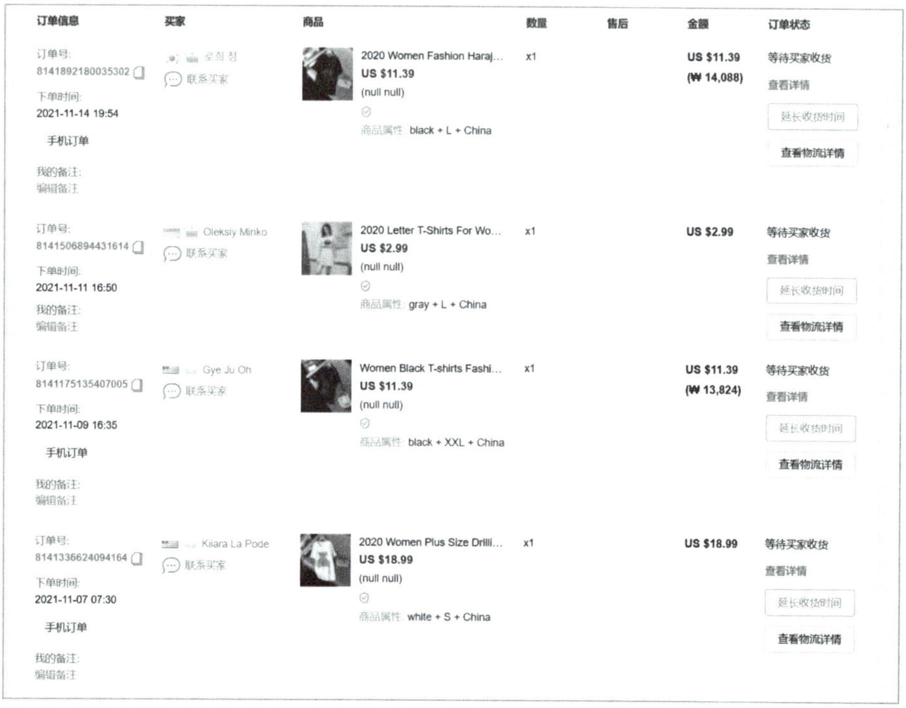

图6-109　"等待您发货"信息界面

（2）买家申请取消的订单：买家付款后由于各种原因取消的订单。

---

### ※ 技能提示6-4

### 取消订单的操作小技巧

有很多新手买家可能因为下单失误或者地址信息错误付了款需要取消订单。付了款想取消但不懂操作，来问卖家该如何取消。其实作为卖家也是很为难，发货吧，怕纠纷，不发货吧，看着发货时长一点一滴缩短，最后落个成交不卖，后果更严重。在这里给出以下贴心小建议：①把 help center（帮助中心）链接发给买家；②直接把操作方法和步骤复制粘贴给买家，显示出卖家的贴心服务；③把问题发给小何（即速卖通后台人工客服），然后把小何给出的答案粘贴发送给客户，让他们按照步骤来操作。

（3）有纠纷的订单：由于某种原因，买家提起异议或是向速卖通提起仲裁的订单。

（4）未读留言：买家下订单后和卖家进行沟通的信息，比如催促发货、询问物流信息或者其他发货要求等。

（5）等待卖家验款：买家下订单后，将货款支付到速卖通平台，等待速卖通平台通过风险审核的订单。

（6）等待您留评：买家确认收货，交易结束后，买卖双方可以互相留评，等待卖家留置评价的订单。

（7）等待放款的订单：买家未在规定时间内确认是否收到货物。速卖通平台会对卖家提供的货运信息进行核实，并根据核实结果进行放款操作。还有一种情况就是等待银行清算处理。

### （三）等待买家操作的订单

（1）等待买家付款：买家虽然下了订单，但是还未将款项打入速卖通平台，如图6-110、图6-111所示。

图6-110 "等待买家付款"按钮

图6-111 "等待买家付款"界面

（2）等待确认收货订单：即卖家填写发货通知后，买家确认收到货之前的订单。

### 二、订单的分析与确认

在买家下单后，卖家需要对买家的订单信息进行分析与确认。每一个订单都有订单号，如8141892180035302，如图6-112所示。

图6-112　新订单界面

从图6-112中可以看到，在订单号的下边是买家下单时间。其右边是买家姓名，单击后可以看到买家的一些交易情况，包括其购买的产品信息及评价信息等。需要注意的是，平台上有些恶意买家，卖家可以查看这些信息并对恶意买家进行甄别，如图6-113所示。

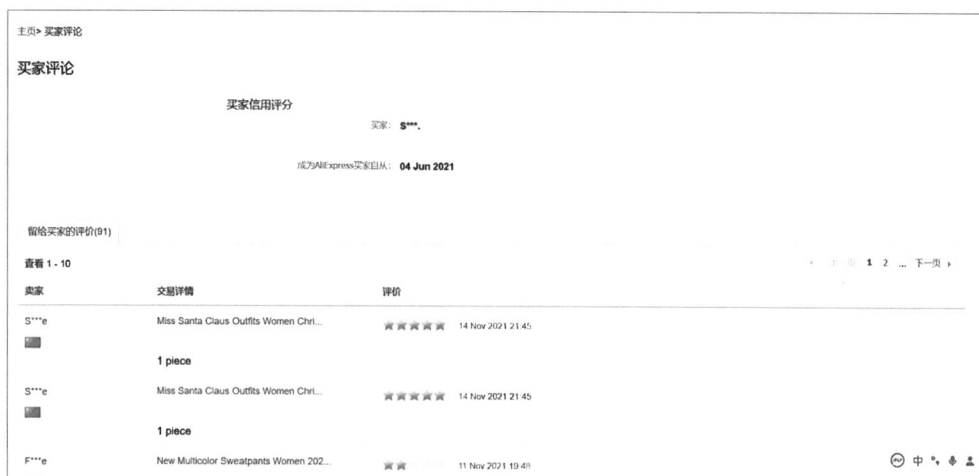

图6-113　买家相关信息界面

在买家姓名的下边为"未读留言"，单击后也可以进入订单详情界面，同样，带邮件图标的"Contact"也链接到订单详情界面。订单的金额以美元来表示，如果是以其他货币 支付的，则在美元金额后同时显示其原始支付货币符号及金额。

再往下依次为产品的主图、标题、单价、订购数量、订单状态（等待您发货、等待买家付款、已完成、已关闭等）、剩下发货时间，以及"填写发货通知"和"线上发货"接钮。新手要注意的是，一定要在剩余时间内发货，否则会被速卖通平台判断为成交不卖，不但货款会被退回，而且会受到一定的处罚，影响店铺的正常经营。

单击订单号可以进入"订单详情"界面。该界面包含以下信息：订单状态、发货时间提醒、买家ID地址信息和资金详情等内容。

卖家一般可以根据这些信息确认客户购买的产品及数量、客户的联系方式（包括确 定客户来自哪个国家、收件地址信息是否有异议等。俄罗斯的订单尤其需要注意，如果客户的信息里名字不是全名的话，即使包裹到达对方邮局，对方也没有办法收件）、客户选择的物流方式是否为最优的方式等，进而初步核算相应的运费、交易手续费和利润，并规划下一步的发货环节。

### 三、订单的其他处理方式

跨境电商的卖家在销售产品的过程中，难免会遇到客户退单和订单纠错等情况，其实所有的跨境电商平台都是一样的，下面让我们以速卖通平台常见的订单问题和处理方法为例来加以说明。

#### （一）取消订单

很多买家可能因为下单失误或者地址信息错误需要取消订单，也可能会因为重复下单、下错订单或订单改价等需要取消订单，取消订单是需要买家来完成的。买家可以进入买家首页，点击"Cancel Order"按钮来取消订单。

如果订单已付款成功，处于等待卖家发货的状态，需要买家点击"Cancel Order"，并且选择取消订单的原因，卖家同意取消后系统会关闭订单，将款项退回给买家。

买家在拍下后取消订单时，如果选择卖家原因，卖家同意后会造成成交不卖的情况，ODR（order defect rate，买家不良订单体验率）指标升高，这会影响卖家服务等级。所以在买家取消订单时，一定要跟买家进行友好沟通和协商，尽量让买家选择自身原因取消订单。

当买家取消订单时选择"其他原因"时，作为卖家最好询问下具体原因，以免遭到平台处罚。

#### （二）订单价格的修改

如果卖家需要修改订单的总金额，如想给一些忠实买家一些折扣，或修改运费等，可以让买家拍下订单时先不要付款，卖家先去调整价格。有时候买家会讲价，要求给予折扣或减免费用，这时卖家可以选择"调整价格"以促进成交，通过点击"订单详情"里的"调整价格"修改订单金额，如图6-114所示。

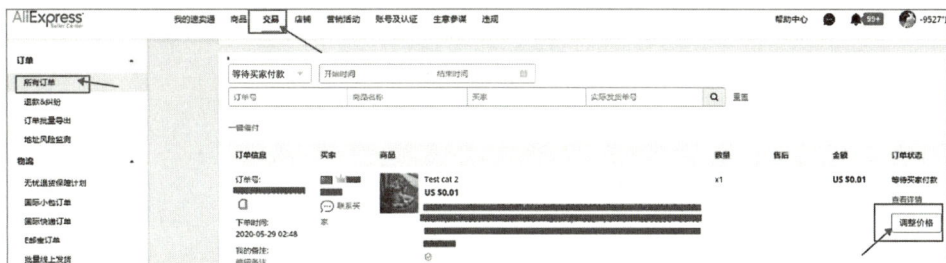

图6-114　调整价格界面

点击"调整价格"按钮，卖家可以根据折扣修改订单的金额，完成订单价格的修改，如图6-115、图6-116所示。

图6-115 "调整价格"按钮

图6-116 "调整价格"界面

### （三）订单的批量导出

速卖通卖家可以借助"订单批量导出"功能来提升卖家订单管理的效率，这样既能便利地对订单进行有效管理，也能更方便地将物流相关信息提交给货代公司。

首先卖家要设置需要导出的订单条件，包括订单状态和下单时间。订单状态分为：全部订单、等待卖家发货、等待买家确认收货、等待买家确认金额、等待买家付款、纠纷中的订单、已结束订单、冻结中的订单和资金未到账。卖家可以根据实际需要选择导出的订单状态。下单时间选择，目前速卖通仅支持最多跨度3个月的订单被导出，如图6-117所示。

图6-117 "订单批量导出"界面

接下来设置需要导出的订单——交易订单信息和物流信息。可以根据实际需要，选择"全选"或者勾选想要导出的订单字段，点击"订单批量导出"按钮开始导出订单信息，如图6-118所示。

图6-118 设置需要导出的订单字段

订单导出成功后，点击"下载导出的文件"将订单信息保存到本地的电脑上，订单文件以Excel形式保存，并且一次性导出的订单量不能大于60000条，如图6-119所示。

图6-119 "下载导出的文件"界面

### （四）管理订单通知设置

为帮助卖家及时收到关于订单的提醒，不错过任何一个商机，速卖通平台推出了订单提醒功能，所有的订单通知都是免费的。卖家可以使用"设置通知方式"功能来实现。速卖通 的订单通知方式有短信通知、TradeManager和邮件通知3种，卖家可以根据其指引简单地进 行设置，这样就能及时获得相关的订单信息。

订单发货

在速卖通的后台中，单击"商品管理"选项，进入"商品管理"界面，在左侧列表框中，单击"设置通知方式"选项，进入"全球速卖通订单通知"界面，在打开的界面中进行相应设置即可。

## 四、订单发货处理

速卖通平台的订单发货处理一般分为两种：线上发货和线下发货。两者的发货方式各有利弊，买家可以根据自己订单量和选择的货代情况进行选择。

### （一）线上发货

1.概述

"线上发货"是由速卖通、菜鸟网络联合多家优质第三方物流商打造的物流服务体系。卖家使用"线上发货"可直接在速卖通后台在线选择物流方案，物流商上门揽收或者卖家自己寄至物流商仓库，然后发货至境外。卖家可在线支付运费并在线发起物流维权，阿里巴巴作为第三方将全程监督物流商服务质量，保障卖家权益。

2.线上发货相对于线下发货的优势

（1）规避物流低分，提高账号表现

每个月进行卖家服务等级评定时，使用线上发货的订单因物流原因导致的低分可抹除［物流问题导致的DSR（description，宝贝与描述相同；service 卖家的服务态度；rate，物流的服务质量）物流服务1分，仲裁提起、卖家责任裁决率都不计入考评］。

（2）物流问题赔偿保障

阿里巴巴作为第三方将全程监督物流商服务质量，保障卖家权益。卖家可针对丢包、货物破损、运费争议等物流问题在线发起投诉，获得赔偿［仅支持国际（地区间）小包物流方案］。

（3）线上发货运费低于市场价、支付更方便

享受速卖通专属合约运费，低于市场价，只发一件也可享受折扣。

（4）线上发货渠道稳定，时效快

直接和中国邮政等物流商对接，安全可靠。线上发货上网时效快，妥投时效高于线下。线上发货的流程如图6-120所示，下面简单地介绍各步骤的操作流程。

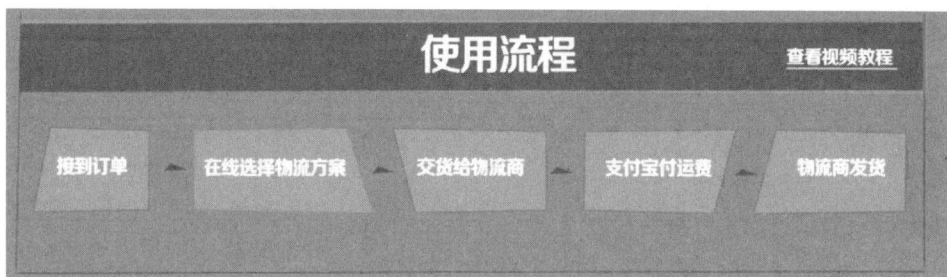

图6-120　线上发货流程

①在待发货订单中选择"去发货"，单击图6-121中的发货按钮。

图6-121　线上发货界面

进入订单详情界面后，可以看到订单的详细情况，买家已经付款结束，并且资金已经通过风控审核，需要卖家进入发货环节。单击"去发货"按钮后，出现如图6-122所示界面。

图6-122 订单详情界面

单击图6-122中的"线上发货"按钮，进入物流方案选择界面。系统会自动列出物流服务商的服务名称、参考运输时效、交货地点和试算的运费。需要注意的是，这些参数和数据均是基于卖家发布产品时提供的相关数据和订单有关信息自动给出的，如果基础数据有误或者不准确，试算运费将不能算出真实的运费。卖家也可以单击"包裹重量"右边的"修改"按钮，对发货地址、包裹重量、尺寸等信息进行修改，并重新试算运费。

卖家应综合考虑自己销售产品的成本、设置的承诺运输时间、交货情况、买家所在地海关的因素和运费情况，进而选择最优的物流方案。值得注意的是，在物流选择方案中，卖家选择使用的物流服务和买家下单时选择要一致，如果不一致的话，可能导致买家拒收或者引起纠纷。如因特殊原因或不可抗力因素导致所选方案不可行，那么必须提前要跟买家进行沟通，在征得买家同意后再更改物流方案。

物流方案选择完毕后，单击图6-123中的"下一步，创建物流订单"，进入创建物流订单界面，如图6-124所示。

图6-123 进入创建物流订单界面

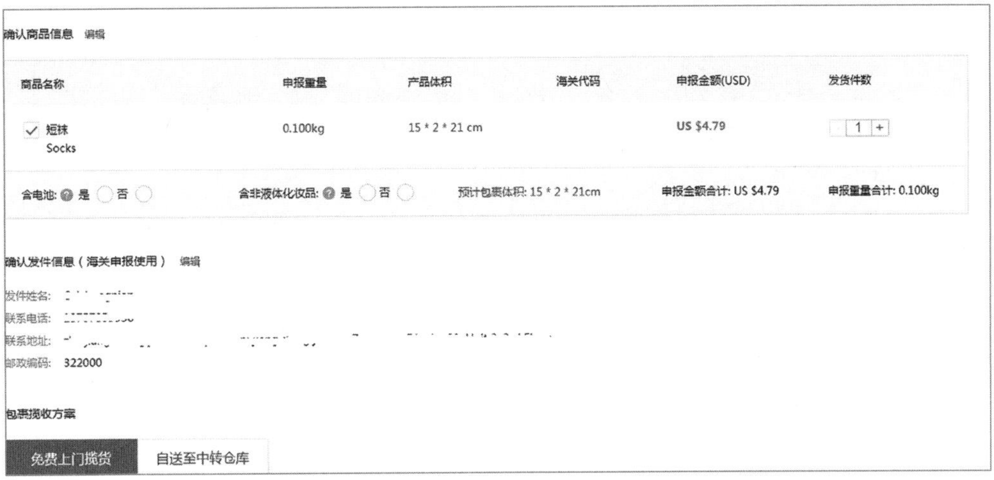

图6-124 创建物流订单界面

如果卖家位于线上发货系统的揽收范围内，可在系统里申请免费上门揽收。若不在揽收范围之内，那么产品需要自己送到中转仓库，需要填写境内快递公司名称和境内物流单号，便于卖家系统查询和中转仓库揽收，如图6-125所示。

图6-125 "自送至中转仓库"界面

物流订单创建成功，只需点击"提交发货按钮"，便可完成订单创建，如图6-126所示。

图6-126　物流订单创建成功界面

下一步即可货物打包，粘贴发货标签，等待揽货。在"交易"选项卡的"物流服务"中找到相应的物流方式，进入并查找相应的订单号，就可以看到物流订单的状态，如图6-127所示。

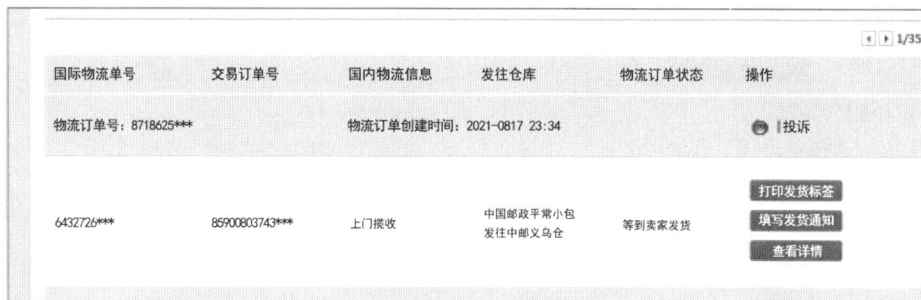

图6-127　物流订单状态界面

接下来，单击图6-127中的"打印发货标签"按钮，弹出打印窗口，内容为PDF格式的物流发货标签，如图6-128所示，然后选择打印机打印即可。

图6-128　物流发货标签

　　将打印好的物流标签粘贴在产品的外包装上，做好防水措施，之后就可以等待物流公司上门揽收了。

　　再次回到图6-128中，点击"填写发货通知"，如图6-129所示。进入填写发货通知界面，在"发货状态"中，勾选"全部发货"，单击"提交"按钮，如图6-130所示。

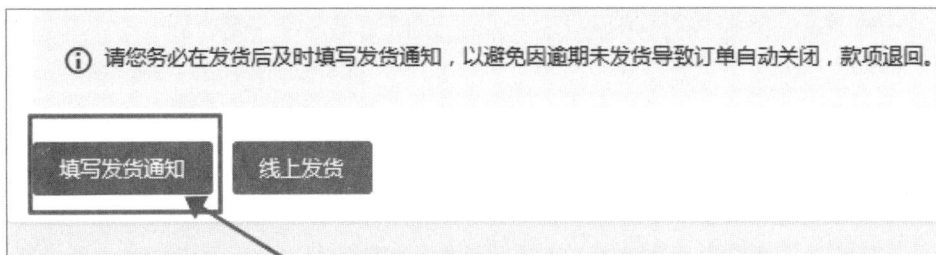

图6-129 "填写发货通知"按钮

图6-130 "填写发货通知"界面

　　最后支付运费。速卖通卖家一般开通支付宝（境内）账户自动支付运费功能，无须进行其他操作。

### （二）线下发货

　　所谓"线下发货"，是指卖家确定订单后，在线下（即不通过速卖通平台）寻找物流商，然后将货物交给物流货代公司，并取得运单号等信息，同时运费也不通过速卖通平台而是另行交给物流商。

　　选择"线下发货"，物流商应将运单号分配提供给卖家，然后卖家在速卖通平台上"填写发货通知"。首先找到待发货订单，如图6-131所示，然后点击"去发货"，再点击"填写发货通知"按钮，进入如图6-132所示界面，从下拉菜单中选择"物流服务名称"，填写物流商提供的"货运跟踪号"，选择"发货状态"是"全部发货"还是"部分发货"，最后单击提交即可，如图6-133所示。

图6-131　待发货订单界面

图6-132　"填写发货通知"界面

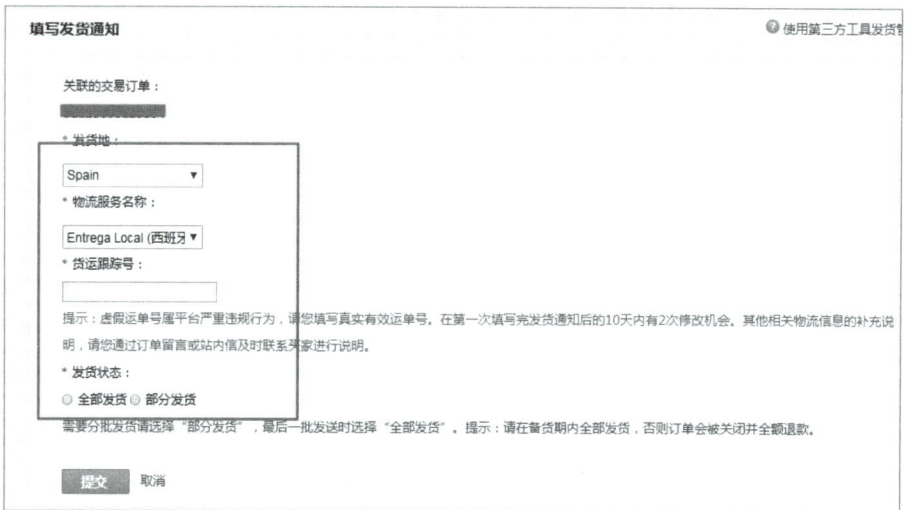

图6-133"填写发货通知"设置界面

# 任务五　管理交易评价

## 一、交易评价的概述

### （一）交易评价的分类

1.信用评价

速卖通平台的评价分为信用评价及卖家分项评分两大类。

信用评价是指交易的双方在订单交易结束后对对方信用状况的评价。信用评价包括五分制评分和评论两部分。

### 2．卖家分项评分

卖家分项评分是指买家在订单交易结束后以匿名的方式对卖家在交易中提供的产品描述的准确性（Item as Described）、沟通质量及回应速度（Communication）、物品运送时间合理性（Shipping Speed）三方面服务做出的评价，是买家对卖家的单向评分。

买卖双方均可以进行互评，但卖家分项评分只能由买家对卖家做出，如图6-134所示。

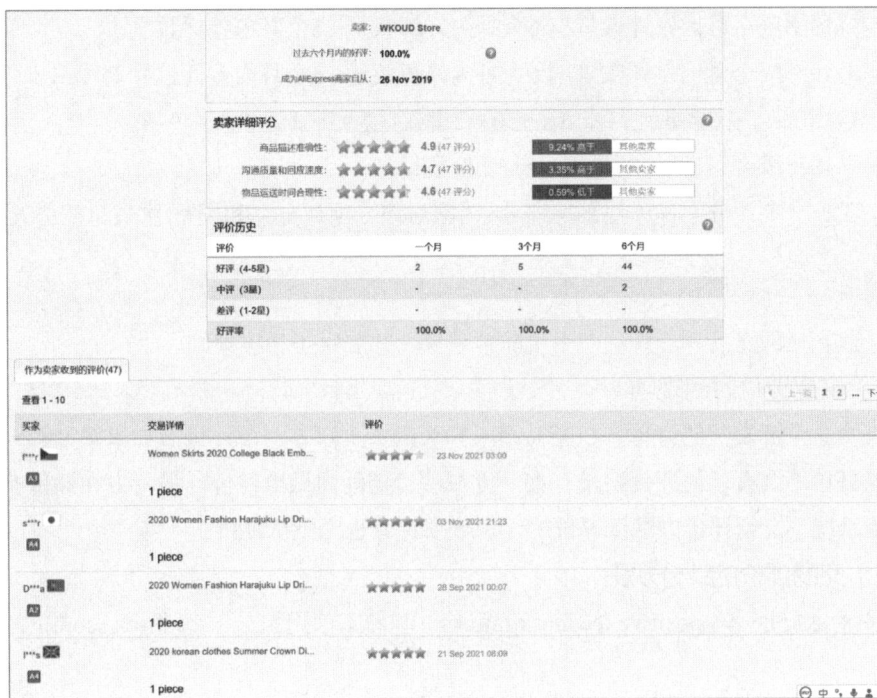

图6-134　交易评价档案界面

## （二）评价指示

从图6-134可以看出，卖家的评价情况可以通过评价档案来体现，包括近期评价摘要（卖家员公司名、近6个月好评率、近6个月评价数量、信用度和会员起始日期）、评价历史（过去1个月、3个月、6个月、12个月，以及历史累计的时间跨度内的好评率、中评率、差评率、评价数量和平均星级等指标）和评价记录（会员得到的所有评价记录、给出的所有评价记录及在指定时间段内的指定评价记录）。

### 1．评价星级

评价星级（star rating）指的是会员在评价一笔交易时给出的五星制评分。评分的含义：5星="太棒了"，4星="挺好的"，3星="普通"，2星="不好"，1星="太差了"；5星、4星定义为好评，3星定义为中评，2星、1星定义为差评。

### 2．评价数量

评价数量（number of ratings）指的是一段时间内会员收到的生效评价的个数。

### 3．好评率、中评率、差评率

好评率、中评率、差评率（positive / neutral /negative）指的是在一段时间内会员收到的好评、中评、差评数量的百分比。

4.信用度

信用度（feedback score）是指历史以来会员所有评价得分的累计值。

5.平均星级

平均星级(average rating)是指一段时间内会员收到的评价星级的平均值。

（三）各项指标的计算方法

（1）好评率=6个月内好评数量/（6个月内好评数量+6个月内差评数量）。

（2）差评率=6个月内差评数量/（6个月内好评数量+6个月内差评数量）。

（3）信用度：5星或4星＝+1，3星＝0，2星或1星＝－1。

（4）平均星级=所有评价的星级总分/评价数量。

（5）卖家分项评分中各单项平均评分=买家对该分项评分总和/评价次数（四舍五入）。

# 二、交易评价规则

对于速卖通的交易评价管理，平台非常重视，并制定了相应规则。

## （一）交易评价时间规则

所有卖家全部发货的订单，在交易结束30天内买卖双方均可评价。如果双方都未给出评价，则该订单不会有任何评价记录；如一方在评价期间内做出评价，另一方在评价期间内未评的，则系统不会给评价方默认评价（卖家分项评分也无默认评价）。

## （二）交易评价的计分规则

产品/商家好评率（positive feedback ratings）和商家信用积分（feedback score）的计算方法如下。

（1）相同买家在同一个自然旬（自然旬即为每月1—10日、11—20日、21—31日）内对同一个卖家只做出一个评价的，该买家订单的评价星级则为当笔交易评价的星级（自然旬统计是按照美国太平洋时间）。

（2）相同买家在同一个自然旬（自然旬即为每月1—10日、11—20日、21—31日）内对同一个卖家做出多个评价，按照评价类型（好评、中评、差评）分别汇总计算，即好、中、差评数都只各计一次（包括1个订单里有多个产品的情况）。

（3）在卖家分项评分中，同一买家在一个自然旬内（自然旬即为每月1—10日、11—20日、21—31日）对同一卖家的产品描述准确性、沟通质量和回应速度、物品运送时间合理性3项中某一项的多次评分只算一个，该买家在该自然旬内对某一项的评分计算方法为平均评分=买家对该分项评分总和/评价次数（四舍五入）。

（4）以下3种情况不论买家留差评或好评，仅展示留评内容，都不计算好评率及评价积分。

①成交金额低于5美元的订单（成交金额明确为买家支付金额减去售中的退款金额，不包括售后退款情况）。

②买家提起未收到货纠纷，或纠纷中包含退货情况，且买家在纠纷上升到仲裁前未主动取消。

③运费补差价、赠品、定金、结账专用链、预售品等特殊产品（简称"黑五类"）的评价。

以上情况之外的评价，都会正常计算产品/商家好评率和商家信用积分。不论订单金额，都统一为：好评+1，中评0，差评－1。

（5）卖家所得到的信用评价积分决定了卖家店铺的信用等级标志，具体标志及对应的积分可扫描二维码了解。交易评价等级标志与积分同时会在卖家的产品页和商铺中展示出来，给买家一个最直观的购物参考如图6-135所示。

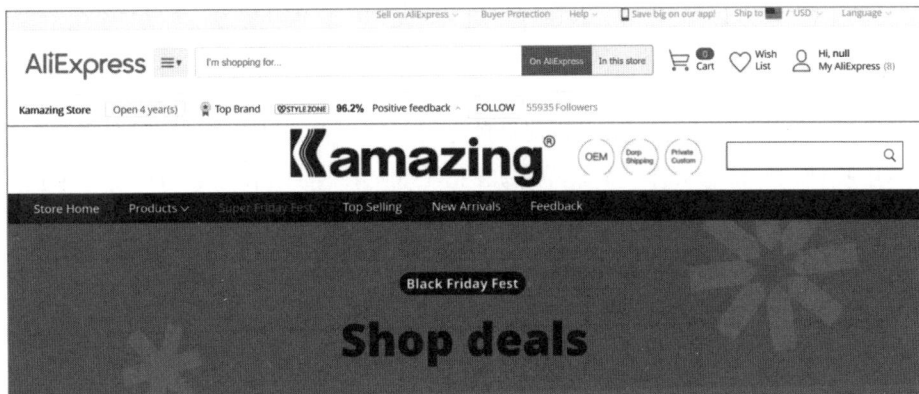

图6-135　交易评价等级在商铺中的效果

### （三）评价的公开和生效规则

支付成功的订单，买卖双方须在订单完成或关闭后30天内进行评价，不同情况生效时间规则如下。

（1）在订单完成后45天内，交易双方未完成互相评价时，评价不公开、不生效、不计分。

（2）在订单完成后45天内，如果双方完成互相评价，评价即时公开、生效、计分。

（3）在订单完成后45天内，如果A方对B方留下4星或5星的评价，而B方未对A方留下评价，则系统自动给A方留下一个4星的评价。

（4）在订单完成后45天内，如果A方对B方留下1星、2星或3星的评价，而B方未对A方留下评价，则系统不会给A方留下评价。

（5）在订单完成后45天内，双方均未评价，则双方均不收到评价。

### （四）信用评价修改、删除规则

（1）对于信用评价，卖家对买家给予的中差评有异议的，可在评价生效后30日内联系买家，让买家对其评价自行修改；买家可在评价生效后30日内对自己做出的该次评价进行修改，但修改仅限于中差评改为好评，修改次数仅限1次。

（2）对于信用评价，买家对卖家给予的中差评有异议的，可在评价生效后30日内联系卖家，让卖家对其评价自行修改；卖家可在评价生效后30日内对自己做出的该次评价进行修改，但修改仅限于中差评改为好评，修改次数仅限1次。

（3）买卖双方也可以针对自己收到的差评进行回复解释。

（4）对于卖家分项评分，一旦买家提交，评分即时生效且不得修改。若买家信用评价被删除，则对应的卖家分项评分也随之被删除。但是如果买家没有收到货，而给卖家留下的差评，卖家发出的移除需求不能移除，因为在这类个案中，买家没有收到货，这给买家造成了事实的损害，给出差评，合情合理；卖家在交易过程中，有足够机会去跟进物流、与买家保持沟通、做出说明和安抚；即便买家留下差评后，如果货品后来送到了，卖家也可以与买家沟通，请求买家修改差评。所以，买家没有收到货，给出差评完全合理；卖家也有机会在事前事后进行沟通协调。本着鼓励买卖双方自行协商解决的原则，平台不支持移除评价的需求。

## 三、交易评价的管理

当订单正常结束后，买卖双方可以对彼此进行评价。卖家可以在"交易"界面下的"所有订单"中找到"等待您留评"的订单，如图6-136所示，或者在"交易评价"中找到"管理交易评价"，进入待评价订单列表，如图6-137所示。

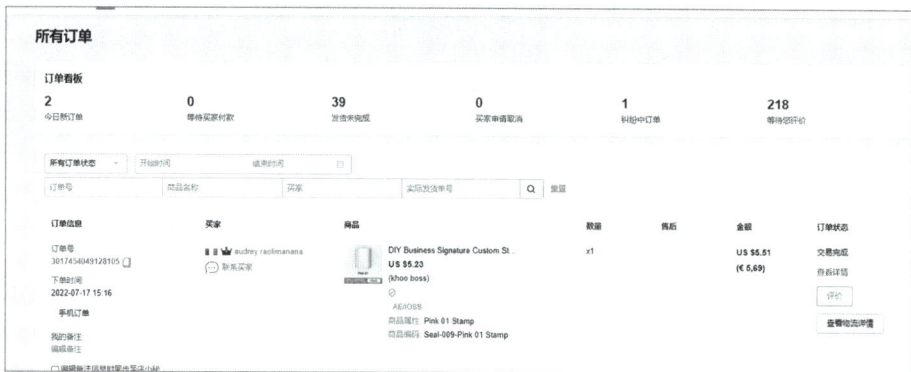

图6-136 "等待您留评"界面

单击图6-137中的"评价"按钮，进入评价页面，可以对买家进行评价，既可以选择星星打分，也可以进行留言评价，完成后单击"评价"即可。

图6-137 待评价订单列表

在回复买家评价时，卖家也可以通过点击"交易管理评价"中的"生效的评价"看到买家留下的交易评价，同时找到"回复评价"功能进行反馈操作，给买家留下评价和留言评论，如图6-138所示。如果收到好评，则可以感谢对方的支持和理解，并表示会继续努力做得更好，吸引其进一步购买；但是如果收到差评，应该及时联系客户沟通，协商能否使买家修改其给予的差评。

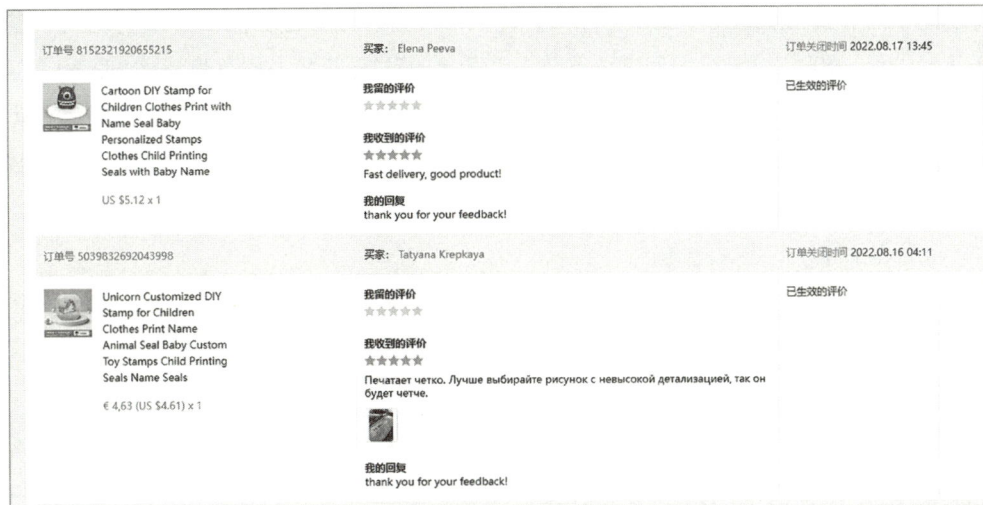

图6-138 评价生效界面

## 学以致用

### ▶资料一 提高全社会文明程度

统筹推动文明培育、文明实践、文明创建，推进城乡精神文明建设融合发展，在全社会弘扬劳动精神、奋斗精神、奉献精神、创造精神、勤俭节约精神，培育时代新风新貌。

弘扬诚信文化，健全诚信建设长效机制。发挥党和国家功勋荣誉表彰的精神引领、典型示范作用，推动全社会见贤思齐、崇尚英雄、争做先锋。[①]

### ▶资料二 义乌市开展2022年"诚信日"活动

2022年1月9日，义乌市第七个"诚信日"活动拉开帷幕。受疫情影响，今年"诚信日"活动主要通过线上微信、线下点对点等形式开展，以"信用进市场、信用进医院、信用进校园"的形式扩大信用服务普及面。

活动当天，商城集团通过对市场经营户上门宣传和现场咨询等服务，对市场主体进行针对性宣传，并制作"诚信日"宣传推文，以官方微信公众号、朋友圈等形式全渠道宣发，充分利用"党建+单元"作战体系，在各网格群、经营户群转发推送，进一步扩大宣传范围；市场集团在"市场志愿者"深入商铺，向经营户介绍信用查询流程、市场资源要素改革信用赋分等信用相关内容，详细介绍"消费助农信用积分"应用场景等；市卫健局利用电子显示屏、广告机等载体，对广大就医患者开展"医后付"、"信用住"及"信用义乌"小程序应用等宣传；同时组织医护人员学习《义乌市医务人员不良执业行为记分及信用管理实施办法

---

① 1. 习近平. 高举中国特色社会主义伟大旗帜 为全面建设社会主义现代化国家而团结奋斗：在中国共产党第二十次全国代表大会上的讲话（2022年10月16日）[N]. 人民日报，2022-10-26（01）.

（试行）》等文件，加强医护人员职业道德培训；市教育局组织全市中小学开展"诚实守信"手抄报评比、宣读《诚信承诺书》、"诚信"故事赛等诚信教育活动，将诚信教育渗透到日常教学活动中。

为加快推进全市社会信用体系建设，推动义乌经济社会持续健康发展，义乌市自2017年成功创建全国首批国家信用示范城市以来，建成了覆盖75万市场主体、255万自然人、1550余家社会组织、508家政府机构和事业单位，总量超过5.4亿条的多维信用数据库，建立了涉及信用归集、评价、奖惩、修复的全流程管理机制，构建了"事前承诺审批、事中分类监管、事后联合奖惩"的信用闭环体系，退出来百个以上信用应用项目，累计开展信用核查2316万次，实施奖惩超过8938次。

▶ 根据以上案例内容请思考：

1.你如何看待义乌市自2017年开始每年举办"诚信日"活动？

2.你觉得跨境电商行业可以从哪些方面体现诚信经营？

▶ 解析

1.诚信作为社会主义核心价值观中公民个人层面的价值准则，越来越被社会和个人重视与认可，不论是社会还是个人要长远发展都不能离开诚信。

2.例如，在选品时一定要选择有知识产权的产品，进行产品描述时一定要如实客观，与客户沟通时一定要实事求是等。

项目六习题

# 跨境电商客户维护及纠纷处理

## 项目目标

### 知识目标

1. 了解跨境电商客户的特点，熟悉跨境电商客户沟通的步骤和注意事项。

2. 理解客户跟进的概念，掌握跟进的注意事项和技巧。

3. 理解跨境电商客户关系维护的步骤，了解客户中断和流失的原因并掌握应对方法。

4. 了解纠纷的类型，学习避免纠纷的方法，掌握纠纷处理的基本流程和技巧。

### 能力目标

1. 能够做好维护老客户、开发新客户的工作。

2. 能够及时处理各类纠纷，维持好和新、老客户间的关系。

### 素质目标

1. 培养良好的沟通交际能力。

2. 培养高度负责的责任心。

3. 培养求真务实、开拓创新的精神品质。

项目七
引导案例

## 项目背景

如果一个客户对某个店铺的产品和服务非常满意，便会成为这个店铺的忠诚客户，会自愿为平台免费做宣传，并将其推荐给朋友和家庭，由此可见建立客户忠诚度的必要性和紧迫性，这也是有效沉淀客户，建立跨境电商客户关系管理系统最重要的一步。小汪经过在速卖通平台的创业实践后，掌握了一定的跨境电商操作能力，但在创业过程中，他遇到了很多问题，最让他烦恼的是不知道怎么与客户沟通，怎样才能快速地解决问题。接下来，本项目将重点介绍跨境电商客户维护及纠纷处理的方法。

跨境电商客户
维护及纠纷处理

## 任务一　了解跨境电商客户

### 一、跨境电商客户的概念

"谁拥有客户，谁就拥有市场。"这是被大多数公司奉为真理的一句话，由此可见客户的重要性。随着互联网的迅猛发展、市场的不断成熟，世界经济进入了电子商务时代，跨境电商更是发展得如火如荼，各国都在抢占该领域的制高点和话语权。在该背景下，以生产为中心、以销售为目的的市场战略目标，将逐渐被以客户为中心、以服务为目的的市场战略目标所取代。在整条价值链中，客户将变得越来越重要，客户资源将成为跨境电商卖家竞争的核心资源。

从广义上来说，跨境电商客户是指对于从事跨境电商活动的企业或个人而言的一切消费购买群体，他们对跨境电商卖家提供的产品和服务有特定需求。客户既包括需求较集中的消费者，也包括需求较分散的消费者。

当前的跨境电商市场竞争已越来越激烈，门槛也越来越高，客户作为一种有限的资源，在很大程度上能够决定卖家能否在这个市场中生存下去。就目前而言，一些个人卖家因受到自身因素的限制，无法有效获取相关的信息，缺乏客户，也不懂得如何去开发、寻找客户而退出跨境电商市场。而一些中小跨境电商企业虽然不至于退出，但他们同样也面临着这个严峻的问题。对此他们普遍的抱怨是："我们的产品质量很好，价格也很有竞争力，但就是没有销量！"因此，寻求客户对于跨境电商卖家而言确实是极其重要的问题。

在跨境电商中，客户在产品服务、沟通等方面的自主性和选择空间越来越大，转移客户的成本也在不断降低。毫无疑问，客户已经成为网络价值链的关键组成部分，因此，对跨境电商客户的研究是必不可少的，也是势在必行的。

## 二、跨境电商客户的特点

在传统的商务活动中，客户仅仅只是产品或是服务的购买者，对于整个流通过程的影响一般只在最后的阶段才显现出来，而且影响的范围较小；但在跨境电商中，每一个客户都是活跃在虚拟网络环境中，一方面充当个人购买者的角色，另一方面也扮演着社会客户的角色，对某一块地区甚至在更大范围内起着一定的引导作用。

与传统商业中的客户不同，跨境电商客户呈现出以下4个特点。

### （一）客户的多元化

跨境电商可以看作是境内电子商务的延伸或是全球化，两者一个显著的区别在于地域。一般而言，电子商务的客户仅仅只局限在境内，而跨境电商则不同，其客户具有多元化的特点，表现如下。

1. 客户所处的国家（地区）不同，但有所侧重

跨境电商的客户来自全球各地，借助互联网的优势，实现了"买全球"的愿望。但由于全球各国（地区）跨境电商发展的不平衡，进行交易的客户在地域上也呈现出不同的特点。参考速卖通的数据（见图7-1），可以发现2019年的客户主要集中在俄罗斯、西班牙和法国，除此之外，其他国家（地区）也均有分布。现在速卖通流量已经转变了，目前覆盖的国家（地区）主要是俄罗斯、西班牙、美国、法国、巴西、乌克兰等。

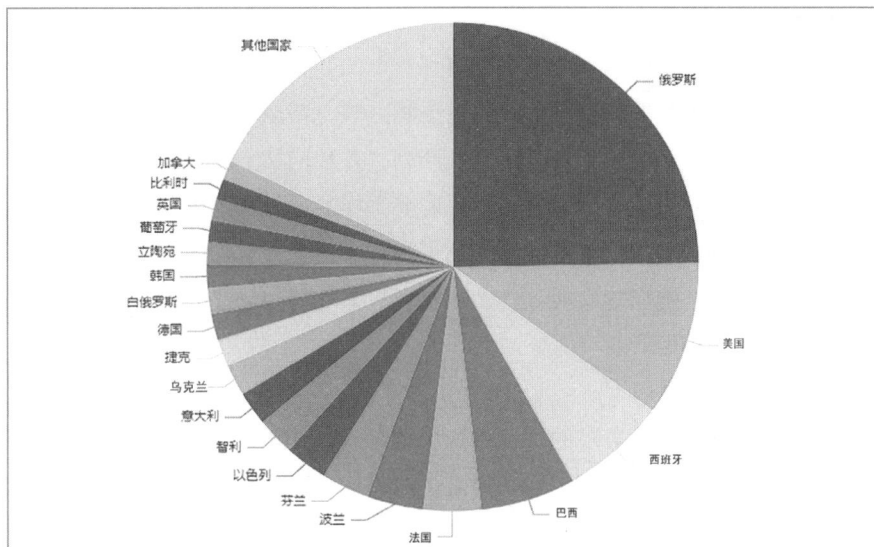

图7-1　2019年速卖通买家市场分布

### 2. 因地域文化等差异，产品偏好不同，需求多元化

由于客户的地域、文化等差异，他们对产品的偏好不同，因而其需求也会呈现出多元化的特点，因此多数卖家在发布产品之前必须先确定一个目标市场，再根据目标市场的需求决定产品的类型和特质等。举例来说，不同国家（地区）的客户对颜色的偏好及忌讳是不一样的。一般来说，美国客户比较喜爱浅色，如象牙色、浅绿色、浅蓝色、黄色、粉红色、浅黄褐色。而在巴西，以棕色为凶丧之色，紫色表示悲伤，黄色表示绝望，因此一个失败案例是日本向巴西出口钟表时因在钟表盒上配有紫色的饰带，而紫色在巴西是被认为不吉利的颜色，因而不受欢迎。又如，中国的饰品受到非洲某些国家客户喜爱，销量较大，但在其他国家（地区）的市场上无人问津。

### （二）客户获取信息积极主动

在传统的商务活动中，客户只能被动地接收卖方（企业或是个人）提供的有限产品服务信息。即便是在日常生活用品的购买中，大多数客户也缺乏足够的专业知识对产品进行鉴别和评估，但他们对获取与产品有关的信息和知识的心理需求并未因此而削弱。随着客户对产品品质的要求越来越高及维权意识的逐渐增强，他们会通过各种可能的途径去获取与产品有关的信息并进行比较。

跨境电商的快速发展得益于互联网的普及与广泛应用，而众所周知，互联网是高度开放的，信息资源极其丰富。客户对产品的了解途径和渠道变得更加广泛与多样化，而不再局限于传统的方法。如果客户对某一产品有购买意愿，就可以通过跨境电商网站、第三方平台等多种途径去主动了解相关的信息。同时，在跨境电商中，一般都会有评价机制。此时客户就可以查看他人的评价，将其作为一个参考因素，再决定是否要进行交易。在这一过程中，客户所表现出来的更多的是自己积极主动获取信息，而不是被动地接收信息，因此，他们对信息的信任度会更高。

### （三）客户更追求便利性

不管是企业客户还是个人客户，在全球化的今天，大家普遍都在追求便利性，而跨境电商正好满足了地球村居民的这种需求。通过这种方式，甚至都不需要出门，只需要通过鼠标轻轻点几下，客户就可以搜索到自己所需的产品，并在网站上完成下单、支付等步骤，产品即可送达自己手中。对企业客户而言，不再需要寄样品或是实地考察等程序，也避免了以往传统国际贸易的种种关卡，整个过程都得到了简化，使交易更加便利；而对于个人客户而言，这种方式更是改变了他们的生活方式，随着现在节奏的加快，人们更倾向于便捷的网上购物，并已然将其作为其生活的一部分。

### （四）客户忠诚度下降

由于跨境电商客户对自己需求的认识更加细致深入，并能借助互联网获得更多的信息和灵活的选择机会，因此与传统的商务活动相比，在跨境电商活动中客户购物反而会变得更加现实。客户一方面会更加注重自己所需产品的效用价值，另一方面追求新产品、新时尚的能力和购买冲动都会增强。而互联网使用成本的降低，导致客户转换成本的不断下降，进而引起客户忠诚度的下降。

## 任务二　建立跨境电商客户关系

## 一、与客户初步沟通

作为跨境电商卖家，在熟练掌握如何开发客户和分析客户的基础上，需要将这些客户进行转化，使之产生有用的信息或价值。因此，刻不容缓的一件事便是与他们取得进一步联系，建立起关系，进行成初步的沟通。

### （一）跨境电商沟通方式

考虑到跨境电商交易的虚拟性，卖方不管是企业还是个人，其所面临的买方客户也存在虚拟性，表现为买卖双方之间不是面对面进行沟通交流，而是依靠互联网进行交流。因此，我们对在跨境电商交易中客户间沟通的几种方式做了简单的梳理。

1. 电子邮件沟通

在跨境电商中，卖家能够直接和客户沟通的方式，用得最多的一般就是电子邮件，在缺失视觉和听觉的沟通中，电子邮件沟通不那么立体，显得先天不足。但同时，文字沟通又给了我们更多的可操作和斟酌的时间，可以避免张口就说，说出就错。

2. 订单留言

当前，为建立卖方与买方之间沟通的桥梁，各大跨境电商平台一般都有这项功能。正确使用订单留言，做到24小时及时回复订单留言，将大大有利于卖家与买家的交流。当然，有能力的跨境电商卖家可以多发语音留言，附件可以插入图片，让买家感受到卖家的诚意。

3. 站内信

与订单留言相类似，站内信也是各平台提供的一项服务。跨境电商卖方可以进入后台的消息中心，点击"买家消息"—"站内信"，并且对买家和信息内容进行标记。这种方式的特点是：沟通基本功能强大而且有效，有准确时间提醒和标识功能，并且可以指定黑名单和查看历史订单。

4. 实时聊天工具

实时聊天工具相比较于前3种方式来说，更加具备及时性、针对性，卖方可以及时与客户进行沟通交流，根据聊天信息判断客户的类型、购买意愿等，这种方式更容易与客户建立比较密切的联系。对于跨境电商卖方来说，实时聊天工具的种类比较丰富，包括跨境电商平台自带的实时聊天工具及较多的境外社交网站，还有诸如Skype、Olark（http：// www.olark.com，见图7-2）、pure chat（http：// www.purechat.com，见图7-3）、Comm100等，但通常会收费。

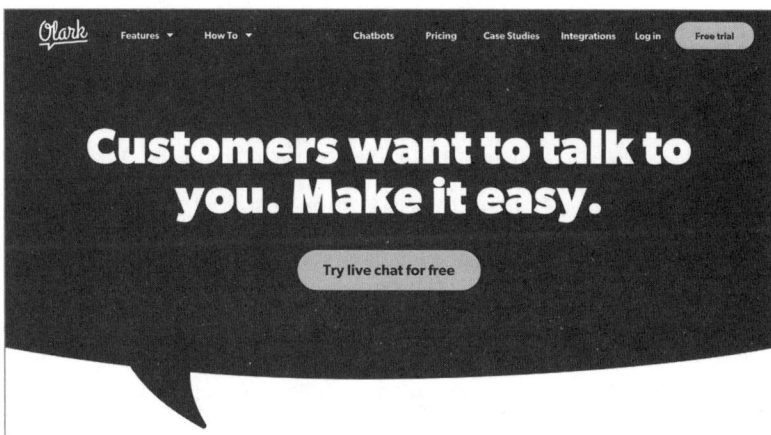

图7-2　Olark注册界面

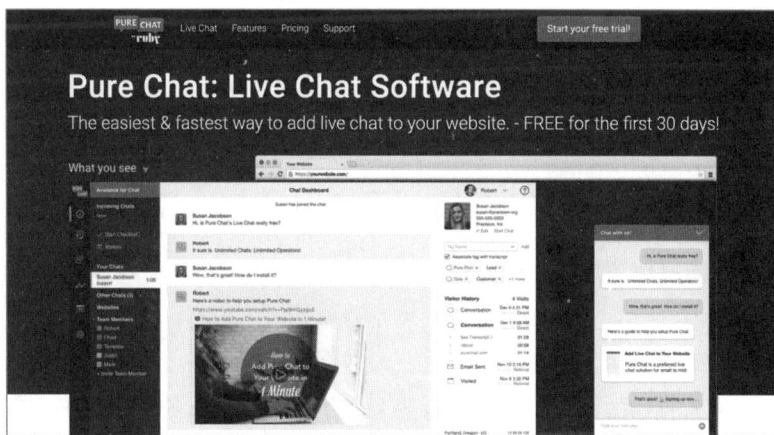

图7-3　PureChat注册界面

上述几种方式均存在于跨境电商交易活动中，每种方式都有其优势和劣势，因此在与跨境电商客户的接触沟通中，可以选择其中一种比较适合自己的方式，也可以选择几种搭配使用，以确保沟通的顺畅和有效。

### （二）跨境电商客户沟通步骤

明确了与跨境电商客户沟通交流的渠道后，接下来将介绍如何与他们进行初步的沟通，并将其分成几个步骤。

1. 卖方事先准备

在传统商务活动中，在与客户初步接触时，第一印象是非常重要的，大部分业务员几乎都会在事前做好充分的准备。但由于跨境电商的特殊性，交易双方并不能进行面对面的交流。但如果凭这个原因就认为不需要做事先准备而忽略这一步骤的话，将会对后续的交流沟通产生不利的影响。

已经明确了跨境电商交易的特点，那么其事先准备也会与传统商务活动有所区别。在后者中，客户的第一印象可能是业务人员的形象、言谈举止等，但在前者中，处于非面对面的交流中，跨境电商客户的第一印象可能就是服务人员的态度、专业度、公司的产品等。因此，事先的准备就包含了很多方面的工作。

（1）首先，树立良好的卖家形象。在非面对面的交流中，客户是否选择这家公司/店铺，与这家公司/店铺留给客户的第一印象有很大的关系。如果有自身的品牌，那将是一大优势，而如果还未形成自己的品牌，那么给跨境电商客户展现出公司/店铺的形象也是一种吸引的手段。将自身的优势展示在网站上，客户通过浏览获得相关信息，便可以获得初步印象，有了初步印象后再决定是否进行下一步的咨询。

（2）其次，要树立一种专业的形象。客户服务人员对公司和产品必须非常熟悉，尽可能多地设想一下客户会提出哪些问题，这些问题又该如何回答，并将这些设想记录下来，整理成资料。同时，对于一些小细节也不能忽略，因为对境外客户来说，细节往往非常重要，甚至可以影响一笔交易的成功与否。例如，专业的形象可以表现为：跨境电商卖方能够根据客户的情况，判断他们感兴趣的产品或是问题，有针对性地沟通；明确自己产品的优势，回答客户产品方面的询问。

（3）最后，客户服务人员必须经过严格的培训，提高他们与客户沟通交流的能力、判断能力等，也即提高服务营销能力。

当然，在跨境电商活动中，卖方事先所做的准备远远不止于此，而只有在做好充分准备的情况下，才能抢占赢得客户的先机。

2. 了解客户信息

当前，我们正处于一个信息爆炸的时代，大数据也逐渐在各个行业应用开来。有人说掌握了信息，就掌握了行业的制高点，虽然有些夸张，但不可否认的是信息确实很重要。在跨境电商活动中，信息当然是必不可少，且会涉及方方面面。在不同的阶段，所需要的信息是不同的，比如在接触客户的过程中，跨境电商卖方就需要获取客户信息，开启沟通的第一步。

一般而言，大多数跨境电商交易都在平台上完成，因此通过这些平台可以看到客户的相关信息，这是了解客户信息的第一步。此外，我们在上文中也已提到接触跨境电商客户的几种不同方式，这几种不同的方式其实就为卖方了解客户信息提供了有效的途径。以电子邮件为例，这种方式除了具有发送速度快、简捷等优点外，对于经常使用电子邮件的人来说，如果对某类产品或服务感兴趣的话，会比较快速地回复邮件。当跨境电商客户以其中某种方式发来询盘时，卖方可以与其进行相应的交流。在回复客户询问的同时，尽可能地从交流中获取平台提供的信息以外的客户相关信息，尝试着去了解客户的专业度，确认客户购买的可能性等。

除此之外，如果想要更进一步了解跨境电商客户的信息，则可能需要借助于一些实时聊天工具或是相关的社交网站。众所周知，社交网站的覆盖率已经十分广泛，受众覆盖了不同年龄层次的人群。如果能与潜在的或是有意向的跨境电商客户建立起这种社交关系，那么在使用社交网站或是实时聊天工具的交流过程中就能形成良好的互动，取得客户的信任。在这种情况下，就可以比较全面、真实地去了解并获取跨境电商客户的信息，对信息进行筛选和处理，就可以形成相应的客户管理数据信息库，为之后进一步的沟通交流乃至于达成交易提供了很好的基础。

3. 明确客户的需求

客户服务是营销人员或是客服人员向客户展现企业或是产品的具体服务，热情周到和诚恳的表现往往能给客户留下较好的印象，有利于进一步的沟通交流。但不同于面对面的客户服务，在跨境电商中双方不直接接触，一般按照我们上述的4种方式进行。实际上，客户服务的前期工作是尽可能多地了解客户信息，把握客户的基本需求。总的来说，客户一般有以下3个方面的需求。

（1）信息的需求

在跨境电商活动中，境外客户一般都是通过图片及文字来了解某一件产品，而不像在传统的国际贸易中通过样品来真实感受，此时，他们对信息的需求会增加。他们需要了解产品的基本信息，进而来判断要不要进行这笔交易。

为了满足跨境电商客户的这种信息需求，营销/客服人员需要不断地充实自己的专业知识，只有具备直接在该行业内的专业知识，才有可能去为客户提供满意的服务，满足他们对信息的需求，弥补不能进行接触产品的缺点。

（2）情感的需求

满足客户的这种需求难度是相当大的，要做好这方面的准备工作也是相当不容易的，需要客服人员有敏锐的洞察力，能够观察到客户的这些需求并加以满足。用现实生活中的一个例子来说明，比如一客户去4S店看车，销售服务人员非常热情地为客户端茶送水，此时客户会感觉自己受人尊重，愿意花更多的时间与营销人员沟通。

同理，在跨境电商客户服务中也是这个道理。虽然不能做到面对面服务，但通过有礼貌、热情、诚恳、耐心的态度、语气等，同样会让境客户感受到自己是被尊重的，从而保证沟通的顺利进行。

（3）对服务质量的需求

在与客户的接触交流中，不管是以什么方式进行的，客户对服务质量的需求永远都是存在的，而且标准还比较高。一般而言，跨境电商交易中，客户基本上都是境外的，不同国家（地区）的客户对服务质量的需求是不一样的，但都有一定的标准，我们以下面几点作为参考要素。

①同理度

客服人员究竟在多大程度上理解客户的需求、想法，这就叫作同理度。由于在与跨境电商客户的交流中，往往使用英语或其他外语，因此在同理度方面可能会存在一些不对称。实际工作中，同理度体现在以下三方面。

第一，理解客户的心情。

当客户需要帮助时，客服人员能及时给予关注，并解决问题。

第二，理解客户的要求。

客服人员应能够从客户的提问或询盘中，知道客户想要的东西是什么。

第三，客服人员的工作态度。

客服人员要充分地关心和尊重客户。

②反应度

反应度是客服人员的服务效率和速度问题。当跨境电商客户提出要求后，客服人员能用多长时间帮助他解决问题，客户往往在这方面的期望值非常高。

③信赖度

信赖度是一种品牌持续地提供优质服务而为客户带来信任的一种能力。这种能力需要经过长期的准备和训练才能培养出来。

## 二、与客户交流的注意事项

作为跨境电商活动中的卖方，我们所面向的客户来自世界上的不同国家（地区），基于这样一种认知，与境内客户相比，境外客户虽然也存在着很多的相同或相似之处，但同样也存在着较大的差异。因此，在比较异同的同时，需要格外注意与跨境电商客户交流的过程，更好地明确相应的注意事项，本书选择以下几个方面来做进一步的解释。

### （一）站在客户的角度思考

在跨境电商交易中，卖方需要了解客户的背景，这是第一步。在此基础上，站在他们的角度来思考问题。举例来说，在全球众多的客户中，并不是所有的客户都能比较流利地使用英语，还存在着众多的小语种客户，这些客户的英语不太好，更希望卖方能够用自己的母语来进行交流。此时，如果卖方没有站在客户的角度来考虑，习惯用英语来进行沟通交流，那么对方客户很可能因为这个原因而转向另外的卖家。但反过来，如果在这一过程中客户服务人员能够采用双语回复（英语或翻译成对方客户语种），那么客户会觉得你比较贴心，更容易建立信任。

### （二）注意时效性

在境内经历过网购的人一般都有这样的体会："在与卖家交流时希望能得到对方快速回复，不然就选择另外一家，因为可供的选择很多。"这是境内B2C电子商务的现状，其实跨境电商也存在着类似的情况。当越来越多的公司/人从事跨境电商活动时，竞争的激烈使得卖方的优势慢慢减少，逐渐向买方市场转变，再一次验证了"客户是上帝"这句话。这时，当客户有意向并向卖方询问相关问题时，买方客户服务人员一定要做到快速、及时回复。如果客户在发送邮件后几个小时都没有收到回信，那么他就极有可能放弃，转投另外的卖家，此时，也就意味着你失去了一个潜在的客户。

### （三）回复具有针对性

在跨境电商交易中，客户服务人员是与客户接触沟通乃至于达成交易的关键，有效并且有针对性地回复客户是一种必备的技能，也是需要特别注意的事项。在跨境交易中，我们将其分为3个阶段，在不同的阶段需要提供不同的回复。

**1.订单生成前**

在订单生成前，如果客户拍下产品而没有付款，卖家可以给客户发送邮件进行询问。在客户下单之前也可以就支付的方式等提前沟通。

**2.订单处理中**

在订单处理的时候，对于备货细节的确认卖家可以发电子邮件给客户，这样做的目的在于及时将信息传递给客户，使客户对你产生信任感，更容易建立起长期关系。同时，对于报价、清关、图片、发票和货运方式都可以向客户询问确认。

**3.订单结束后**

在订单结束后可以针对客户反馈的类型进行回复询盘，也可以给客户发邮件催好评。另外，还不能忘了客户回访型的回复。

此外，在回复询盘时，也有一些注意事项：第一，回复应简单明了，不要过多废话；第二，条理清晰，逐点明确；第三，注意语法，尽量不要有特殊严重的译法错误；第四，尽量编辑通用型的常用回复。

---

### ※ 技能提示7-1

　　1.修改价格常用回复

（1）Place an order via this link, but you no need to make payment!

（2）I will adjust the price for you!

（3）Adjust successfully, I will ask you for payment.

（4）I will send the package, thank you!

　　2. 推荐客户快递发货

Dear friend,

Thank you very much for your orders placed in my store.

I have good news to tell you—at this month, you only need to pay another $15, then we can ship the package via FedEx/DHL/UPS for your package! This is the new discount for FedEx and AliExpress this month.

You know China-post is very slow, it always needs 40~50 days to make the package delivered! And the package will even be lost at sometimes. That is why I didn't recommend it to you!

As you know，FedEx is very fast and safe，which only needs 5~6 days to get the package successfully delivered. I hope you can consider it carefully and reply to me soon.

Regards，

Sales team

### （四）注意不同国家（地区）客户的特点，有针对性地进行沟通

面对来自全世界不同国家（地区）的客户，地域、文化等差异使得交流变得更加困难和复杂。每个国家或（地区）的客户一般都会呈现出比较鲜明的特点，包括他们的商业习惯、习俗、禁忌等。如果没有意识到这一点，很可能会在与客户沟通交流的过程中冒犯他们，虽然是无意的，但带来的后果是不利的，可能就会因此失去这笔订单，甚至是失去了一位本可以长期合作的客户。

对于不同国家（地区）的客户，我们可以先对其消费方面的特点做一个简单的概括：美国客户推崇时尚，追求效率，讲究实惠；欧洲客户追求时尚，消费单价高，看重卖家信用；日本客户非常看重细节质量等。因此了解不同电商客户的特点、商业习惯、习俗和禁忌等，掌握不同的沟通技巧，对症下药是非常重要的。在与客户的交流过程中，一定要注意这一点。

在这里，我们以美国客户为例，来具体分析其特点、商业礼仪、习俗禁忌、商业偏好、谈判礼仪等。

美国客户的特点主要表现为：①自信心强，自我感觉良好；②讲究实际，注重利益；③热情坦率，性格外向；④重合同，法律观念强；⑤注重时间效率。

美国商务礼仪和习俗禁忌：①美国人不像英国人那样总要衣冠楚楚，他们不大讲究穿戴。穿衣以宽大舒适为原则，自己爱穿什么就穿什么，别人是不会议论或讥笑的。②美国人很少用正式的头衔来称呼别人。③美国人热情好客，哪怕仅仅相识一分钟，你都有可能被邀请去看演出、吃饭或出外旅游。④准时守信相当重要。⑤美国商人喜欢表现自己的"不正式、随和与幽默感"，能经常说几句笑话的人，往往易被对方接受。⑥在美国，一般浅色受人喜爱，如象牙色、浅绿色、浅蓝色、黄色、粉红色、浅黄褐色。⑦每个人在大部分谈判中做出的决定都很严格，且避免谈论种族、宗教、性别、年龄和身体特征。⑧美国人对13或3特别敏感。

美国客户商业偏好：美国人最关心的首先是产品的质量，其次是包装，最后才是价格。因此产品质量的优劣是能否进入美国市场的关键。在美国市场上，高、中、低档货物差价很大，如一件中高档的西服零售价在40～50美元，而低档的则不到5美元。产品质量稍有缺陷，就只能放在商店的角落，减价处理。

美国人非常讲究包装，它和产品质量处于平等的地位。因此，跨境电商卖家出口产品的包装一定要新颖、雅致、美观、大方，能够产生一种舒服惬意的效果，这样才能吸引买家。中国的许多工艺品就是因包装问题一直未能打入美国的超级市场。如著名的宜兴紫砂壶，只

用黄草纸包装，80只装在一个大箱子中，内以杂纸屑或稻草衬垫，十分简陋，在顾客心目中被排在低档货之列，只能在小店或地摊上销售。

美国客户谈判礼仪：①"是"和"否"必须保持清楚，这是一条基本原则，当无法接受对方提出的条款时，要明确告诉对方不能接受，不要含糊其词，使对方存有希望。②与美国人谈判时，绝对不要指名批评某人。因为美国人谈到第三者时，都会顾及对方的人格。③时间价值。在他们的观念中，时间也是产品，时间就是金钱，做事效率要高。④不提底价，不喜沉默，不注重利用谈判建立关系网。⑤美国人是非常喜欢可以互动的人的，不需要太拘谨，不需要什么都yes。⑥与美国买家谈判报价时需要特别注意，应该从整体去看，报价时提供整套方案，考虑全盘。简单概括美国人的谈判风格：干脆爽快，直入主题；注重效率、珍惜时间。

美国销售季节是：1—5月为春季，7—9月为初秋升学季，主要以销售学生用品为主；9—10月为秋季，11—12月为假期，即圣诞节时期。这时又是退税季节，人们都趁机添置用品，购买圣诞礼物。

最不为美国客户接受的中国卖家类型包括：类型一，报价后不能兑现价格；类型二，小单不做大单做不来；类型三，对客人万分猜忌；类型四，电话邮件不讲礼貌，比如邮件中要用could，would，please，I'd like to 等表示谦虚的词；类型五，对生产工艺一知半解。

## 三、客户的跟进

与跨境电商客户进行初步的沟通交流仅仅是交易中最前期的部分，如果想要达成一笔交易，甚至是让客户对你产生信任，建立起长期的合作关系，就必须进行下一个步骤——跟进客户。

首先，必须明确一点，即跟进客户不是简单地催促客户。跟进，英文可以翻译成follow up。催促，可以翻译成push。很多人会将这两个词混淆，以至于在跨境电商的实践操作中，为了达成一笔交易，在与客户沟通交流时一味地催促对方，甚至是一天发几份邮件，希望客户尽快下单、付款成交，但这种做法往往适得其反，并不能提高交易的成功率，也并不能给卖家带来长久的客户。

这就属于典型的"催促客户"，而不是"跟进客户"。我们要知道的是，跟进客户的目的是使一项交易的顺利进行。己方尽自己最大的努力，在不同的环节给客户提供一切相关的信息和便利，解决客户所有的问题，给出专业的意见和最优化的方案，为客户着想，帮客户赚钱，同时也让自己获利，从而得到双赢。这是我们对于"跟进客户"的一种理解。

### （一）不同客户的跟进措施

在跟进个人客户时，沟通交流不会像面对公司客户时那样正式，更侧重于一种日常交流，通过这种良好的交流来建立起交易关系。此外，在节假日适当地向个人客户发送祝福也是一种有效的跟进方法。

具体而言，在不同的情况或阶段，卖家需要用不同的方式去跟进客户，以下列举了几种不同的情况。

1. 付款阶段

（1）买家未付款需要催单。

Dear Valued Customer，

Thank you for your order，We have this item in stock，if you have any query for processing the payment of the order，please feel free to contact us.

Thank you!

Seller ID

（2）款项正在审核阶段。

Dear Valued Customer，

Thank you for your order. Your payment is currently being processed and your package will be shipped to you as soon as your payment has been confirmed. If you encounter any payment issue，please feel free to contact us.

Thank you !

Seller ID

2. 订单付完款后，发货前

（1）买家下完单，但是缺货断货，可询问买家意见，推荐其他产品或者同意退款。

Dear Valued Customer，

Thank you for your order. The item(s) you ordered is currently out of stock，however，you can select an item of equal value to your order，or request a refund. Please let us know which you prefer.

We are looking forward to hearing from you soon.

Thank you.

Seller ID

（2）卖家不能正常发货(例如春节长假)，请买家同意延长备货期。

Dear Valued Customer，

Thank you for your order. Please note that there will be shipping delays due to the national holidays and your order might not arrive at the expected time frame. We plan to extend the lead time，would you please accept it? Thank you for your understanding and patience.

Best Regards!

Seller ID

3. 发货后

（1）卖家发货了，告知买家发货方式和查询网址。

Dear Valued Customer，

Regarding your order number: xxx，we have shipped your item(s) via (DHL，EMS，e-Packet) and the tracking number is xxx. Please check the tracking information here: www.xxxxx.com for updates.

Please note，it will take 2 ～ 5 days before the tracking information can be viewed online. If you have any further questions，please feel free to contact us.

Thank you!

Seller ID

（2）货物正常在途，请买家等待。

Dear Valued Customer，

Regarding your order number: xxx，we have sent out your item(s) via (DHL，EMS，e-Packet)，and the tracking number is xxx. Please check the tracking information here: www.xxxxx.com. Your package is on route and will take between 5~25 days to be delivered.

Best Regards!

Seller ID

（3）货物到达买家海关，请买家去清关(确认买家需要交关税的情况)。

Dear Valued Customer，

Your order number: xxx，has arrived and is being held by customs，and you will need to clear your item(s) with customs. Please note that there might be VAT (value added tax) that you might have to pay.

If you have any questions，please feel free to contact us directly and we will be glad to assist you.

Thank you！

Seller ID

（4）货物妥投，但是妥投的具体地址和签收人不一致，请买家再次核实。

Dear Valued Customer，

Your package was delivered to the address that you have provided，here is the shipping receipt（附上发货底单给买家）. Please check with your local post office，or any family member or neighbor who might have signed for your package.

If you have not yet received your package，please feel free to contact us directly.

Thank you！

Seller ID

（5）官网查询买家已签收包裹，提醒买家确认收货并留好评。

Dear Valued Customer，

We have tracked your order (order No.: xxx)，and it was delivered to the shipping address that have you provided. Please make sure you have received your item(s) in perfect condition，and then please proceed to complete this order. If you are satisfied with your purchase and our service，we will be grateful if you can provide us with a positive feedback.

If you have any question，please feel free to contact us.

Thank you!

Seller ID

### （二）跟进过程中的技巧

在跟进客户的过程中，为了提高交易的成功率，往往需要运用一些技巧。

1. 态度方面

（1）树立端正、积极的态度

树立端正、积极的态度对跨境电商交易的卖家而言十分重要，特别是在跟进客户的过程中。例如，当产品出现问题时，不管是不是自己的过错，都应该及时解决，而不能回避问题、推脱责任。应积极主动与客户进行沟通，尽快了解情况，尽量让客户觉得他是受尊重、受重视的，并尽快提出解决方法。总而言之，在跟进客户时，除了要促进交易的完成，也要让客户在交易中获得满足，创造双赢的局面。

（2）要有足够的耐心与热情

服务客户的过程需要有足够的耐心和热情，细心地回复客户，从而给客户一种信任感。如果服务足够好，就算这一次的交易没有达成，但在下次客户想要交易时，首先会想到你。

2. 礼貌方面

礼貌对待客户，让客户真正感到自己受到了"上帝"般的尊重。针对不同国家（地区）的客户，适当了解他们的语言文化，使用恰当的语句问好。虽然不是面对面地交谈，但通过网络诚心诚意地表达出你的问候，会让客户觉得有亲切感，减少客户的抵触心理，使跟进过程变得更加顺畅。

3. 语言文字方面

注意多使用常用的规范用语。例如，在英语沟通中，尽可能地多使用感谢的词汇，表达你的感恩。一般开头可以使用thank you for your order，同时在结尾处也不要忘记写上thank you。

在跟进客户的过程中，还应该尽量避免使用负面语言，这是很重要的一个技巧。一旦使用了"我不能""我不愿意""我不可以"等负面语言，会让客户产生反感的心理，不利于后续的跟进。

4. 与客户建立友好关系

与客户接触后，在后续的跟进过程中，要尽可能地与客户建立起良好的关系，这是客户跟进乃至于整个交易过程中的重要技巧之一。这样一来，可以增加双方之间的信任感，使跟进过程变得更加顺畅。另一方面，也可以为将来的交易打下良好的基础。

### ※ 技能提示7-2

跨境电商客户维护中有几个惊人的数字：一是在委屈没有被平息和困难没有被解决的客户中，有89%不会再回来；二是一个烦恼的客户平均会告诉9个人他的不满意；三是如果你积极地解决了客户的抱怨，75%的客户会再回来寻求你的帮助；四是如果你当场积极地解决了客户的抱怨，95%的客户仍会寻求你的帮助。通过以上数据的对比，你是否还会认为售后和客户维护不那么重要？

# 任务三　维护跨境电商客户关系

## 一、跨境电商客户关系发展与维系

在跨境电商客户关系发展与维系过程中，要明确的一点是客户信息的重要性。信息是决策的基础，尤其是在互联网发展如此迅速的今天。如果卖家想要维护好不容易与境外客户建立起来的关系，就必须充分掌握客户的信息，去了解客户。否则，卖家对客户信息掌握不全、不准，很可能会导致其判断不准，使决策发生偏差而导致客户流失等后果。因此，要注意对客户信息的收集和分析。

### （一）客户信息收集

客户信息的收集分为直接收集和间接收集两方面，本书着重介绍直接收集方法。

直接收集跨境电商客户信息的渠道，主要是卖家与客户的各种接触机会。在跨境电商活动中，这种接触机会并不是面对面进行的，仍然需要借助互联网这个媒介的帮助。例如从跨境电商购买之前的咨询到购买结束的售后服务等，以及卖家在处理投诉或是退换产品的过程中，这些都是直接收集客户信息的渠道。

1. 通过跨境电商平台和网站收集客户信息

随着跨境电商的快速发展，大型的跨境电商平台也在不断崛起。一般来说，大多数卖家都借助这些平台来开展其业务，而企业卖家则更进一步，很多都建立了自己公司的独立网站。

在这种情况下，收集跨境电商客户信息就可以从平台和独立网站两方面着手。如果客户想要在网站上购买产品并完成订单交易，首先要在平台上进行注册，而在注册的过程中就会留下相关的信息。此外，如果客户想进一步了解卖家的产品或其他信息，则可能会转向卖家的公司网站（如果有），经过客户注册访问之后，卖家可以获取相关资料，为建立客户资料库奠定基础。

互联网技术的广泛使用为卖家提供了一种便捷的获取客户信息的渠道，尤其是应用在跨境电商活动中。除了便捷这个特点，这种方式对卖家来说，还具备了成本低的优点，因此该方式也成为卖家获取客户信息最主要和最重要的方式之一。

2. 在服务客户的过程中收集客户信息

在客户关系管理中，对客户的服务过程是卖家深入了解客户、联系客户、收集客户信息的最佳渠道。

跨境电商的服务过程，包括了的售前、售中及售后服务。在这一过程中，客户通常能够直接讲述自己对产品的看法和期望，对服务的评价和要求，对竞争对手的认识，可以充分了解客户的意愿，发现销售机会。这些信息不但量大，而且准确性是非常高，在大数据盛行的时代，属于很有价值的信息。

3. 通过各种博览会、展会等获取客户信息

由于博览会、展会等针对性很强，一般都是具体到某个产业或是行业，此时的客户群体

非常集中。因此跨境电商卖家在线上进行各项活动的同时，也应该及时关注线下的各种活动，通过面对面的交流，可以快速获取来参会的境外客户的相关信息，甚至可以达成购买意向。

4. 通过各类社交网站收集客户信息

通过社交网站收集跨境电商客户信息的方式一般只适用于个人客户。大部分境外的个人客户都拥有一个甚至多个社交账户，如Facebook、Twitter等，他们会在上面留下自己的个人信息、兴趣爱好，或是分享购买的产品等。在这些社交网站上，往往也能收集到关键的信息。

### （二）建立客户资料库

在经过客户信息收集阶段后，下一步就是对这些信息进行集中处理，将其放置在一个合适的"库"中，也就是我们所说的建立起客户资料库。建立客户资料库的目的在于把销售、市场和客户服务连接起来，通过第二阶段的信息收集，不断更新、完善客户的档案资料，建立统一共享的客户资料库，成为卖家提高营销手段，扩大销售，与客户建立长期稳定业务联系的有力工具。

在建立客户资料库的过程中，不同的卖家可以根据自己的特点选择建立符合当前发展的数据库，运用当前快速发展的计算机技术，对自己的跨境电商客户资料进行管理。

### （三）分析客户信息

在大数据时代，如何对跨境电商客户资料库中的数据进行筛选、分析，得到有用的信息是客户关系发展与维护中非常重要的一个环节。根据已经建立起来的资料库数据，追踪和掌握现有客户、潜在客户和目标客户的情况、需求和偏好，进行深入的统计、分析和数据挖掘，使跨境电商卖家下一步的工作更加具有针对性。

具体而言，在分析跨境电商客户信息时，可以通过一些比较重要的指标来进行，如跨境电商客户最近一次消费、跨境电商客户消费频率、跨境电商客户消费金额等。通过分析上述对应的一些指标，在一定程度上能够帮助跨境电商卖家识别客户是否有价值的，忠诚度如何，是否存在流失的可能性等。

例如，将跨境电商客户最近一次消费和消费频率结合起来看，可以用来判断该客户下一次交易的时间可能范围，距离现在还有多久。而将消费频率和消费金额结合起来分析，则可以得到在某段时间内该客户为跨境电商卖家创造了多少利润，从而判断该客户的价值大小。而当上述3项指标均出现不理想的情况时，卖家就应该分析这些客户是不是存在流失的可能或是已经流失了，进而有针对性地提出对策措施。

此外，Marcus（高盛推出的消费者贷款平台）用消费频率和平均消费金额创造了客户价值矩阵，如图7-4所示。

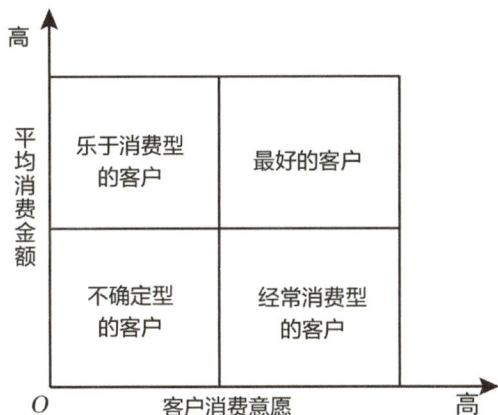

图7-4　客户价值矩阵

该模型同样可以应用在跨境电商的客户关系管理中，对于"最好的客户"，卖家要尽最大的努力保留他们，因为他们是利润的基础。对于"乐于消费型的客户"和"经常消费型的客户"，他们是跨境电商卖家持续发展的强有力保障，卖家应尽可能地提高前者的消费频率，并引导后者提高其平均消费金额。而对于"不确定型的客户"，卖家则应该进行更进一步的筛选，从中找出一些比较有潜力或是有价值的客户，通过各种方式，使其向其他3种类型的客户转变。

除了上述几个指标外，跨境电商卖家还应该结合自己的实际情况，有针对性地选择相关指标，来帮助自己更好地进行客户关系管理和维系。

### （四）客户关系的动态管理

在跨境电商活动中，客户关系的发展与维护并不是一个静态的过程，而是时刻在发生变化的，是一个动态的过程。因此，运用客户资料库是一种动态管理。

运用客户资料库的卖家可以了解和掌握客户的需求及其变化，可以知道哪些客户何时需要更换产品，及时地调整经营战略和策略，使之更加符合客户的要求。

另一方面，由于跨境电商客户的情况总是在不断地发生变化，所以客户的资料应随之不断地进行调整。通过对客户进行长期的跟踪，剔除陈旧的或已经变化的资料，及时补充新的资料，使其对客户的管理保持动态性，也能够及时发现问题客户，及时进行处理。

## 二、客户关系"中断"处理

客户关系的维系贯穿于整个跨境电商交易活动中，但对于卖家来说，这个过程并不是一帆风顺的，当中会出现一系列的问题或难题，阻碍双方关系的继续进行或是发展，我们可将其称之为客户关系的"中断"。具体而言，客户关系的"中断"可以分为客户投诉和客户流失，面对这两种情况，需要跨境电商卖家仔细分析，谨慎处理。

### （一）客户投诉的处理

在实际交易中，当客户发现购买或使用的产品与其描述不一致，或是有质量等问题时，客户的期望和要求得不到满足，此时客户的心理会失去平衡，由此产生的抱怨和不满行为，就是客户投诉。

首先要了解，客户投诉是因为他们感到不满意。如果没有满足消费者的预期，他们就会产生抱怨。消费者购物时，很多事情都会让他们觉得不满。比如订单一直没到，产品界面一团糟等。而作为卖家，需要做的是尽量减少这些情况，给客户提供比较满意的服务。

在跨境电商交易中，造成客户不满的最常见原因有以下4种。

### 1. 产品的质量问题

鉴于跨境电商客户是来自世界各地的，他们在购买产品时，对质量的要求是比较高的，例如日本的客户。如果收到的产品存在质量问题或是没有达到相应的标准，那么客户就会产生不满，从而产生投诉。

### 2. 服务态度或服务方式问题

虽然跨境电商的交易是通过互联网来完成的，买卖双方甚至不用见面。但不变的是在与客户的交流沟通过程中，卖家仍需注意自己的服务态度和服务方式。如果在与客户的聊天中或是邮件回复中表现得不礼貌，不尊重客户，缺乏耐心，对客户的提问和要求表示烦躁，服务僵化、被动，没有迅速、准确地处理客户的问题，措辞不当，引起客户的误解等，都会引起客户的投诉。

### 3. 配送和库存问题

"我的订单呢？"这是客户经常关注的一个问题，准时安全地送达客户订单是重中之重。客户对订单满怀期盼，如果不知道订单的进展情况和确切的送达时间，或是物流配送的时间过长，超出了客户接受的日期等，很容易就会引起不满，进而投诉。

另外没有库存也是造成客户不满的一个问题。如果客户在跨境电商平台上看到某种心仪的产品并进行下单，但下单后被告知该产品已经下架或是没有库存了，此时客户的心理期望没有得到满足，很可能会进行投诉。

### 4. 产品图片和描述不符

"尺寸错了！"假设客户辛辛苦苦等了七八天，结果收到货一看，却发现产品的尺寸不合适，这样就非常糟糕了。

如果产品外形、尺寸不符合客户的想象，他们就很容易不满，觉得自己受到了欺骗。所以卖家最好如实、清楚地描述产品，清晰展示产品在现实生活中的样子。像尺寸、材料和尺码表这些都是能准确描述产品的信息，让客户对产品有个确切的概念，如实的产品描述能让买卖双方之间建立信任。

此外，货不对板也是造成客户不满的一个原因。订了件产品，结果颜色或者质地完全不同，这就给消费者带去了糟糕的体验，进而导致投诉、退货，有了不愉快的经历后，很难再产生二次购买的欲望。

## （二）处理客户投诉的步骤和方法

### 1. 接受投诉，让客户发泄

"顾客是上帝"的理念是所有服务人员都应该遵守的，客户的重要性自然不必说，他们能够为卖家带来利润，经营得成功与否或是能否长久地发展跨境电商业务在很大程度上都取决于跨境电商客户。

因此，当客户有所抱怨，并进行投诉时，作为卖家应该真诚地对待每一位前来投诉的客户，并且体谅对方，因为客户在投诉时难免会发生情绪过于激动的现象。根据心理学家的研究，人在愤怒时，最需要的是情绪的宣泄，只要将心中的怒气宣泄出来，情绪便会平静下来。所以，卖家的服务人员要让客户将心中的不满和怒气充分地发泄出来。

在这一过程中，服务人员在接受投诉的同时，也要尝试着引导跨境电商客户讲出原因，然后针对问题解决。并且，在采用这种方法时，要把握三点：一是倾听，不同于面对面的投诉，在网上投诉时，客户服务人员也应该认真"看"客户的邮件或是对话，并给予适当的道歉和回复，弄清楚客户不满的原因所在。二是表态，卖家一定要表明对此事的态度，使客户感受到你是带有很大诚意地对待他们的投诉，让他们觉得自己是被尊重和重视的。三是承诺，承诺客户马上处理，并约定在明确的期限内解决，直到客户满意为止。

2. 向客户解释澄清

在客户将自己的抱怨和不满都发泄出来后，情绪会渐渐趋于平静，此时是向客户解释澄清的好时机。在这一阶段，服务人员不能一味地寻找借口甚至是与客户发生争辩，要注意解释原因时的语言和态度，不能让客户在解释的文字中感受到卖家强硬的或是不耐烦的态度。同时，要根据实际情况来判定是谁的责任，不要推卸责任，如果是己方的责任，则应该诚恳地向客户道歉，做出合理的举措，缓解紧张的气氛。

3. 提出并实施解决方案

在向客户解释澄清后，下一步就应该向其提出解决方案，站在客户的立场思考如何处理，及时解决问题。根据客户投诉的内容和实际情况，参照客户的处理要求，提出解决投诉的具体方案。例如当跨境电商客户反映产品质量有问题时，应该结合产品的价值、运费和客户的要求等，做出换货、退货、退款或是补偿等解决方法。

如果跨境电商客户对解决方案不满意，则卖家应该征询其意见，参考客户的意见修改方案。因为客户投诉的目的就是使结果达到他的理想值，如果客户不满意该方案，那么也就意味着投诉没有处理好。

最后，当买卖双方都同意该解决方案时，就应该及时实施，尽可能在最短的时间里完成，让客户满意。

4. 跟踪回访

在该阶段，卖家主要是对投诉处理后的情况进行追踪回访，通过邮件或聊天工具等向跨境电商客户反馈处理结果，询问其对事情的进展是否满意，调查其对投诉处理方案实施后的意见，如果客户仍不满意，就要对处理方案再次进行修改，直至客户满意为止。

这个步骤能够进一步体现卖家对客户的诚意，给客户留下比较深刻的印象，让客户觉得自己的问题和意见都得到了重视和解决，从而增加对卖家的信任度，提升卖家的服务形象，也可以提高客户的忠诚度。

## （三）客户流失分析及处理

### 1. 客户流失分析

客户流失是指客户由于种种原因不再忠诚，转而向其他卖家购买产品。客户流失是一种常见的现象，如何对这些流失的客户进行管理，尽可能让他们回头，继续创造利润，是跨境电商活动中所有卖家都应该思考的一个问题。

客户流失已成为很多跨境电商卖家面临的尴尬问题，他们大多也都知道失去一个老客户会带来巨大的损失，也许需要再开发十个甚至更多的新客户才能予以弥补。但当问及企业客户为什么流失时，很多卖家却一脸迷茫。究其原因，客户的需求不能得到切实有效的满足往往是导致企业客户流失的最关键因素。在此，可以从卖家和买家两个方面来探究这个关键性因素。

（1）卖家的原因

简而言之，影响客户流失的因素其实与影响客户忠诚的因素是十分相似的，这些因素的正面效果是提高客户的忠诚度，反之则是客户的流失。也就是说，如果客户的需求得不到有效满足，就会让客户产生不满，进而导致流失。

从卖家角度来看，客户需求得不到有效满足主要体现在几个方面：①产品。当前的跨境电商活动中，产品的竞争越来越激烈，同质化越来越明显，客户选择的余地非常大。如果卖家的产品质量不过关，或是产品的外观、使用情况等方面不如市场上的其他卖家，那么很显然客户在该处的需求没有很好地被满足。这样一来，客户转移的成本非常低，这家不行可以马上换成另外一家，对于卖家来说，这就意味着客户在流失。②服务。客户处理对产品有需求之外，对服务也是存在一定需求的，而且这种需求往往是隐性的。如果卖家在客户服务和管理方面不够细腻、规范，对客户的要求不够重视，对投诉或抱怨没有及时、恰当地处理，让客户觉得自己没有受到重视，隐性需求也未能满足，最终导致的结果是客户流失。

（2）客户自身的原因

从客户自身角度来看，例如，客户因需求转移或消费习惯发生了变化，原来卖家的产品和服务已不能满足自己了；又或者是客户厌倦了原先的卖家，想尝试新的产品或服务等。种种原因都会导致客户需求在原先的卖家处已经不能得到满足，需要进行转移。

不可否认，客户流失对跨境电商的卖家们来说会带来极大的负面影响，甚至在一定程度上决定了卖家能否在激烈的竞争中生存下去。因此，如何防范客户的流失及面对客户流失时应如何采取相应的措施是至关重要的。

2. 防止客户流失的措施

（1）实施全面质量营销

买家追求的是较高质量的产品和服务，如果卖家不能给买家提供优质的产品和服务，那么买家就不会对我们满意，更不要提建立什么买家忠诚度了。因此，卖家应实施全面质量营销，在产品质量、服务质量、客户满意和赢利方面形成密切关系。

另外，卖家在竞争中为防止竞争对手挖走自己的客户，吸引更多的客户，就必须向买家提供比竞争对手具有更多"顾客让渡价值"的产品。这样，才能提高客户满意度并加大买卖双方深入合作的可能性。为此，卖家可以从两个方面改进自己的工作：一是通过改进产品、服务、人员和形象，提高产品的总价值；二是通过改善服务和促销手段，减少客户购买产品的时间、体力和精力的消耗，从而降低货币和非货币成本。

例如，某卖家为了更好地吸引客户，将销售收入的一部分资金用于新产品的研制开发、生产或采购市场上有良好需求的产品，还投入了大量的费用改进产品的各种性能，提高产品的价值，甚至建立了"海外仓"，以提升买家的收货速度。

（2）提高市场反应速度

① 善于倾听客户的意见和建议

买家与卖家间是一种平等的交易关系，在双方获利的同时，卖家还应尊重买家，认真对待买家提出的各种意见及抱怨，并真正重视起来，才能得到有效改进。在买家抱怨时，应认真坐下来倾听，扮好听众的角色，要让买家觉得自己得到了重视，自己的意见得到了重视。当然仅仅是听还不够，还应及时调查买家的反映是否属实，迅速将解决方法及结果反馈给客户，并提请其监督。

买家意见是卖家创新的源泉。通过倾听，我们可以得到有效的信息，并可据此进行创新，促进卖家更好的发展，为买家创造更多的经营价值。当然，我们也要能正确识别买家的要求，并进行正确的评估，以最快的速度生产或采购到最符合买家要求的产品，以满足买家的需求。

② 减少老客户的流失

部分的卖家会认为，客户流失了就流失了，旧的不去，新的不来。却忽略了流失一个客户给自己带来的巨大损失。一个卖家如果每年降低5%的客户流失率，利润每年可增加25%～85%，因此对客户进行成本分析是必要的。

一个真实的例子是，2020年，某卖家共有140个老客户（在其店铺购买过两次或两次以上产品的客户），2021年由于服务质量的问题，该公司丧失了5%的客户，也就是损失了7个客户。平均每个客户每月可产生近10笔订单（订单每笔金额平均在150美元左右），也就是基本损失10500美元左右，按20%的利润来算，将近2100美元，我们仅按照6.3的汇率来算，差不多是人民币13000多元。那也就是说，这个卖家一年损失了接近10万元。

所以分析客户流失的原因，对于卖家了解自己的店铺的销售情况是非常必要的，产品+服务，两手都要抓，管理好自己的老客户，避免老客户的流失，就是打了一个大胜仗。

③ 用平和心态来对待客户的建议

对于客户来说，当他对一个产品不满意的时候，95%的可能会向卖家和平台投诉。当遇到买家投诉的时候，且先不计较结果如何，我们首先应该让客户感觉到的是，我们是抱着积极的态度来解决问题，而不是来让问题更加严重。所以当客户提出一些要求或者建议的时候，只要合理且在能够接受的范围，就可以表示接受；但是，我们同样要以理据争，对于客户提出的不合理要求，坚决地抵制。这个度是因人而异的，卖家在实践操作中应好好把握。

（3）与客户建立关联

① 向客户表达长远合作的意义

买家与卖家合作的过程经常会发生很多的短期行为，这就需要卖家对其客户阐明长期合作的好处，并对短期行为进行成本分析，指出短期行为不仅给自己带来很多的不利，而且还给客户本身带来了资源和成本的浪费。卖家应该向老客户充分阐述自己的美好愿景，使老客户认识到只有长期发展才能够获得长期的利益，这样才能使客户与自己同甘苦、共患难，不会被短期的利益所迷惑而投奔竞争对手，造成客户流失。

② 优化客户关系

感情是维系客户关系的重要方式，拜访、节日的真诚问候、过生日时的一句真诚祝福等，都会使客户深为感动。交易的结束并不意味着客户关系的结束，在售后还须与客户保持联系，以确保他们的满意持续下去。

防范客户流失工作既是一门艺术，又是一门科学，它需要卖家不断地去创造、传递和沟通优质的客户价值，这样才能最终获得、保持和增加客户，锻造自己的核心竞争力，使自己拥有立足市场的资本。

（4）流失客户的挽回策略

提前采取措施来防范客户流失固然是十分重要的，但如果此时客户已经流失，那就需要卖家做出挽回。

第一，卖家需要做的第一步是深入了解，弄清楚客户流失的原因。在这一过程中，可以获取大量的资料，并及时发现自己在经营管理中存在的问题，采取必要的措施，及时加以改进。为此，卖家应该在第一时间积极与流失客户联系，访问流失客户，诚恳地表示歉意，缓解他们的不满；第二，要了解流失的原因，弄清楚问题究竟出在哪里，并虚心听取他们的意见、看法和要求等。

在找出原因后，卖家就应该对症下药，争取挽回流失的客户。根据客户流失的原因制定相应的对策，让客户恢复重新购买的意愿。

■ 跨境电商售后

# 任务四 预防与处理纠纷

在跨境电商行业中会遇到各式各样的问题，其中最让人头疼的就是纠纷问题。一旦纠纷过多，就会影响产品的销售，使客源流失，影响正常经营，卖家的利益也将受到影响。

## 一、纠纷的类型及影响

速卖通的纠纷指的是在速卖通平台交易的过程中所产生的纠纷，属于交易纠纷，即在交易过程中产生了误会或者一方刻意隐瞒，从而无法使交易满意完成。

买家在交易中提起的纠纷一般有两个大类，分别是未收到货物和收到货物与约定不符，这两大类又分别有不同的小类。未收到货物纠纷包括运单号无效、发错地址、物流途中、海关扣关、包裹退回等情况。收到货物与约定不符纠纷包括货物与描述不符、质量问题、货物破损、货物短装、销售假货等。

速卖通平台为了更好地规范市场，鼓励诚信经营、积极联系客户、持续解决客户问题、提供优质服务的卖家，将更多的资源会提供给优质的卖家。速卖通对纠纷做了量化考核，推出三大指标：纠纷率、裁决提起率、卖家责任裁决率，并制定了相应的处罚措施。

### （一）三大指标定义及计算方法

**1. 纠纷率**

定义：卖家填写发货单号后，当买家提交退款申请（dispute），该订单即进入纠纷阶段。纠纷率指一定周期内买家提起退款（dispute）的订单数与发货订单数之比。计算方法为

纠纷率=过去30天内[买家提起退款（dispute）订单数-买家主动撤销退款的订单数]/过去30天内[买家确认收货+确认收货超时+买家提起退款（dispute）的订单数]

**2. 裁决提起率**

定义：买卖双方对于买家提起的退款处理无法达成一致，最终提交至速卖通进行裁决（claim），该订单即进入纠纷裁决阶段。裁决提起率指一定周期内提交至平台进行裁决的订单数与发货订单数之比。计算方法为

裁决提起率=过去30天提交至平台进行裁决的纠纷订单数/过去30天[买家确认收货+确认收货超时+买家提起退款（dispute）并解决+提交到速卖通进行裁决（claim）的订单数]

**3. 卖家责任裁决率**

定义：纠纷订单提交至速卖通进行裁决，速卖通会根据买卖双方责任进行一次性裁决。卖家责任裁决率指一定周期内提交至平台进行裁决且最终被判为卖家责任的订单数与发货订单数之比。计算方法为

卖家责任裁决率=过去30天提交至平台进行裁决且最终被裁定为卖家责任的纠纷订单数/过去30天[买家确认收货+确认收货超时+买家提起退款（dispute）并解决+提交到速卖通进行裁决（claim）并裁决结束的订单数]

速卖通平台衡量纠纷考核主要是看这三大指标。并且卖家责任考核率已经纳入分级考核指标，成为影响店铺表现的关键指标，是值得重视的项目。速卖通系统会每天计算卖家店铺的这三大指标的数值，根据数值及时对卖家的店铺进行处罚更新。

### （二）纠纷的影响

纠纷的影响主要体现在以下3个方面。

（1）影响买家的购物体验。主要体现在收到货物后，与描述不符、质量有问题、运单号查不到物流信息、长时间没有货物的跟踪信息。

（2）买家对卖家产生了怀疑。买家质疑卖家的产品从而可能对速卖通平台产生不信任。

（3）卖家交易受到影响。主要体现在客源的流失及回款周期延长。

同时买家因为各种原因提起退款申请产生了纠纷，在交易过程中对平台的产品、卖家及对平台本身都会产生质疑，最终会使得卖家的客源流失。

速卖通平台通过对纠纷三大指标的考核，对产生纠纷较多的卖家采取处罚措施，最终影响到卖家的交易回款周期，产生纠纷的订单暂时冻结，声誉受损和产品的排序下降。

## 二、纠纷的预防和解决

### （一）纠纷的预防

在跨境电商平台中，不管是大卖家还是新手卖家，纠纷问题都是大家的心痛之处。其实在跨境电商的操作和运营过程中，很多不必要的纠纷是可以预防的，甚至是完全可以避免的，只是很少有卖家严格按照预防机制去做。对于大多数卖家尤其是新手卖家，纠纷产生之前的一些预防机制完全可以减少纠纷的发生，降低店铺的纠纷率。与其更好地处理纠纷，不妨有效地避免纠纷。如何有效地预防纠纷，实际上还是有一些方法可选择的。

1. 在纠纷产生之前要严控产品的质量

（1）选品很重要。严格把控质量问题，对打造爆款利润款是很重要的。

（2）产品的标题和属性的设置要相符，标题和详情描述一定要与产品实物一致。

（3）属性栏要认真填写。很多新手卖家总是随意填写属性，这就很容易引起纠纷。

（4）图片处理避免误导买家。很多卖家喜欢在自己的产品图片上添加一些折扣的图标或者是促销的特殊符号，这种折扣活动的标识，平台会自动生成，除了自己品牌的logo，建议大家在图片上不要添加任何产品信息之外的东西，避免误导买家。很多卖家处理图片的时候会过度地处理，以至于客户收到货后与图片相差甚远，如颜色很大，这样就很容易引起纠纷。

（5）产品尺寸、质量等的描述要准确。如果卖家卖的是服装类，虽然有尺寸模板，但是建议大家在详细描述下面把卖家产品的误差、测量的方法，还有图片显示的问题在产品详情界面里描述清楚。

2. 预防纠纷的服务模板要建好

（1）发货期，卖家可以根据自己的货代来设置模板，特别是一些特殊的国家（地区），可以把发货时间相对的延长。

（2）在物流和关税方面，物流模板肯定要设置好。至于关税的问题，卖家要根据买家所在国家（地区）的实际情况和买家客户沟通。因为有些国家（地区）的关税是要买家自己出的，这些问题卖家就要及时沟通。

3. 订单的问题要及时处理

（1）及时处理买家的订单留言及核对信息地址。

（2）在发货环节，除及时发货外，还要确保货物的包装完好，这里提醒卖家，最好自己保留发货的底单。可以拍照，当然也可以拍视频留底。

（3）随时跟踪物流，跟客户沟通，告知买家产品的物流信息（主要是怕有些地方出现罢工或者极端天气等现象，及时沟通可以避免不必要的纠纷）。对于客户的及时沟通问题，有个时间差的问题，很多卖家对于这个很是头痛，不知道如何解决，经常第二天才能去处理卖家的订单留言及纠纷问题，这样就导致了时间的延误，也大大提高了纠纷率。可以选择一些手机APP工具，就算晚上在家里也可以随时处理自己订单，这个对于新手卖家来说，是个很好的办法。

## （二）纠纷的解决

跨境电商在店铺管理过程中，虽然卖家把预防纠纷贯穿于发货、物流和售后等整个运营管理环节，但有些时候还是无法做到完全避免纠纷，经常会遇到怕什么来什么的情况，卖家越想躲着纠纷，纠纷越找上你。那么如果真的产生纠纷了，就要以积极的心态想办法解决纠纷，减少损失。可以参考以下几种遇到纠纷的解决方法。

（1）端正心态，保持解决纠纷的平常心。既然纠纷不可避免，卖家就要端正态度，以平和的心态去面对和看待纠纷，不要因害怕纠纷而选择逃避。

（2）将心比心。卖家要站在买家的角度考虑，出现问题想办法一起解决，而不只是考虑自己的利益。"己所不欲，勿施于人"，谁都不愿意无故承受损失，作为卖家，我们在一定的承受范围内能够尽量让买家减少损失，也能为自己赢得更多的机会。

（3）有效沟通，及时回应。买家有不满意时，马上做出回应，与买家进行友好协商。若是买家迟迟未收到货物，在卖家承受范围内可以给买家重新发送货物或其他替代方案；若是买家对货物质量或其他不满，与买家进行友好协商，提前考虑好解决方案。

和买家沟通时一定要注意沟通技巧，和买家沟通时注意买家心理的变化。当出现买家不满意时，尽量引导买家朝着能保留订单的方向走，同时也满足买家一些其他的需求；当出现退款时，尽量引导买家达成部分退款，避免全额退款退货。努力做到"尽管货物不能让买家满意，态度也要让买家无可挑剔"。

（4）保留证据。交易过程中的有效信息都能够保留下来，如果出现了纠纷，能够作为证据来帮助解决问题；交易过程中能够及时充分地举证，将相关信息提供给买家进行协商，或者提供给速卖通帮助裁决。

所以说纠纷并不可怕，只要卖家做好充分的准备，一切以买家满意为目标，一定能妥善解决买家的纠纷问题。

## 三、纠纷的提交和解决流程

在交易过程中，由于各种原因，有些纠纷是不可避免的。单击"退款&纠纷"，如图7-5所示，可以查看到所有相关的订单列表，卖家可以根据纠纷状态来选择订单。买家提起退款纠纷申请后，需要卖家的确认，卖家可以选择同意纠纷内容进入纠纷解决阶段，或者拒绝纠纷内容与买家进一步协商。

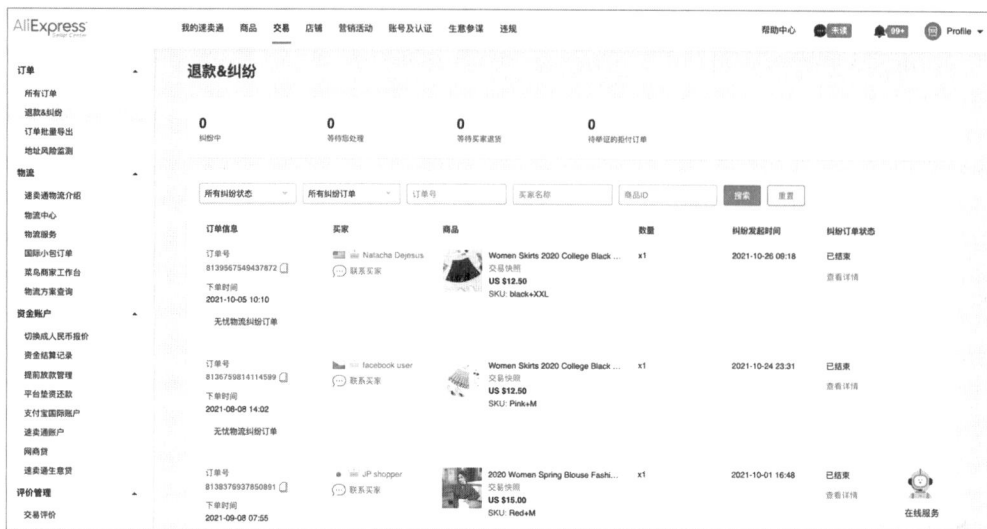

图7-5 "退款＆纠纷"界面

速卖通解决纠纷的方案是先让买卖双方协商解决，若无法达成一致，则可以提交至平台进行裁决，其流程如图7-6所示。

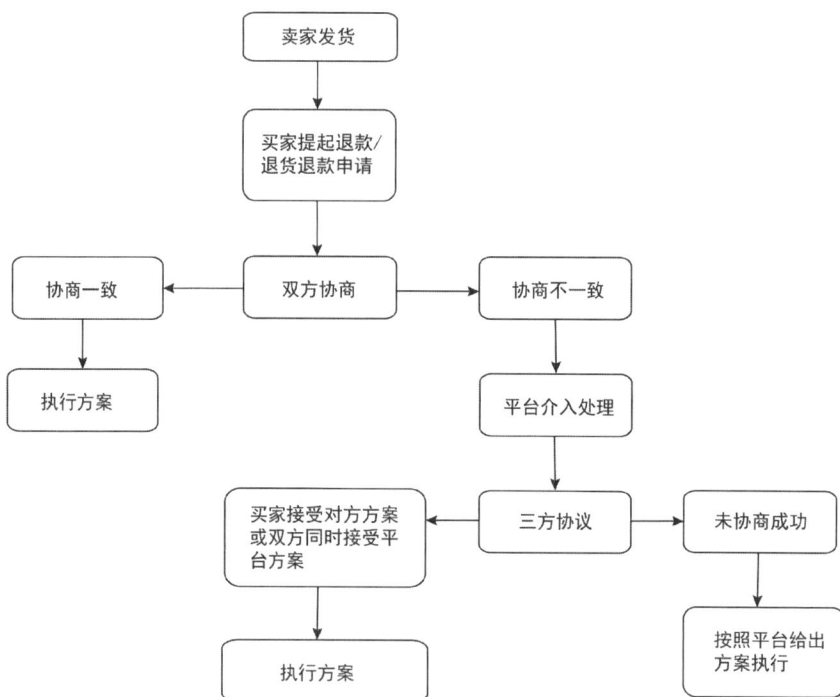

图7-6 纠纷解决流程

## （一）买家提起退款申请

买家因未收到货或者收到的货物与约定不符提交退款申请，纠纷就产生了。买家一般可以在卖家填写发货追踪号以后，根据不同的物流方式在不同的期限内提起退款申请。如商业快递（UPS/FedEx/DHL/TNT）一般是第6～23天，EMS/顺丰是在第6～27天，航空包裹发货是在第6～39天提起退款申请。

买家在订单的详情界面中，可以看到按键"Open Dispute"，点击该按钮就可以提交退款申请，当买家提交退款申请时纠纷即产生。提交后，买卖双方可以就退款申请进行协商解决，协商阶段平台不介入处理。

### （二）买卖双方交易协商

买家提起退货/退款申请后，需要卖家对买家的纠纷做出回应，卖家可以在纠纷列表界面中看到所有的纠纷订单。快速筛选区域展示关键纠纷状态："纠纷处理中""买家已提交纠纷，等待您确认""等待您确认收货"。对于卖家未响应过的纠纷，点击图7-5中的"同意/拒绝"按钮进入纠纷详情，进入纠纷详情界面，卖家可以看到买家提起纠纷的时间、原因、证据及买家提供的协商方案等信息。当买家提起纠纷后，请卖家在买家提起纠纷的5天内接受或拒绝买家提出的纠纷，若逾期未响应，系统会自动根据买家提出的退款金额执行。建议卖家在协商阶段积极与买家沟通，如图7-7所示。

图7-7　纠纷详情界面

1.卖家同意协商方案

买家提起的退款申请有以下两种类型。

（1）仅退款：卖家接受时会提示卖家确认退款方案，若同意退款申请，点击"同意"，则退款协议达成，款项会按照双方达成一致的方案执行，如图7-8所示。

图7-8　接受买家仅退款纠纷方案界面

（2）退货退款：若卖家接受，则需要卖家确认收货地址，默认卖家注册时候填写的地址（地址需要全部以英文来填写），若地址不正确，则点击"修改收货地址"，如图7-9所示。

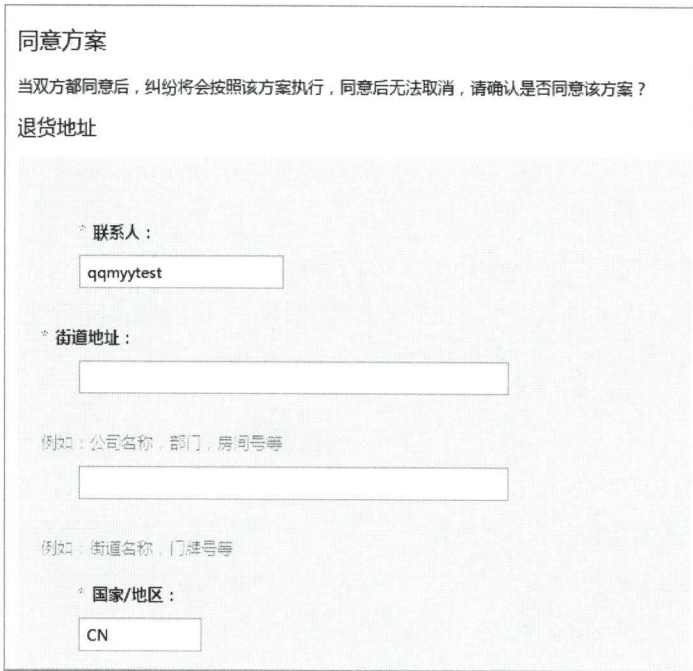

图7-9　退款退货纠纷方案界面

2. 卖家拒绝并新增方案

如果卖家不同意买家的方案，可以拒绝并新增一个方案来响应纠纷。卖家点击"拒绝并新增仅退款方案"，如图7-10所示。提出新的解决方案，在"详细描述您的问题"一栏中，反驳买家的说法，同时说明自己的情况，并提供、上传相应的证据，然后点击"提交"按钮，与买家就纠纷进行进一步的沟通，如图7-11所示。

图7-10　拒绝买家方案界面

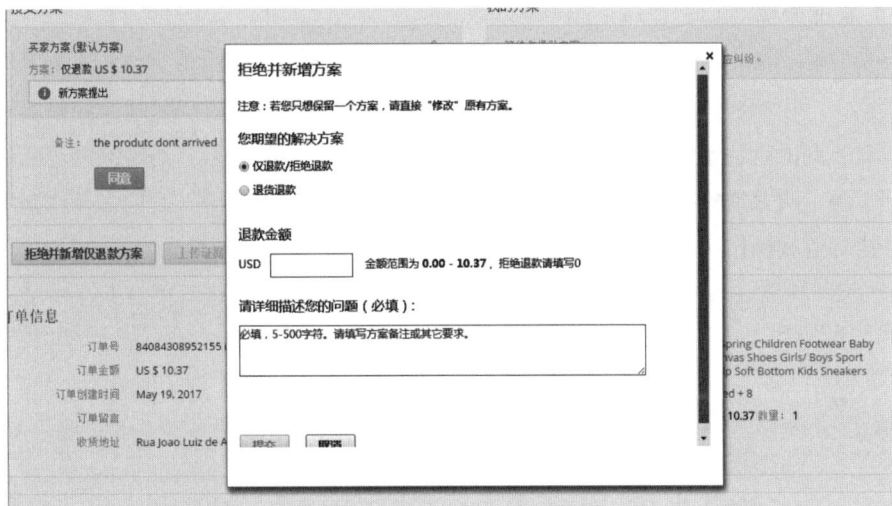

图7-11　"拒绝并新增方案"界面

## （三）平台介入协商

买家提交纠纷后，平台会在7天内（包含第7天）介入处理。平台会参看案件情况及双方协商阶段提供的证明给出方案。买家、卖家在纠纷详情界面可以看到买家、卖家、平台三方的方案。纠纷处理过程中，纠纷原因、方案、举证均可随时独立修改（在案件结束之前，买家、卖家如果对自己之前提供的方案、证据等不满意，可以随时进行修改）。买家、卖家如果接受对方或者平台给出的方案，可以点击接受此方案，此时双方对同一个方案达成一致，纠纷处理完成。纠纷完成赔付状态中，买家、卖家不能够再协商。图7-12所示为纠纷历史界面。

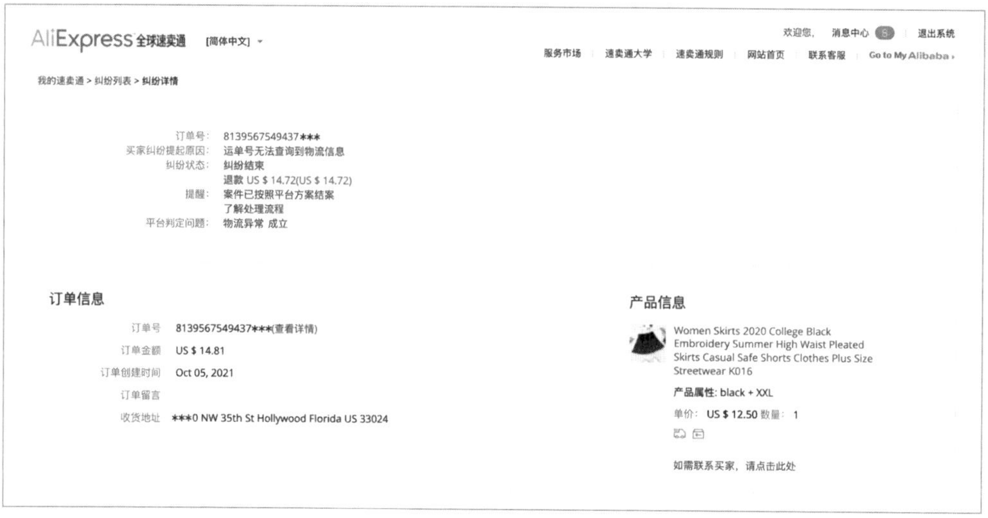

图7-12 "纠纷历史"界面

## （四）退货流程

如果卖家和买家达成退款又退货的协议之后，买家必须在10天内将货物发出（否则款项会打给卖家）。买家退货并填写退货运单号后，卖家有30天的确认收货时间，如果卖家未收到货物或对收到的货物不满，此时卖家可以直接将订单提交纠纷平台。纠纷部门会联系双方跟进处理（注：买家退货后，卖家需要在30天内确认收货或提起纠纷，逾期未操作则默认卖家收货，执行退款操作），如图7-13所示。

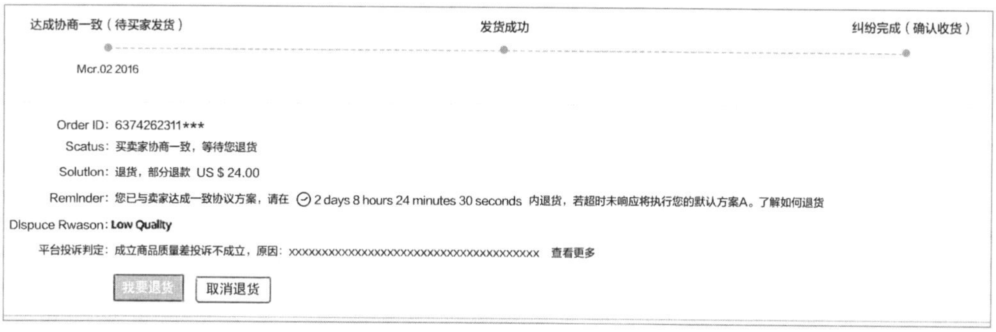

图7-13 退货界面

如果买家已经退货，填写了退货单号，则需要等待卖家确认，如图7-14所示。

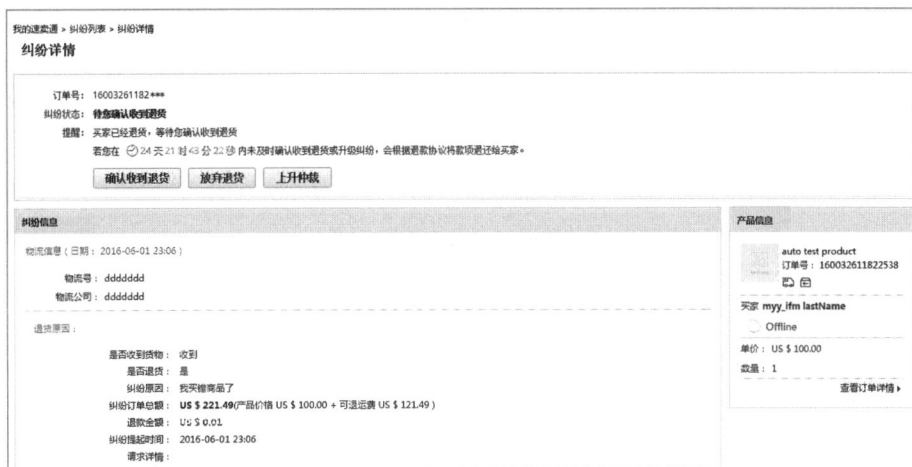

图7-14　退货确认界面

卖家需在30天内确认收到退货，方法如下。

（1）如果确认收到退货，并同意退款，则点击"确定"按钮，速卖通会退款给买家，如图7-15所示。

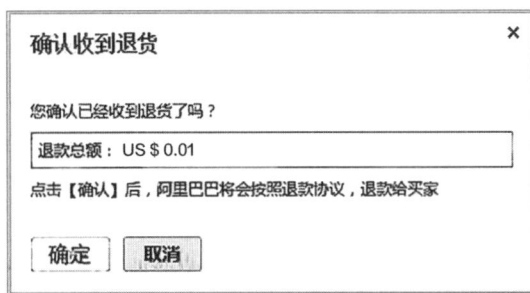

图7-15　卖家确认收到退货界面

卖家确认收货，纠纷完成，如图7-16所示。

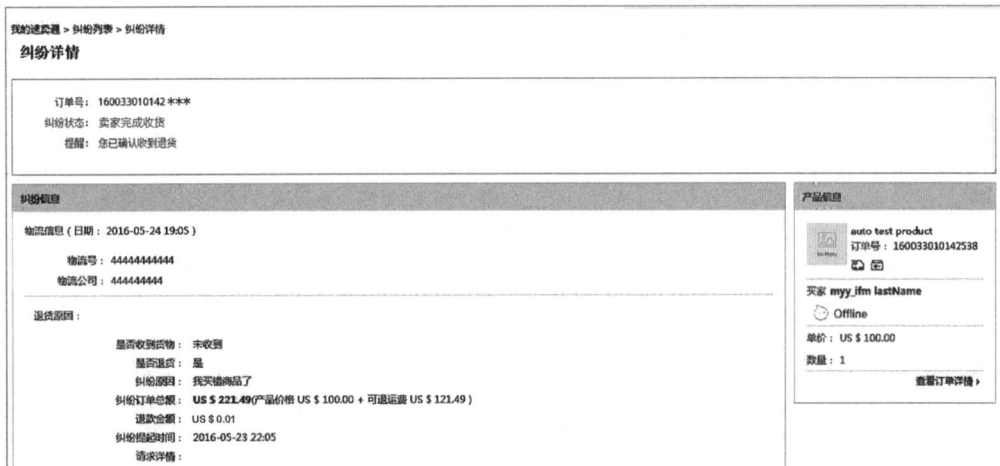

图7-16　纠纷完成界面

（2）如果卖家在接近30天的时间内没有收到退货，或收到的退货有问题，卖家可以点击

"升级纠纷"提交至平台进行纠纷裁决，如图7-17所示。平台会在2个工作日内介入处理，卖家可以在纠纷界面查看状态及进行响应。平台裁决期间，卖家也可以点击"撤销仲裁"撤销纠纷裁决，如图7-18所示。

图7-17　纠纷升级界面

图7-18　撤销仲裁界面

（3）如果30天内卖家未进行任何操作，即未确认收货，未提交纠纷裁决，系统会默认卖家已收到退货，自动退款给买家，纠纷结束。

## ※ 技能提示7-3

### 不合理索赔纠纷的沟通方法

　　也许卖家在经营过程中会遇到这样的情况：有些买家情绪化、极端化，态度强硬，毫不妥协，可能理由不充分也要全额索赔，沟通过程中卖家可能还会受到言语攻击，甚至最后还可能收到差评。提出不合理要求的客户最后往往会带来ODR升高，对于这样不合理索赔的买家，该怎么做呢？

　　对这样的客户，切忌在言语中与其对战，要知道做的是服务工作，寻求的是公正解决问题的办法，在有证据的情况下，平台纠纷判决也将是利于卖家的。首先，要尽量在站内信进行沟通，留存对方对话的证据；其次，要尽量地澄清和解释；最后，要提供解决方案，安抚客户情绪。要妥善地沟通，与买家交流的过程中要选择适合的语言，找寻卖家与买家的情感共鸣，提供给买家明确的解决方案，包括赔付款条件等。

## 学以致用

### ▶跨境电商客服的日常

拓海贸易有限公司的客服新手小王，前几天跟进了美国一个跨境电商客户的订单全过程，基本情况为：美国的买家咨询并下单了一款女士连衣裙，买家计划小批量购买（10件以上），因此买家想要15%的折扣，并且咨询了进口税等问题。在这个过程中，作为公司客服的小王用之前丁经理给的回复模板进行了快速回复，同意了买家提出的要求；发货后，同样一字不差地根据模板，及时告知了快递单号给买家；在运输过程中，买家咨询了自己还没有收到裙子的问题，小王第一时间到系统查询了单号，系统显示订单会在2天内送达，但小王由于没有找到合适的模板，想着买家很快就能收到货物了，就没有回复买家邮件；在对方确认收货后，小王根据模板第一时间给客户发邮箱，请求其给予一个五星好评，得到五星好评后，小王认为他已经完成了客服的全流程，便再也没有联系过该客户。

### ▶根据以上案例内容请思考：

1.结合书本知识，请尝试回复案例中买家咨询货物没有及时收到的问题邮件。

2.案例中客服小王哪些方面做得好，哪些方面可以进一步改进？在跨境电商沟通中要注意哪些方面？你觉得要提高沟通交际能力，可以从日常的哪些方面进行锻炼？

### ▶解析

1.可以参考本章中的相关知识点和模板进行撰写。但回复中要把握客观、实事求是和解决问题的原则。

2.沟通能力是大学生需要锻炼的重要通用能力之一，大学生可以从参与学生社团活动、学生会组织、课堂互动等方面提高自身的沟通能力。

项目七习题

# 跨境电商支付

□ 项目八
引导案例

## 项目目标

### 知识目标

1. 第三方跨境支付系统相关概念与流程。

2. 人民币跨境支付系统。

3. 常见的第三方支付平台。

4. 国际支付宝账户设置。

5. PayPal和国际支付宝账户提现。

### 能力目标

1. 能够使用第三方跨境支付系统进行支付。

2. 能够使用PayPal进行支付和提现。

### 素质目标

1. 培养学生良好的自学能力。

2. 培养学生良好的创新创业能力。

3. 培养学生遵纪守法、诚信经营的职业素养。

## 项目背景

经过前期对跨境电商的学习，小王已经对跨境电商有了深入的了解，也非常认可跨境电商的发展前景，因此决定通过跨境电商平台从事跨境电商业务。小王创办的顺达贸易公司依托义乌市场主要从事服装和饰品类的产品，因此依托公司自身的积累决定跨境电商也从事服装和饰品类目。但是小王听说，从事跨境电商资金是要受到严格监管的，收款都是美元，那么，如何才能兑换成人民币？资金是否安全？资金是如何到达我们境内公司账户或者个人账户的？带着种种疑问，小王马上着手学习跨境支付的相关知识。

## 任务一　跨境第三方支付简介

### 一、跨境支付相关概念

#### （一）跨境支付业务

通俗来讲，跨境支付就是中国境内消费者在网上购买境外商家产品或境外消费者购买境内商家产品时，由于币种的不一样，需要通过一定的结算工具和支付系统实现两个国家或地区之间的资金转换，最终完成交易。

■ 跨境电商支付

## （二）跨境支付的分类

跨境转账汇款途径：第三方支付平台、商业银行和专业汇款公司。

境外线下消费途径：信用卡刷卡、借记卡刷卡、外币现金和人民币现金。

跨境网络消费途径：第三方支付平台、网银线上支付、信用卡在线支付、电子汇款、移动手机支付和固定电话支付。

## （三）第三方支付系统

所谓第三方支付，是指具备一定实力和信誉保障的第三方独立机构，通过与网联对接而促成交易双方进行交易的网络支付模式。在通过第三方支付平台的交易中，买方选购产品后，使用第三方平台提供的账户进行货款支付，由第三方通知卖家货款到达、进行发货；买方检验物品后，就可以通知付款给卖家，第三方再将款项转至卖家账户。

## （四）第三方支付系统的原理

第三方机构与各个主要银行之间签订有关协议，使得第三方机构与银行可以进行某种形式的数据交换和相关信息确认。这样第三方机构就能实现在持卡人或消费者与各个银行，以及最终的收款人或者是卖家之间建立一个支付的流程。

## （五）非金融机构开展的外汇跨境支付业务

当前，非金融机构开展的外汇跨境支付业务主要是银行卡收单业务，该业务包括境外收单和外卡收单两个模式。境外收单业务是指非金融机构为境外网站代收由境内个人向境外支付的外汇货款。业务的基本流程是境内个人在境外网站按显示的外币报价购买产品后，向非金融机构支付对应的人民币金额货款，再由非金融机构的境内合作银行进行批量购汇并录入外汇局个人结售汇管理系统。境外商户在收到非金融机构发出的支付成功信息后，通过邮寄方式向境内居民发出产品。境内居民收到产品后，将向非金融机构发送清算指令。非金融机构按照与境外商户的结算约定，通过境内合作银行将外币货款向境外商户银行结算账户汇款，并完成跨境结算。外卡收单是指境内非金融机构代境内网站，收取境外个人向境内支付的外汇货款。业务流程大体是境外个人在境内网站购买产品后，通过与境内非金融机构合作的境外支付公司向境内非金融机构开立在境外的银行账户支付外汇货款（资金支付方式既可以是Visa/Master Card等境外发行信用卡，也可以是T/T电汇）。境内非金融机构在确认收到外汇货款后，通知境内网站向境外个人发货。境外个人收到产品后，确认并指示境内非金融机构向境内网站划转货款。境内非金融机构的合作银行根据指令办理外汇资金的跨境结算，经结汇后，将人民币资金划转给境内网站。

## 二、第三方跨境支付流程

跨境电商的结算方式有跨境支付购汇方式和跨境收入结汇方式两种，支付流程如图8-1、图8-2所示。

延伸阅读：非金融机构开展的外汇跨境支付业务

资金出境：

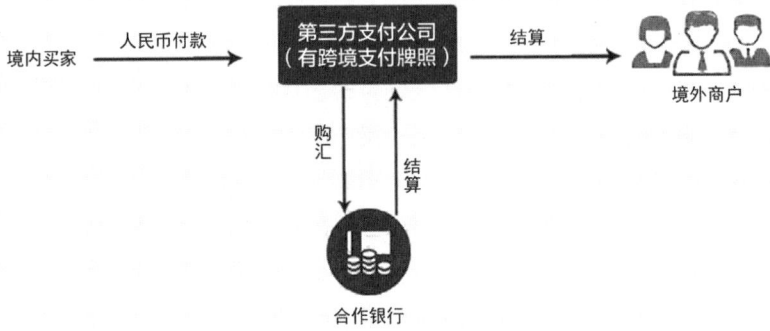

图8-1 跨境支付资金出境示意

资金入境：

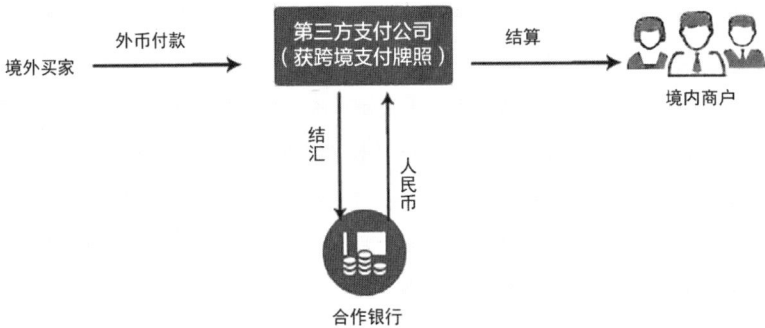

图8-2 跨境支付资金入境示意

境内消费者在境外购物时，第三方跨境支付详细流程如图8-3所示。

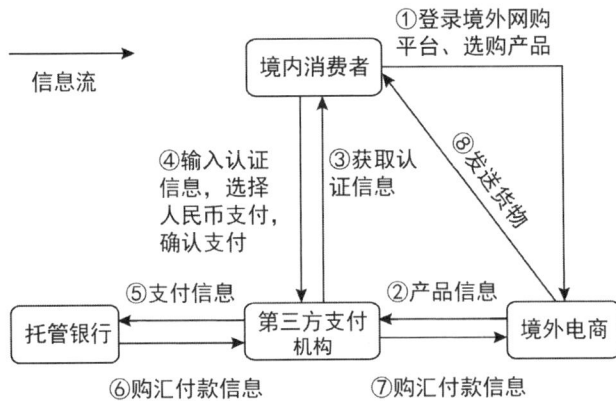

图8-3 境外购物第三方跨境支付详细流程

（1）登录境外网购平台、选购产品（境内消费者登录境外网站选择要购买的产品或服务，并下订单）。

（2）产品信息（境外电商将消费者的订单即产品消息发送给第三方支付机构）。

（3）获取认证信息（第三方支付机构获取境内消费者认证信息）。

（4）输入认证信息，选择人民币支付，确认支付（境内消费者输入信息并选择支付方式）。

（5）支付信息（第三方支付机构将支付信息发给托管银行）。

（6）购汇付款信息（第三方支付机构接收托管银行的购汇付款信息）。

（7）购汇付款信息（境外电商收到第三方支付机构的购汇付款信息）。

（8）发送货物（向境内消费者发送产品和有关服务）。

以上过程看似烦琐，但所有信息通过网络传输与电脑识别，速度很快，购物者感觉不到具体的每个环节，体验较好。

## 三、人民币跨境支付系统

2012年4月12日，中国人民银行有关负责人表示，央行决定组织开发独立的人民币跨境支付系统（Cross-border Interbank Payment System，简称CIPS），进一步整合现有人民币跨境支付结算渠道和资源，提高跨境清算效率，满足各主要时区的人民币业务发展需要，提高交易的安全性，构建公平的市场竞争环境。

2015年10月8日上午该系统正式启动。系统上线运行后，大大提高了跨境清算效率，标志着人民币境内支付和境外支付统筹兼顾的现代化支付体系取得重要进展。

### （一）系统背景

随着跨境人民币业务各项政策相继出台，跨境人民币业务规模不断扩大，人民币已成为中国第二大跨境支付货币和全球第四大支付货币。人民币跨境支付结算需求迅速增长，对金融基础设施的要求越来越高。2011年，跨境贸易人民币结算量超2万亿元，跨境直接投资人民币结算量超1100亿元。

### （二）建设目标

人民币跨境支付系统建设目标是保证支付安全、稳定、高效，支持各个方面人民币跨境使用的需求，包括人民币跨境贸易和投资的清算、境内金融市场的跨境货币资金清算及人民币与其他币种的同步收付业务。

CIPS分两期建设：一期主要采用实时全额结算方式，为跨境贸易、跨境投融资和其他跨境人民币业务提供清算、结算服务；二期将采用更为节约流动性的混合结算方式，提高人民币跨境和离岸资金的清算、结算效率。

### （三）具体功能

CIPS（一期）的主要功能是便利跨境人民币业务处理，支持跨境货物贸易和服务贸易结算、跨境直接投资、跨境融资和跨境个人汇款等业务。其主要特点为：① CIPS（一期）采用实时全额结算方式处理客户汇款和金融机构汇款两类业务。② 各直接参与者一点接入，集中清算业务，缩短清算路径，提高清算效率。③ 采用国际通用ISO 20022《金融服务金融业通用报文方案》标准，采纳统一规范的中文四角码，支持中英文传输，在名称、地址、收费等栏位设置上更有利于人民币业务的自动处理。CIPS（一期）报文设计充分考虑了与现行

SWIFT MT（电汇）报文的转换要求，便于跨境业务直通处理并支持未来业务发展需求。④运行时间覆盖亚洲、欧洲、非洲、大洋洲等人民币业务主要时区。⑤为境内直接参与者提供专线接入方式。

### （四）清算模式

现有人民币跨境清算模式主要包括清算行模式和代理行模式。清算行模式下，港澳清算行直接接入大额支付系统，其他清算行通过其总行或者母行接入大额支付系统，所有清算行以大额支付系统为依托完成跨境及离岸人民币清算服务。代理行模式下，境内代理行直接接入大额支付系统，境外参加行可在境内代理行开立人民币同业往来账户进行人民币跨境和离岸资金清算。

### （五）相关制度

CIPS（一期）的制度主要包括:《人民币跨境支付系统业务暂行规则》《人民币跨境支付系统参与者服务协议》《人民币跨境支付系统业务操作指引》《人民币跨境支付系统运行规则》《人民币跨境支付系统技术规范》。

其中，《人民币跨境支付系统业务暂行规则》（银办发〔2015〕210号）由人民银行制定并在其门户网站发布，主要规定参与者的加入条件、业务处理要求、账户管理要求等。经人民银行批复后，CIPS运营机构制定并发布了《人民币跨境支付系统参与者服务协议》和《人民币跨境支付系统业务操作指引》。协议以法律文本的形式约定了CIPS运营机构和参与者的权利与义务，操作指引规定了主要业务流程及具体要求。后续，CIPS运营机构还发布了《人民币跨境支付系统运行规则》《人民币跨境支付系统技术规范》。

### （六）运营机构

CIPS（一期）由跨境银行间支付清算（上海）有限责任公司负责运营，该机构为公司制企业法人（以下简称支付清算公司）。2015年该公司在上海正式成立，全面负责CIPS（一期）的系统运营维护、参与者服务、业务拓展等各方面工作。CIPS（一期）上线后，支付清算公司将按照市场需求，逐步完善CIPS各项功能，强化内部管理，提高CIPS清算效率和竞争力。2018年5月2号，CIPS（二期）全面投产，支持全球的支付与金融市场业务，满足全球用户的人民币业务需求。未来，支付清算公司还将加强与国际其他清算组织和金融基础设施运营机构的沟通与合作，努力拓展国际（地区间）市场。此外，为更好地运营CIPS，支付清算公司将视需要考虑增资扩股，选择适当时机改制为股份有限公司。

该公司接受人民银行的监督和管理，人民银行已经制定和发布了《人民币跨境支付系统运营机构监督管理办法》（银发〔2015〕290号），对经营范围、业务运营等做出了规定。

### （七）参与机构

首批参与者共有19家，分别为：工商银行、农业银行、中国银行、建设银行、交通银行、华夏银行、民生银行、招商银行、兴业银行、平安银行、浦发银行、汇丰银行（中国）、花旗银行（中国）、渣打银行（中国）、星展银行（中国）、德意志银行（中国）、法国巴黎银行（中国）、澳大利亚和新西兰银行（中国）和东亚银行（中国）。

这19家参与者是人民银行根据商业银行的参与意愿，结合境内各银行跨境和离岸人民币业务量、技术开发能力和外资银行国别地域分布情况等，经过技术检验统筹确定的。2015年6—9月，人民银行先后组织了模拟运行、技术验收和业务验收，检验首批参与机构的技术与业务能力是否具备投产上线的条件，确定19家首批参与者于10月8日上线。

2018年3月26日，CIPS系统（二期）成功投产试运行，工商银行、农业银行、中国银行、建设银行、交通银行、兴业银行、汇丰银行（中国）、花旗银行（中国）、渣打银行（中国）、德意志银行（中国）共10家直接参与者同步上线。2018年5月2日，CIPS系统（二期）全面投产，符合要求的直接参与者同步上线。

截至2019年末，CIPS系统共有33家直接参与者，903家间接参与者，分别较上线初期增长74%和413%，覆盖全球6大洲94个国家和地区，CIPS系统业务实际覆盖167个国家和地区的3000多家银行法人机构。

此外，同步上线的间接参与者还包括位于亚洲、欧洲、大洋洲、非洲等地区的38家境内银行和138家境外银行。

### （八）跨境支付与人民币跨境支付的不同

跨境支付是以外币结算，人民币跨境支付则是以人民币结算，这样省去了币种兑换步骤，缩短了支付周期，以前要10几天才能完成整个付款流程，而现在只需要T+3日内，同时也避免了货币汇兑的汇差损失。跨境支付试点牌照是国家外汇管理局颁发的，而人民币跨境支付许可则是央行颁发的。

人民币跨境支付有利于跨境商户的拓展及简化支付结算流程。境内买家通过境内支付机构接入境外商户购物，无须再为个人结售汇等手续困扰，可直接使用人民币购买境外商家的产品或服务，便捷操作将吸引更多用户购买境外商户的产品和服务。

## 四、常用的第三方支付平台

目前中国常用的第三方支付产品主要有PayPal（贝宝）、支付宝（Alipay）、财付通（Tenpay）、盛付通（Shengpay）、易宝支付（Yeepay）、快钱（99bill）、国付宝（Gopay）、百付宝、物流宝、网易宝、网银在线（Chinabank）、环迅支付（ips）、汇付天下（Adpay）、汇聚支付（Joinpay）、宝付。其中用户数量最大的是PayPal和支付宝，前者主要在欧美国家流行，后者是阿里巴巴旗下产品，主要为中国用户所使用。

### （一）PayPal全球支付平台霸主

#### 1. PayPal是什么

PayPal（http://www.paypal.com）是eBay旗下的一家公司，也是全球最大的在线支付平台，全球有200多个国家（地区）在使用PayPal，是境外用户最常用的在线支付方式，可以随时随地付款，促成交易。目前，在跨境交易中，超过90%的卖家和超过85%的买家认可并正在使用PayPal电子支付业务，图8-4就是PayPal的登录界面。

图8-4　PayPal登录界面

2. PayPal中国

（1）与PayPal全球支付平台相连，可在200多个国家和地区进行交易。

（2）接受包括美元、加元、欧元、英镑、澳元和日元等26种货币的付款。

（3）使用国际信用卡，可在支持PayPal的网站上消费。

（4）只有在接收付款时需要付费。

3. PayPal的使用方法

有了PayPal，卖家就可以通过网络付款和收款——即时支付，即时到账。PayPal全中文的操作界面，能通过中国的本地银行轻松提现，为卖家解决外贸支付难题。

卖家注册PayPal后就可使用PayPal余额或信用卡在线向任何拥有电子邮件地址的人支付款项。卖家可以在网上购物时选择用PayPal结账，或使用PayPal从全球200多个国家和地区接收款项。

（4）使用PayPal付款

PayPal付款方法如图8-5所示。

在全球网上店铺购物时，选择用PayPal结账。
或使用PayPal在世界上203个国家和地区进行付款。

使用PayPal余额、信用卡或银行账户安全付款。
收款人收到付款，但看不到您的信用卡或银行账户。

卖家或收款人可以将PayPal账户中的资金提取到银行账户或信用卡上。
他们也可以使用PayPal余额进行在线付款。

图8-5　PayPal的付款方法

4.使用PayPal收款

使用eBay销售时选择PayPal作为支付方式，或将PayPal集成在卖家的网站上，卖家就能通过PayPal账户接收全球买家的付款。卖家可以通过转账至中国内地或香港银行账户的方式从PayPal账户提取资金，或选择将余额保留在PayPal账户，作为网上购物和支付的资金。

5. 使用 PayPal 作为首选跨境在线付款方式的主要优点

（1）针对买家用户的优点

①安全——PayPal 保证信息的安全。卖家可以在线付款，而不用将银行卡或银行账户的详细信息透露给他人。

②快速——使用 PayPal，用户就可以立即向有电子邮件账户的任何人付款。

③方便/轻松——注册 PayPal 非常快捷，而且一旦成为用户，您就可以与全球范围内多个市场（包括美国、英国和其他亚洲及欧洲市场）的卖家进行交易。

（2）针对卖家用户的优点

①安全——客户的财务信息不会透露给其他任何人。PayPal 使用最先进的商用加密技术保护交易方的数据，这些技术正是一流的全球性银行［比如 CSFB（瑞士信贷第一波士顿银行）、Citibank（花旗银行）、HSBC（汇丰银行）］所使用的。

②快速——无论买家身在何处，付款都会立刻汇入卖家的 PayPal 余额。

③方便——卖家可以使用 PayPal 各种工具管理交易并提高效率。

6. PayPal支付的步骤

（1）只要有一个电子邮件地址，付款人就可以登录开设PayPal账户，通过验证成为其用户，并提供信用卡或者相关银行资料，增加账户金额，将一定数额的款项从其开户时登记的账户（例如信用卡）转移至PayPal账户下。

（2）当付款人启动向第三人付款程序时，必须先进入PayPal账户，指定特定的汇出金额，并提供收款人的电子邮件账户给PayPal。

（3）接着PayPal向商家或者收款人发出电子邮件，通知其有等待领取或转账的款项。

（4）如商家或者收款人也是PayPal用户，其决定接受后，付款人所指定之款项将立即转给收款人。

（5）若商家或者收款人没有PayPal账户，收款人得依PayPal电子邮件内容指示进入网页注册取得一个PayPal账户，收款人可以选择将取得的款项转换成支票寄到指定的处所、转入其个人的信用卡账户或者转入另一银行账户。

7. Paypal账户分类

PayPal账户分为个人账户、高级账户和企业账户，用户可根据实际情况进行注册，个人账户可以升级为高级账户再而升级为企业账户，反之企业账户也可以降为高级账户或者个人账户。

（1）个人账户

适用于在线购物的买家用户。主要用于付款。可以收款，但比起高级或企业账户少了一些商家必备的功能和特点，如查看历史交易记录的多种筛选功能、商家费率、网站集成、快速结账等集成工具，因此不建议卖家选择。

（2）高级账户

适用于在线购物或在线销售的个人商户。可以付款、收款，并可享受商家费率。使用网站付款标准，快速结账等集成工具及集中付款功能，帮助商家拓展境外销售渠道，提升销售额，推荐进行跨境交易的个人卖家使用。

（3）企业账户

适用于以企业或团体名义经营的商家，特别是使用公司银行账户提现的商家用户。拥有高级账户的所有商家功能，可以设立多个子账户，适合大型商家使用，每个部门设立子账户进行收款。另外。企业账户需要添加企业名称开办的电汇银行账户进行转账，添加个人名字开办的电汇银行账户可能导致转账失败。

## （二）支付宝

1. 支付宝是什么

支付宝（中国）网络技术有限公司是国内领先的独立第三方支付平台，由阿里巴巴集团创办。支付宝（http://www.alipay.com）致力于为中国电子商务提供"简单、安全、快速"的在线支付解决方案。

支付宝公司从2004年建立开始，始终以"信任"作为产品和服务的核心。不仅从产品上确保用户在线支付的安全，同时让用户通过支付宝在网络间建立起相互的信任，为建立纯净的互联网环境迈出了非常有意义的一步。

支付宝提出的建立信任，化繁为简，以技术的创新带动信用体系完善的理念，深得人心。短短时间内，用户覆盖了整个C2C、B2C及B2B领域。支付宝创新的产品技术、独特的理念及庞大的用户群吸引越来越多的互联网商家主动选择支付宝作为其在线支付体系，图8-6就是支付宝的登录界面。

图8-6　支付宝登录界面

2. 支付宝流程简介

要成为支付宝的用户，与PayPal的流程很相似，必须经过注册流程，用户须有一个私人的电子邮件地址，以便作为在支付宝的账户，然后填写个人的真实信息（也可以公司的名义注册），包括姓名和身份证号码。在接受支付宝设定的"支付宝服务协议"后，支付宝会发送电子邮件至用户提供的邮件地址，然后用户在点击了邮件中的一个激活链接后，便激活了支付宝账户，可以通过支付宝进行下一步的网上支付步骤。同时，用户必须将其支付宝账户绑定一个实际的银行账户或者信用卡账户，与支付宝账户相对应，以便完成实际的资金支付流程。

3. 处理方式

第一种方式：买卖双方达成付款意向后，由买方将款项划至其在支付宝账户（其实是支付宝在相对银行的账户），支付宝发电子邮件通知卖家发货，卖家发货给买家，买家收货后通知支付宝，支付宝于是将买方先前划来的款项从买家的虚拟账户中划至卖家在支付宝账户。

第二种方式：即支付宝的即时支付功能，"即时到账交易（直接付款）"，交易双方可以不经过确认收货和发货，买家通过支付宝立即发起付款给卖家。支付宝发给卖家电子邮件（由买家提供），在邮件中告知卖家买家通过支付宝发给其一定数额的款项。如果卖家这时不是支付宝的用户，那么卖家要通过注册流程成为支付宝的用户后才能取得货款。有一点需要说明，支付宝提供的这种即时支付服务不限于淘宝和其他的网上交易平台，而且还适用于买卖双方达成的其他的线下交易。从某种意义上说，如果实际上没有交易发生（即双方不是交易的买卖方），也可以通过支付宝向任何一个人进行支付。

4. 支付宝国际账户

针对跨境电商业务，支付宝推出了国际账户，这也是我们需要重点介绍的内容。支付宝国际账户 Escrow 是支付宝为从事跨境交易的境内卖家建立的资金账户管理平台，包括交易的收款、退款、提现等主要功能。支付宝国际账户是多币种账户，包含美元账户和人民币账户。目前只有速卖通与阿里巴巴国际站会员才能使用。

Escrow 系统上线后，提现功能较之前有了一些改变，用户提现不再限制在100笔交易金额之内，而是可根据自身需要对账户中"可提现金额"做全部或者部分提现，大大降低了用户的提现成本。支付宝国际账户的设置及提现功能我们将在后面的章节中做具体介绍。

（三）常见第三方支付平台对比

除了上述最为常用的PayPal和支付宝，目前常见的第三方支付平台还有很多，限于篇幅本书就不做一一介绍。

---

※ 技能提示8-1

当前境内个人结汇美元金额是有额度限制的，为每人每年5万美元。因此在国际支付宝设置美元提现账户时我们可以多设置几个不同自然人的银行账户，而不是同一个人的不同银行账户，这样当提现金额超过5万美元时就可以提现到不同自然人的账户中，同时不会受到结汇的限制。

# 任务二　设置收款账户

## 一、如何激活支付宝国际账户

### （一）支付宝国际账户绑定

如果您已经拥有了支付宝境内账户，无须再另外申请 Escrow 账户，只要您是速卖通的用户，就可以直接登录"My Alibaba"后台或"我的速卖通"后台，绑定支付宝境内账户即可。

如果您还没有支付宝境内账户，可以先登录支付宝网站申请支付宝境内账户，再绑定即可。

### （二）激活支付宝国际账户流程

（1）访问Alipay系统。用户通过登录"我的速卖通"—"交易"—"支付宝国际账户"或My Alibaba中的"资金账户管理"功能可访问支付宝国际账户系统。

（2）设置支付密码，激活支付宝国际账户会员身份。如果是初次访问支付宝国际账户系统，用户需要激活支付宝国际账户，如图8-7所示。

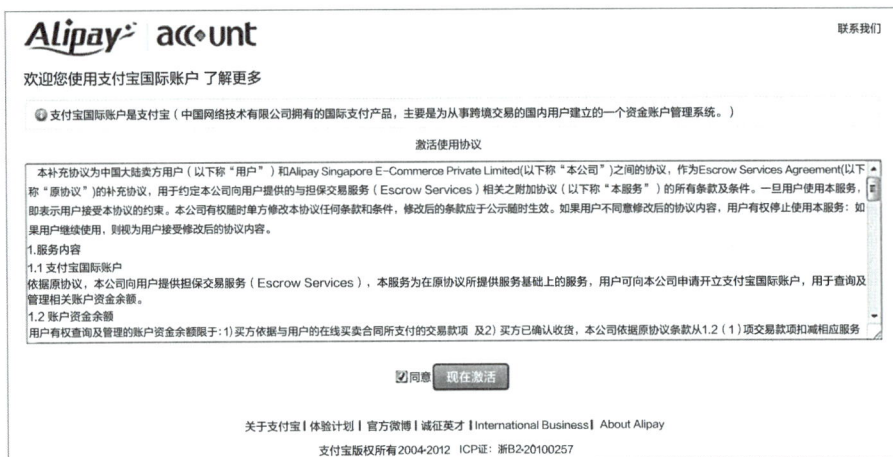

图8-7　支付宝国际账户注册激活使用协议界面

（3）点击"现在激活"按钮，系统显示创建支付密码界面，用户需要输入支付密码。为了让账户更加安全，防止密码被盗，我们建议用户不要设置相同的支付密码和登录密码，如图8-8所示。

图8-8　支付宝国际账户创建支付密码界面

（4）用户输入支付密码后，点击"确认"按钮，系统会检验用户是否之前在阿里巴巴网站已经绑定过手机号码。如果已经绑定过，则此时需要进行手机验证。系统会发送验证码到用户绑定的手机，用户输入正确的验证码后确认提交，即可成功激活支付宝国际账户。注意手机验证码的有效期是30分钟，如图8-9所示。

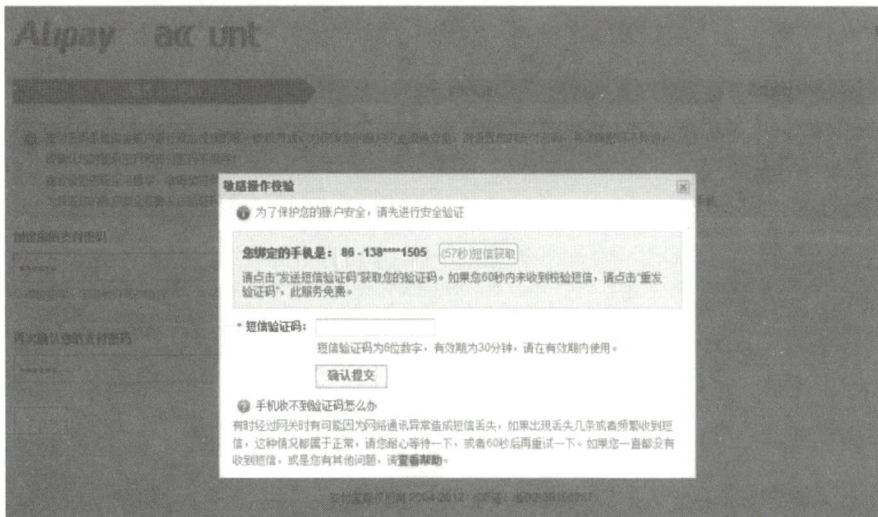

图8-9　手机短信验证界面

（5）如果用户之前没有在阿里巴巴网站上绑定过手机，则系统会引导用户到阿里巴巴网站进行手机绑定操作，绑定完成后再进行手机验证。

## 二、如何修改支付宝国际账户支付密码

（1）用户可以到"安全设置"—"修改国际支付宝密码"中修改支付密码，如图8-10所示。

图8-10　支付宝国际账户修改密码界面

（2）重置密码

①用户如果忘记支付密码，可以通过"重置国际支付宝密码"功能重设支付密码，如图8-11所示。

图8-11　重置支付宝国际账户密码并进行手机短信验证界面

②提交重设支付密码请求后，用户需要通过手机获取验证码验证。系统会发送验证码到用户绑定的手机，用户输入正确的验证码后确认提交，即可进入重设密码界面重新设置密码。注意手机验证码的有效期是30分钟，如图8-12所示。

图8-12　支付宝国际账户重置支付密码界面

③输入新密码后点击确认，新密码设置成功。注意密码需要字母和数字的组合，位数为6~20位，如图8-13所示。

图8-13　支付宝国际账户密码修改成功界面

## 三、如何查询账户信息

（1）用户登录Alipay系统，在首页（我的账户）即可查询账户信息，包括人民币账户、美元账户下的资金信息（可提现金额和冻结金额），提现银行账户信息，以及用户最近的活动记录，如图8-14所示。

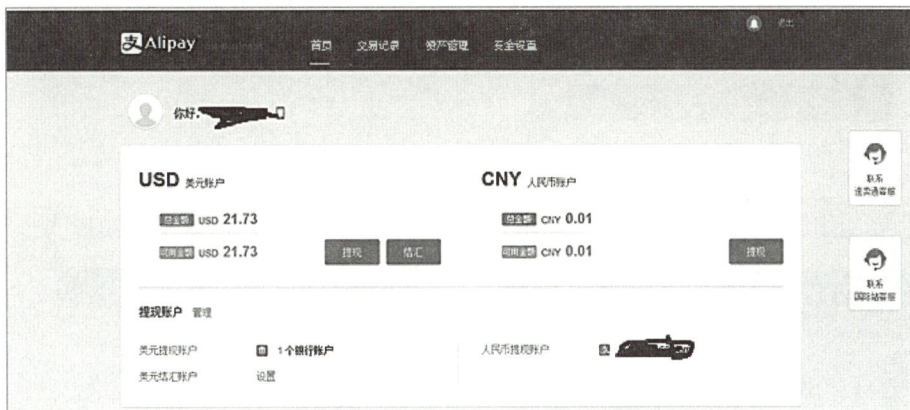

图8-14　支付宝国际账户查询账户界面

（2）未设置提现银行账户信息的用户，无法进行提现操作。

## 任务三　第三方平台账户提现

本节我们介绍PayPal和支付宝国际账户两大主流平台的提现，PayPal账户只能提取美元，而支付宝可以提取美元和人民币。在提现之前我们需要关联一张银行卡，关联银行卡时最为重要的就是Swift Code（银行国际代码），可以扫描左边的二维码了解一下什么是Swift Code。

📖 Swift Code
介绍

在系统显示的搜索结果中，可以看到所要查询的银行Swift Code了，如图8-15所示。

# 一、PayPal账户提现

## （一）设置提现银行账户

用户可以从"账户首页"界面左下方，点击关联银行账户或卡，"国家或地区"选择"中国"—"电汇"，然后依次填写"银行名称""SWIFT代码""账户""银行账户开户名"等必填项，后面的电话等可以选填，也可以不填。填写完毕后，点击"Link Your Bank"按钮，确认信息即可，如图8-16所示。

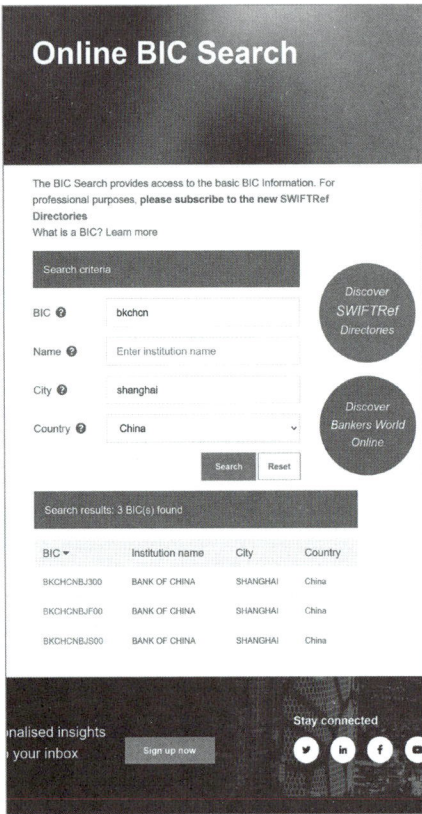

图8-15  Swift国际网站查询Swift Code界面          图8-16  PayPal设置银行账户界面

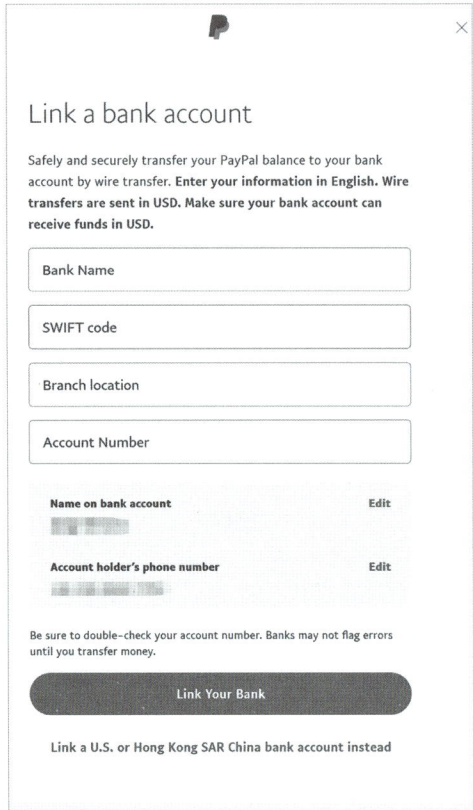

---

※ 技能提示8-2

　　银行Swift Code在第三方平台账户的提现中是非常重要的，Swift Code的错误将会导致账户无法提现。但是第三方平台的每次提现都是需要费用的，如果由于Swift Code错误导致款项无法到账，第三方平台是不退还手续费的。因此一定要核实正确Swift Code，直接拨打各银行的客服电话是最为直接和有效的方法，比网站查询更加方便快捷。

### （二）PayPal账户提现

（1）用户可以在"账户首页"界面左侧，点击提现，输入需要提现的金额后点击继续即可，如图8-17所示。PayPal账户只能提取美元，其他形式的币种可以先换算成美元后再提现，提现每次手续费35美元，金额不能少于150美元。一般需要3 ~ 7个工作日到账。

图8-17　PayPal提现界面

（2）其他币种兑换成美元。用户可以从"账户首页"界面上方，点击"钱包"—"详细信息"—"管理币种"。选择需要兑换的币种类型，从"英镑"到"美元"或者是其他币种到美元，输入要兑换的金额，点击计算系统，则会根据当天的汇率计算出你能兑换美元的金额。最后点击继续确认即可，如图8-18所示。

图8-18　PayPal币种兑换界面

## ※ 技能提示8-3

PayPal账户的提现手续费相比其他第三方平台是较高的，因此如果我们提现的金额较小时（一般小于3000美元），我们可以借助第三方结算平台，如连连支付等，通过该平台提现的费用是总金额的0.7%，而且是结汇后人民币打入提现账户。这样既可以避免支付过高的手续费，又避免了个人结汇超过5万美元的限制，为资金需要紧迫，要进行小额多次提现的卖家提供了渠道。

# 二、支付宝国际账户提现

## （一）设置银行账户

（1）用户可以从"我的账户"界面中，从人民币或美元账户信息中的设置银行账户入口到达设置银行账户功能界面，如图8-19所示。

图8-19　国际支付宝设置银行账户界面

（2）用户可以在此添加美元或人民币账户提现银行账户。

用户可以设置3个美元账户提现银行账户，美元账户提现银行账户需要区分是个人账户还是公司账户。人民币账户直接关联速卖通账户相对应的支付宝账户即可。

①若为公司账户，所有信息请不要使用中文填写，否则将引起放款失败，从而产生重复的放款手续费损失。

设置的公司账户必须是美元账户或是能接收美元的外币账户。

在中国内地开设的公司账户必须有进出口权才能接收美元并结汇。

使用公司账户收款的订单，必须办理正式报关手续，才能顺利结汇。

②若为个人账户，除开户名（中文）外的其他信息请不要使用中文填写，否则将引起放款失败，从而产生重复的放款手续费损失；客户创建的个人账户必须能接收境外银行（新加坡花旗银行）并且是公司对个人的美元的打款，开设个人的美元账户的具体信息请咨询相关银行；收汇没有限制，个人账户年提款总额可以超过5万美元（注意：结汇需符合外汇管制条

例，每人每年为5万美元的结汇限额）。

③选择账户后，依次选择"开户地区""账户类型"，填写"账户名（拼音）""Swift Code""银行账户"等信息。填写完毕后，点击"下一步"按钮，确认信息即可，如图8-20所示。

图8-20　支付宝国际账户设置银行账户界面

### （二）支付宝国际账户提现

1. 人民币账户提现

（1）用户可以在"我的账户"界面右侧的人民币账户下点击蓝色提现按钮。在弹出的对话框中输入需要提现的人民币金额，然后点击"下一步"。人民币账户的提现不需要手续费，其实手续费在结算的时候平台已经收取。

（2）系统会发送验证信息到您绑定的手机上，输入验证码和支付宝国际账户密码，就可以确认提现了。1～3个工作日内资金会打到您的支付宝账户中，如图8-21所示。

图8-21　支付宝国际账户人民币提现界面

2. 美元账户提现

（1）用户可以在"我的账户"界面左侧的美元账户下点击蓝色提现按钮。在弹出的对话框中输入需要提现的美元金额，后点击"下一步"。美元账户的提现需要每笔15美元的手续费，如图8-22所示。

图8-22　进入支付宝国际账户美元提现界面

（2）系统会发送验证信息到您绑定的手机上，输入验证码和支付宝国际账户密码，就可以确认提现了。7个工作日内资金会打到用户关联的银行卡中，不同的银行用时不同，如工商银行3～5个工作日可以到账，如图8-23所示。

图8-23　支付宝国际账户美元提现界面

**学以致用**

▶**中国的移动支付市场连续三年全球第一**

截至2021年2月，中国移动支付已经覆盖了8亿以上的用户，市场规模更是连续3年全球第一。相比之下，西方国家似乎并没有如此庞大的移动支付市场规模，那么，中国是如何做到的呢？

早在2016年，美国网友就已经在各种论坛上开帖讨论移动支付，CNN甚至还专门派人到中国来体验。结果来体验的西方媒体直言这是一场革命。

但移动支付为何在西方国家一直没有大规模应用呢？

有人认为，这是因为西方国家的信用卡支付非常强大。但实际情况却是，在这些国家，许多地方根本刷不了信用卡。

2019年，美国使用信用卡的人数约占美国人口总数的68%。信用卡既没有比移动支付更普及，也没有比移动支付更方便。那西方国家为什么不大力发展移动支付呢？

答案就在基础设施建设。

▶ **根据以上案例内容请思考：**

1.移动支付已经成为我们日常生活不可或缺的一部分，谈谈你对移动支付的看法？你觉得移动支付的高速发展需要什么来支撑？

2.为什么中国的移动支付能后来居上？

▶ **解析**

1.移动支付极大地便利了人民的生产生活，但每次的技术革命或者技术推广都需要前期大量的积累和政府强有力的支持，移动支付的高速发展就离不开国家的新型基础设施建设。比如美国作为目前世界上最发达的国家之一，他们的通信基站却仅占中国基站总数的约1/25，所以说离开基建，离开国家的支撑，移动支付无从谈起。

2.据中国信息通信研究院发布的《全国移动网络质量监测报告》(第2期)显示，截至2022年6月末，我国移动通信基站总数达1035万个，5G基站占比17.9%，数量上遥遥领先世界其他国家，在新型基础设施建设方面，目前西方国家是望尘莫及的。正因为中国重视新基础设施建设，才给了中国在移动支付领域后来居上的机会。另外，我们国家还有许多优秀的移动支付公司，为移动支付做出了巨大贡献。

项目八习题

图书在版编目（CIP）数据

跨境电商实务/龚文龙，王宇佳主编. —2版. —杭州：
浙江大学出版社，2022.2（2025.2重印）
ISBN 978-7-308-22349-2

Ⅰ. ①跨… Ⅱ. ①龚… ②王… Ⅲ. ①电子商务—商
业经营—教材 Ⅳ. ①F713.365.2

中国版本图书馆CIP数据核字（2022）第025539号

跨境电商实务（第二版）
KUAJING DIANSHANG SHIWU（DI-ERBAN）
龚文龙　王宇佳　主编

丛书策划　　朱　玲　曾　熙
责任编辑　　曾　熙
责任校对　　陈丽勋
装帧设计　　春天书装
出版发行　　浙江大学出版社
　　　　　　（杭州市天目山路148号　　邮政编码　310007）
　　　　　　（网址：http://www.zjupress.com）
排　　版　　杭州林智广告有限公司
印　　刷　　杭州高腾印务有限公司
开　　本　　787mm×1092mm　1/16
印　　张　　17
插　　页　　16
字　　数　　400千
版 印 次　　2022年2月第2版　2025年2月第8次印刷
书　　号　　ISBN 978-7-308-22349-2
定　　价　　59.00元

浙江大学出版社市场运营中心联系方式：0571-88925591；http://zjdxcbs.tmall.com

# 《跨境电商实务》（第二版）实训手册

系　　别:＿＿＿＿＿＿＿＿＿＿＿＿＿

班　　级:＿＿＿＿＿＿＿＿＿＿＿＿＿

姓　　名:＿＿＿＿＿＿＿＿＿＿＿＿＿

学　　号:＿＿＿＿＿＿＿＿＿＿＿＿＿

任课教师:＿＿＿＿＿＿＿＿＿＿＿＿＿

# 项目一　走近跨境电商

## 一、模拟实训

拓海贸易有限公司成立于2022年1月，是义乌一家以全球零售为主的电子商务企业，设有市场采购、店铺运营、物流仓储、客户服务等部门。小王作为公司新入职的跨境电商专员，面对跨境电商在义乌如此优越的政策环境和快速发展的势头，迫不及待地想开展跨境电商业务，但又不知如何着手。首先，小王对跨境电商的概念、现状及发展趋势进行了研究。

1.请思考：什么是跨境电商？

（要注意区分广义和狭义跨境电商的区别。）

_____

_____

2.以下不是目前我国跨境电商行业的发展现状特征的是（　　　）。

A.跨境电商交易规模持续扩大，实现逆势增长

B.在进出口比例上，跨境电商出口额远超进口额

C.以业务模式来看，跨境电商以B2B业务为主，B2C跨境模式逐渐兴起

D.在进出口比例上，跨境电商进口额远超出口额

3.跨境电商1.0阶段的时间是指（　　　）。

A. 2004—2012年　　　B. 2000—2013年　　　C. 1999—2003年　　　D. 2013至今

4.为什么跨境电商发展如此之快？

_____

_____

5.跨境电商和传统国际贸易有什么区别？

_____

_____

在了解跨境电商的基本概念、特征、发展状况和趋势的基础上，丁经理要求小王熟悉B2C平台中的速卖通、亚马逊、Wish三大平台的特点、功能板块及具体的操作流程，根据自己的分析撰写一份研究报告，做好进入跨境电商行业的前期准备。

6. 请思考：以下平台属于跨境电商B2B平台的是（　　　）。

A. 速卖通　　　　　　B. 亚马逊　　　　C. 阿里巴巴国际站　　　　D. Wish

7. 以下平台属于跨境电商B2C平台的是（　　　）。

A. 中国制造网　　　　B. 亚马逊　　　　C. 阿里巴巴国际站　　　　D. 环球资源网

## 二、拓展实训

### （一）实训方式

熟悉跨境B2C平台中的速卖通、亚马逊、Wish三大平台的特点、功能板块及具体的操作流程。

### （二）实训步骤

1. 进入速卖通、亚马逊、Wish三大平台官网，了解商品信息，从买方的角度分析各平台的特点。

2. 在速卖通、亚马逊、Wish三大平台分别注册账号，登录后台，从卖方的角度了解各平台的特点、模块和功能。

3. 比较三大平台的相同点和不同点，进行分析。

4. 根据自己的分析撰写一份实训报告。

# 项目二　　跨境电商平台介绍及基础操作

## 一、模拟实训

小王在对跨境电商平台基础操作有基本的认识之后，丁经理要求他进一步熟悉各平台的运营特点，了解跨境电商平台的基础操作，通过登录各跨境电商平台、注册账户、开通店铺、完成认证来较为全面地认识各跨境电商平台的基本特点、注册流程和认证流程，争取在速卖通、亚马逊、eBay、Wish四大第三方跨境电子商务平台注册店铺，销售公司的产品。

1. 请思考：速卖通的入驻要求有（　　　）。（多选）

A. 企业　　　　　　B. 品牌　　　　　C. 淘宝店铺　　　D. 技术服务年费

2. 入驻速卖通需要＿＿＿个步骤，分别是＿＿＿＿＿＿＿＿＿＿＿＿＿＿＿＿＿＿＿＿＿＿＿

＿＿＿＿＿＿＿＿＿＿＿＿＿＿＿＿＿＿＿＿＿＿＿＿＿＿＿＿＿＿＿＿＿＿＿＿＿＿＿＿＿＿

3. 以下不是亚马逊"全球开店"需要满的要求的是（　　　）。

A. 企业营业执照　　B. 银行账号　　　C. UPC码　　　D. SKU码

4.什么是亚马逊的Listing跟卖政策?

_____

_____

5.以下属于eBay平台售卖产品的方式有（　　　　）。（多选）

A. 拍卖 　　　　　B. 当面交易 　　　　C. 一口价 　　　　D. 以物换物

6.Wish平台的运营特点是什么?

_____

_____

7. Wish平台推送的依据主要有_____、_____、_____、_____几个核心维度。

## 二、拓展实训

（一）实训方式

通过登录各跨境电商平台网站、注册账号、开通店铺、完成认证来较为全面地认识跨境电商平台的基本特点、注册流程和认证流程,从这些过程中熟悉跨境电商平台及人才能力要求。

（二）实训步骤

1.登录本章所涉及的4个跨境电商平台的官方网站,熟悉各平台。

2.在每个平台都注册一个账户开通店铺。

3.完成认证流程（需要企业账户注册的平台可不完成此步骤）。

4.对照检查自身是否已具备了工作所需的知识和能力,在哪些方面有所欠缺。

5.将上述成果撰写成一份实训报告。

6.制作PPT与同学们分享和讨论。

# 项目三　跨境物流主要方式及费用计算

## 一、模拟实训

拓海贸易有限公司的跨境电商专员小王在速卖通顺利开通了店铺,面对跨境电商在义乌如此优越的政策环境和快速发展的势头,小王马上就想在速卖通上传产品,对跨境销售跃跃欲试。丁经理建议小王不要着急,应先去熟悉当前跨境物流的主要方式,掌握海外仓物流的最新内容,掌握中邮小包、e邮宝、国际（地区间）商业快递等跨境物流运费的计算方法,速卖通物流模板的设置等,为上传产品做好准备。

1. 请思考：以下不属于邮政物流系统的是（　　　）。

A. EMS　　　B. e邮宝　　　C. UPS　　　D. 邮政小包

2. 以下不属于国际（地区间）快递的是（　　　）。

A. UPS　　　B. TNT　　　C. DHL　　　D. e邮宝　　　E. Fedex

3. 以下物流方式不是专线物流的是（　　　）。

A. 中国香港小包　　　B. 航空专线—燕文　　　C. 中俄航空　　　D. Aramex

4. EMS的优点主要有哪些？

_____

_____

5. 中国邮政小包限重_____千克。

6. 如果想要寄带电的产品，有哪些方式可以选择呢？

_____

_____

　　小王在制定跨境物流解决方案时了解到不少电商平台和出口企业通过建设海外仓布局境外物流体系，这种新的跨境物流形式有利于解决跨境电商的种种痛点，大大缩短了配送时间，降低了清关障碍和运输成本，也改善了用户购物体验。

7. 海外仓兴起的原因有哪些？

_____

_____

　　8. 丁经理要求小王将21千克普通货物包裹从义乌发到德国，分别用中邮小包、e邮宝、国际（地区间）商业快递等跨境物流方式计算运费，并选择最合适发货的物流。

_____

_____

## 二、拓展实训

（一）实训方式

熟悉邮政小包、e邮宝、国际（地区间）商业快递等跨境物流运费的计算及速卖通物流模板的设置。

（二）实训步骤

1. 选定某一产品，分别用邮政小包、e邮宝、国际（地区间）商业快递等跨境物流方式计算运费，并选择最合适的发货的物流。

2. 根据以上实训内容，撰写一份实训报告。

# 项目四　跨境电商产品的基本特征和选品原则

## 一、模拟实训

小王参观了拓海贸易有限公司的仓库，货架上的产品种类丰富，小王问丁经理："这些都是我们公司的跨境产品吗？感觉品类很多，都是畅销款吗？"丁经理笑着回答说："是的，还不止这些。看样子你对选品很感兴趣。"下午，丁经理带着小王去国际商贸城进行市场调研，同时给他讲解跨境电商选品的相关知识。

1. 请思考：跨境电商产品具备哪些基本特征呢？（　　　）（多选）

A. 产品符合目标市场消费者需求，市场潜力巨大，利润率相对较高

B. 产品价格适中，一般选则50~500美元之间的产品

C. 产品体积较小、重量较轻，不易破碎，适合长距离运输

D. 产品简单易操作，售后成本低

E. 产品要利于通关和清关

漫步在国际商贸城，小王发现了很多感兴趣的商品，他正想着不知道这些产品放在速卖通上是否畅销，丁经理就提出了新的问题："小王，你喜欢的这些产品不一定都能在速卖通平台上售卖。你看这几样产品，样式的确新颖，但是否会违反平台禁限售规则呢？

2. 以下几种产品，哪些会违反速卖通平台禁限售规则？（　　　）（多选）

A. 金、银和其他贵重金属　　　　　　B. 电子烟配件

C. 手机壳　　　　　　　　　　　　　D. 盲盒/福袋商品

为了帮助小王更好地理解平台禁限售规则，丁经理要求小王回到公司后认真学习速卖通平台规则。

3. 在速卖通卖家后台"经营表现"项下"我的处罚"中，违规行为有哪些大类？（　　　）（多选）

A. 商品信息质量违规　　　　　　　　B. 知识产权禁限售违规

C. 交易违规及其他　　　　　　　　　D. 知识产权严重违规

4. 速卖通平台中，"知识产权禁限售违规"，累积扣分达6分，将受到哪种处罚？（　　　）

A. 严重警告　　　　　　　　　　　　B. 限制商品操作3天

C. 冻结账号7天　　　　　　　　　　D. 冻结账号14天

5. 速卖通平台中，如果"知识产权禁限售违规"积分累计达（　　　）分，账号将执行关闭。

在了解速卖通平台跨境选品禁忌后，小王开始跟着丁经理学习数据化选品。小王知道，跨境电商平台站内数据也是十分有价值的。要想避免价格战和同质化竞争严重的情况，就必须在选品这件事情上下功夫。

6. 速卖通站内选品需要点开数据纵横栏，里面有哪两类数据？（　　　）（多选）

A. 商机发现　　　B. 库存分析　　　C. 经营分析　　　D. 经济消息

7. 速卖通数据纵横包含以下哪些功能？（　　　）（多选）

A. 行业情报　　　B. 选品专家　　　C. 首页广告位　　　D. 搜索词分析

小王在搜索数据时选择了2岁以上儿童服装这一行业，得到了相应的界面如下。

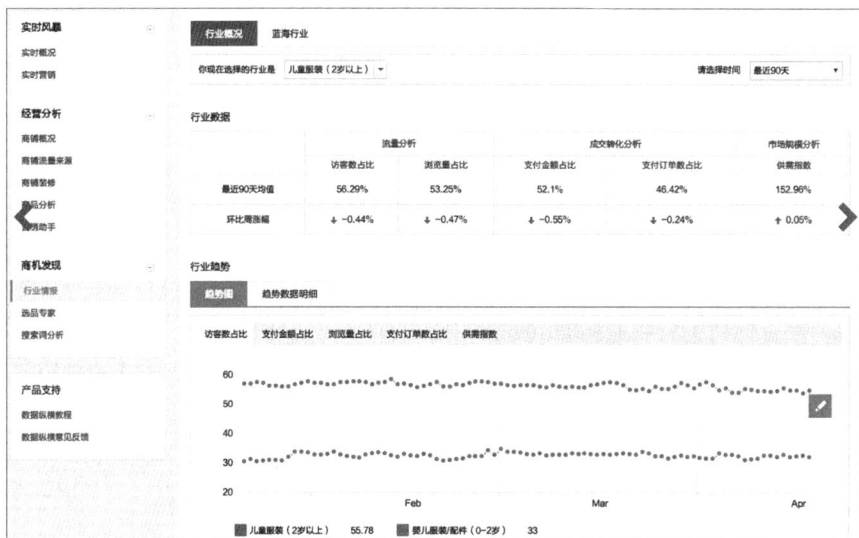

图4-1　行业情况

在行业数据栏，可以看到访客数占比，是指该行业访客数占上级行业访客数的比例；浏览量占比，是指该行业浏览量占上级行业浏览量的比例；支付金额占比，是指该行业支付成功（排除风险控制因素）的金额占上级行业支付成功（排除风险控制因素）金额的比例；支付订单数占比是指该行业支付成功的订单数（排除风险控制因素）占上级行业支付成功的订单数（排除风险控制因素）的比例；供需指数，是指该行业中的产品指数与流量指数之比，供需指数越小说明该行业竞争越少。

8. 如果卖家对从事行业不了解，可以登录"我的速卖通"—"数据纵横"—"商机发现"—"行业情报"界面，看看哪些是蓝海行业。请根据已有知识，说一说什么是蓝海行业？什么是红海行业？

9. 途中的圆圈代表1个一级行业蓝海，蓝色依次变淡，表明行业竞争越来越激烈，竞争优势越来越少。这种说法正确吗？（　　　）

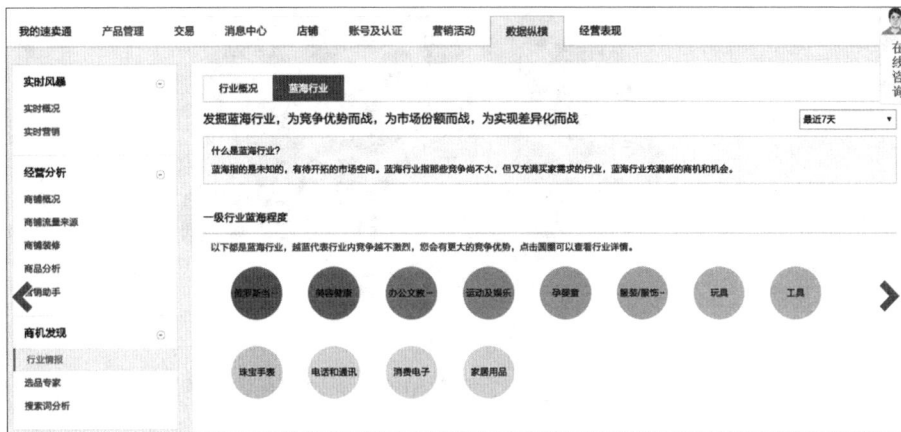

图4-2　蓝海行业分析界面

确定了要进入的行业之后，就要准备选择产品了。如果拓海贸易有限公司要卖孕婴童产品，就要借助速卖通平台的数据纵横查找原始数据。通过登录"我的速卖通"—"数据纵横"—"产品专家"界面。

10. 在速卖通平台，选品专家中"TOP 热销产品词"可通过哪些条件进行筛选？（　　　）（多选）

A. 行业　　　　　B. 国家　　　　　C. 关键词　　　　　D. 时间

小王找到该品类的热销属性，并根据热销属性选品点击某个圆圈就可以进入该品类的详细属性页面。

11. 拓海贸易有限公司要卖孕婴童产品，小王会优先选择卖（　　　）等这些相关属性的产品。

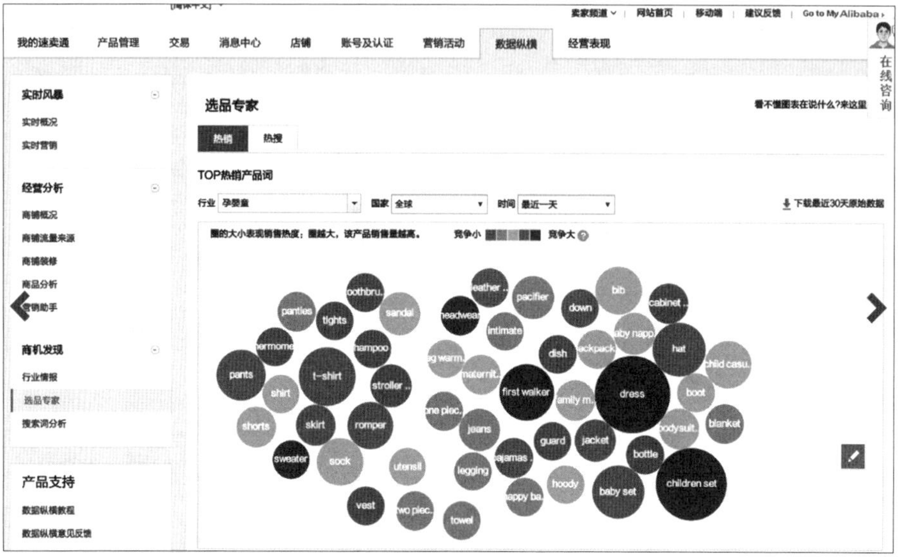

图4-3 热销词

12. 根据目前所学跨境电商选品知识，请总结速卖通数据化选品的主要方法。

_____

_____

在系统学习了速卖通平台站内选品的知识和操作步骤后，小王向丁经理求教站外选品的思路和方法，丁经理决定带着小王一起参加近期的跨境电商站外选品培训。

## 二、拓展实训

（一）实训方式

学习者根据速卖通平台情况，结合一定的数据分析及自身情况来选择要经营的行业及类目下的产品，并参考其他跨境电商平台进行选品。

（二）实训步骤

1. 利用"生意参谋"—"市场大盘"进行分析，并下载平台30天内行业趋势数据分析表，确定打算进入的行业。

2. 利用"生意参谋"—"选品专家"进行分析，并下载平台30天TOP热销、热搜产品词数据和30天TOP 热销、热搜属性数据，使用Excel进行分析（综合指数、数据透视表）。

3. 确定将进入的行业及产品类目，并写一份分析报告，包括图表和数据分析。

4. 制作PPT与同学们分享和讨论。

# 项目五　产品上传与店铺优化

## 一、模拟实训

通过线上数据分析和线下市场调研，小王在丁经理的指导下成功选择了目标产品。与此同时，拓海贸易有限公司统一组织了新一批员工的业务培训。小王经过为期一周的操作培训，正式开展产品上传和店铺优化的日常运营工作。

这天，小王顺利完成了产品运费模板的设置。

1. 请思考：如需要要发一单货到美国，包裹的重量为1.55千克，体积为22厘米×24厘米×10厘米，打算选择e邮宝物流，他查得e邮宝运费表中美国的运价是0.08元/克，处理费是10元/件，货运代理商给他的折扣率是75%。那么该包裹e邮宝运费为_____元。（计算结果四舍五入保留整数。e邮宝运费=重量×单位运价×折扣率+处理费）

紧接着，小王准备根据产品信息表上传。第一步是选择产品类目。

2. 如何确定产品类目呢？（　　　）（多选）

A. 在选择类目的上方通过搜索栏搜索

B. 直接在选择类目中选择热门类目

C. 登录买家界面，输入产品名称，查找相似产品的类目

D. 对照中英文类目对照表，逐级选择子类目直至找到准确的产品类目

第二步是产品基本属性的填写（见表5-1）。

3. 请根据图片填写产品相应属性（见图5-1）。

A. K2412　　　B. White　　　C. Fashion　　　D. Short　　　E. Children

F. O-Neck　　　G. Nylon　　　H. Character　　　I. Tops

表5-1　产品属性

| | |
|---|---|
| Department Name（部件名称） | |
| Item Type（产品类型） | |
| Material（材质） | |
| Style（款式） | |
| Pattern Type（版型） | |
| Sleeve Length（袖长） | |
| Gender（性别） | |
| Collar（领口） | |
| Model Number（产品型号） | |
| Color（颜色） | |

图5-1　产品展示

第三步是产品标题的填写。小王在参加培训时,对于产品标题的撰写已经有所了解,他知道一个优质的标题需要包含若干有价值的关键词,同时也知道标题字符数有一定的限制。

4. 产品标题中应当含有哪3类性质的词?(　　　　)(多选)

A. 关键词　　　　B. 核心词　　　　C. 属性词　　　　D. 流量词

5. 速卖通平台中,卖家上架商品的标题最多可以有多少个字符?(　　　　)

A. 100 个　　　B. 128 个　　　C. 136 个　　　D. 150 个

对于小王来说,他觉得标题撰写和优化需要良好的英语水平,这样才能判断什么样的标题是优质的标题,哪些标题并不符合规范要求。于是,他利用下班时间学习英文。经过一段时间的专项学习,他发现自己不仅掌握了标题撰写的基本规律,也能够及时发现现有产品标题的小问题了。

6. 以下3个标题,你觉得哪个比较好?(　　　　)

A. New Arrival Baby Dresses Dress For Girl Kids Clothes Girl Dress Girls Clothes Kids Brand Printed Flower Dress

B. Girl Jean Dress Children Clothes Summer Dresses For Girls Embroidery Cotton Clothing Girl Princess Rabbit Dress

C. 2016 New Arrival 100% Cotton Girl Party Dress Flowers And Butterflies Girl Princess Dress For Weddings

7. 请根据所给产品文字信息(见表5-2),为产品撰写标题。

表5-2　产品信息

| Department Name | Children | Gender | Girls |
|---|---|---|---|
| Dresses Length | Above Knee | Material | Cotton |
| Style | Novelty | Decoration | Bow |
| Sihouette | A-line | Sleeve Length | Short |
| Pattern Type | Floral | Sleeve Style | Regular |
| Collar | Turn-down Collar | Model Number | H5746 |

8. 产品标题通常容易出现哪些具体问题?(　　　　)(多选)

A. 标题中掺杂与产品无关的词　　　　　　B. 标题描述与产品实际不符

C. 产品主要属性被放置在标题后部　　　　D. 标题中含有特殊符号

E. 标题中出现关键词堆砌　　　　　　　　F. 标题中出现侵权

9. 请问表5-3中标题分别出现了什么类型的问题？请选出问题选项，并在标题中标注出来。

A. 含有非法字符　　　　　B. 侵权　　　　　　C. 与实际产品不符

D. 关键词堆砌　　　　　　E. 无以上问题

表5-3　产品标题示例

| 图片 | 标题 | 问题 |
|---|---|---|
|  | Free Shipping Pink 18m/6y Kids Girls Winter Clothes Beautiful Butterfly Printed Hello Kitty Baby Girls' Hoodies Brand and Jackets |  |
|  | Spring Autumn Baby Girl Dress Cotton Peter Pan Collar Dress Embroidery Flowers Long Sleeve Girls Clothes 2-6y Kids |  |
|  | White Baby Clothes Pink Girl Clothes Long Sleeve Children Clothes for Girls Kids Clothes Children Clothing New Arrival |  |
|  | Baby Girls Jacket Retail Brown Girl Coat Kids Brand High Quality Children Jacket Children Outwear Children Clothing |  |

第四步是图片设置，小王目前将目光集中于产品主图的设置。

10. 关于产品主图的设置，以下哪些选项是正确的？（　　　　）（多选）

A. 图片文件大小在10M以内　　　　B. 背景颜色可以为白色或纯色

C. logo可以放置在图片的任意角落　　D. 图片像素建议大于800×800

第五步是产品详情描述，小王已经学习了很多优秀店铺的详情页设置。

11. 一款优质的产品详情页应当包含哪些类型的内容？不应该出现哪些内容？（简答题）

_____

_____

除了以上5个基础步骤，小王还需要在丁经理的指导下学习如何给产品定价。产品定价对跨境电商销售的作用非常大，它关系到点击率、搜索排序，有时甚至会直接决定购买转化率的高低。一开始，小王上传产品都是根据丁经理给的产品信息表直接上传产品的所有信息。但是他对于各个产品的定价产生了疑问。每款产品的价格到底是怎么制定的呢？于是，小王及时向丁经理请教如何进行产品定价。以下是他目前掌握的产品定价的基础知识。

12. 常用的产品定价方法有：_____

_____

13. 以下哪些因素影响产品定价呢？（　　　）（多选）

A. 销售策略　　　B. 折扣率　　　C. 产品进价　　　D. 运费高低　　　E. 税率

F. 折扣率　　　G. 目标利润率　　　H. 市场竞争　　　I. 活动促销

为了检验小王对于产品定价的掌握程度，丁经理决定让小王完善手头这几个产品的定价信息，看看小王是不是理解了产品定价的基本方法。小王已经知道计算产品定价的基本公式为：

产品销售价格={[（产品成本价+运费）×（1+利润率）]/[（1－平台佣金）×预留打折]} / 当期人民币兑美元汇率

14. 请根据基本公式，给表5-4中的产品定价。

表5-4　产品定价信息

| 产品信息 | | 产品定价 |
|---|---|---|
| | 编号：M01<br>库存量：800<br>产品成本价：¥22/件<br>利润率：15%<br>平台佣金：5%<br>预留打折空间：8折<br>运费：¥12<br>当期汇率：USD 1 = RMB 6 | |
| | 编号：M02<br>库存量：1000<br>产品成本价：¥21.9/件<br>利润率：30%<br>平台佣金：5%<br>预留打折空间：6折<br>运费：¥12<br>当期汇率：USD 1 = RMB 6 | |
| | 编号：NW03<br>库存量：2000<br>产品成本价：¥28.5/件<br>利润率：20%<br>平台佣金：8%<br>预留打折空间：5折<br>运费：¥12<br>当期汇率：USD 1 = RMB 6 | |

小王顺利给出定价，得到了丁经理的赞许。初步掌握了产品上传的基础步骤，小王需要在接下来的时间里每天上传指定数量的产品，同时优化产品各个部分的信息。丁经理告诉小王，优化产品也是优化店铺的工作内容之一，而对于店铺本身的优化，丁经理则要求小王根据现有的优质店铺清单，观摩学习店铺装修。

## 二、拓展实训

（一）实训方式

学习者运用产品的发布详细步骤，以及优质标题制作的方法和流程，使用产品定价技巧独立完成一次产品上传和发布业务。

（二）实训步骤

1.选择产品标题关键词，撰写好优质的产品标题。

2.利用Excel表格计算产品平台销售价格，设定产品价格区间。

3.选择合格的产品图片，设置运费模板和服务模板，填写产品的属性，完善详情页描述，完成产品的上传和发布。

4.将上述成果撰写成一份实训报告。

5.制作PPT与同学们分享和讨论。

# 项目六　跨境电商的推广营销与处理订单

## 一、模拟实训

为了备战跨境电商平台下半年密集的活动，拓海贸易公司正开始计划各种营销推广活动。这天，丁经理找到小王，教导小王：抓住买家的消费心理，精心策划各种营销活动，是打开销路、推广店铺知名度的好办法。经过一番交谈，小王了解了开展营销活动的重要性。

1.请思考：为什么要开展各类营销活动？（　　　）

A. 增加流量，提高销量

B. 打造爆款，推广店铺知名度

C. 参加活动会让店铺显得很高端

2.接下来，小王开始学习如何进行店铺自主营销。店铺活动是指在店铺内搞的活动，这类活动可以吸引较多的流量，平台也会对参与活动的产品有所倾斜。首先，小王可以从店铺后台进行"营销活动"，在图6-1左侧选中_____。

图6-1　营销活动入口

3. 从图6-2可以发现，店铺活动包括（　　　　）。

A. 限时限量折扣　　　B. 全店铺打折　　　C. 店铺满立减　　　D. 店铺优惠券

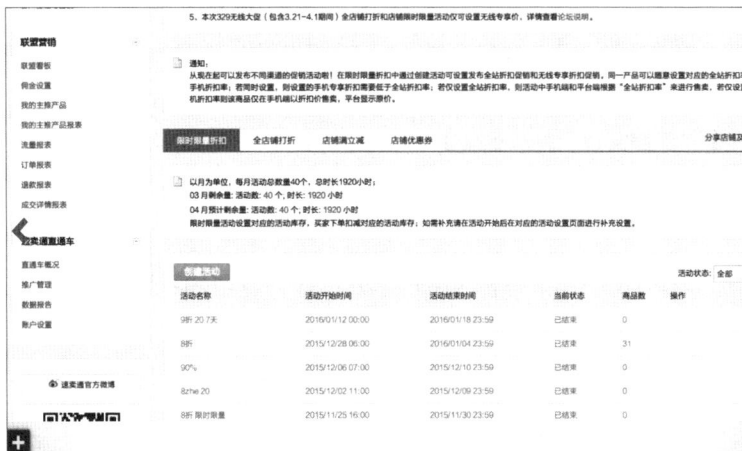

图6-2　店铺活动类型

4. 在这4个活动中，因为限时限量折扣比全店铺打折优先级别高，所以同一件商品同时存在这两种活动时，只会显示限时限量折扣。所以，以下说法正确的是：（　　　　）。

A. 已参加限时限量折扣的商品，可以再参加全店铺打折活动

B. 同时参加限时限量折扣和全店铺打折活动，全店铺打折活动不起作用

C. 同时参加限时限量折扣和全店铺打折活动，限时限量活动不起作用

D. 当限时限量折扣结束，如商品有全店铺打折活动，系统不会自动更新到全店铺打折活动

5. 小王开始设置限时限量折扣活动，首先，需要选择产品，小王一次性可以选_____款商品（见图6-3）。

图6-3　限时限量折扣活动产品选择界面

6. 选中商品后，小王需要设置打折商品的折扣率和限购数量等信息（见图6-4）。根据公司定价规则和利润要求，选中商品的打折力度为7折，限购数量为每人2件，所以需在后台填入折扣率_____，限购_____。

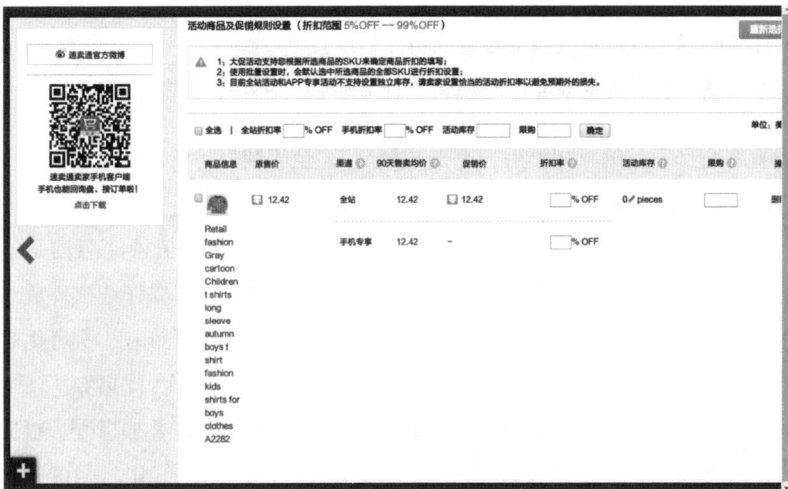

图6-4　活动商品及促销规则设置界面

设置好限时限量折扣后，小王又继续学习操作全店铺打折，全店铺打折往往是和限时限量活动一起做联合营销的。

7. 第一步，进入后台，选择全店铺打折（见图6-5）。这次的全店铺打折是为了配合平台举办的圣诞节活动，所以活动名称可以命名为_____，活动开始时间_____，活动结束时间_____。

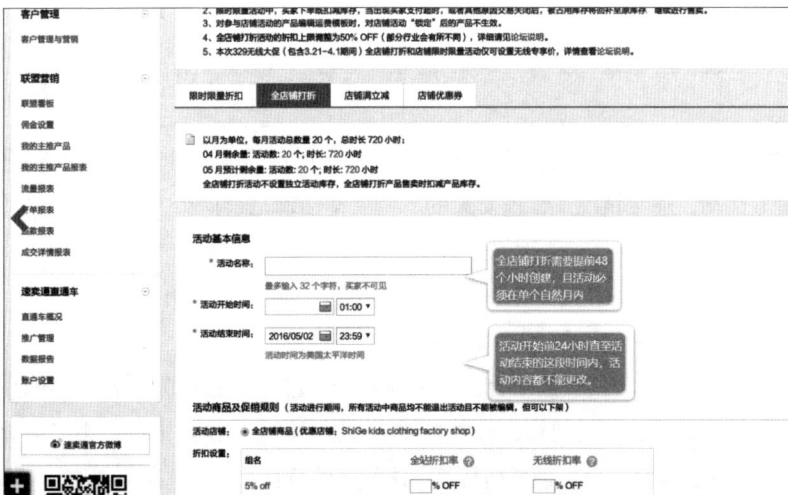

图6-5　店铺打折活动设置界面

8. 第二步，根据商品属性，设置所有商品的折扣率，关于折扣力度的设置，请判断以下说法是否正确。

（1）全店铺打折，需要所有商品设置为一个折扣。 （ ）

（2）全店铺打折是不设置库存的。 （ ）

（3）任何时候都可以更改活动设置的折扣力度。 （ ）

（4）全店铺打折需要提前48小时创建，且活动必须在单个自然月内。 （ ）

9. 设置好全部商品的折扣率后，点击"提交"，全店铺打折活动就完成了。可以点击活动详情检查具体促销情况。

同时，小王跟着赵经理学习了店铺满立减和优惠券活动。值得注意的是，优惠券和满立减活动可以叠加，所以当多种营销方案组合在一起时，需要仔细核算成本，免得多种优惠叠加下，商品亏本买卖。速卖通平台的规定是：买家下单时，所有优惠计算顺序为：单品级别优惠折扣＿＿＿店铺满立减＿＿＿店铺优惠券＿＿＿平台优惠券＿＿＿平台满立减（填写"＜"或"＞"）；以上所有优惠都满足的情况下买家可叠加享受。根据以上的知识，当拓海贸易在圣诞期间设置了"满200减20的满立减活动"和"满100减10的优惠券"，那么当买家消费200美元时，最终只需支付多少美元？说说你是如何计算得出的？

_____

_____

10. 为了加深小王对各种营销方案叠加使用的理解，赵经理加大了难度，考了一道更复杂的问题。店铺设置了满999减130，还有满100减10的可叠加优惠券。那么如果买家购物金额是1000美元整，请问最终成交价是多少美元？如果买家购买的商品都是已经降价20%的商品，且成本占折前售价的65%，请问是否赔本？说说你的看法。

_____

_____

11. 掌握了店铺自主营销活动外，小王在赵经理的指导下，还学习了如何报名参加速卖通的官方活动，通常情况下，速卖通的一些大型活动是根据买方市场的主要节日来定的，欧美市场的主要节日都有哪些呢？（ ）

A. 母亲节 　　　B. 2月14日情人节 　　　C. 10月1日国庆节

D. 5月1日劳动节 　　E. 1月1日新年

12. 俄罗斯市场作为速卖通平台重要市场之一，它的文化和节日也需要好好的了解。有些俄罗斯节日按照公历时间算，有些则按照俄历时间算，经过准备，小王掌握了俄罗斯市场的一些重要信息。依据俄罗斯特有历法而定的节日有（ ）。

A. 红帆节 　B. 俄罗斯国庆节 　　C. 俄历新年 　　D. 桦树节 　　E. 劳动节

13. 专属于俄罗斯的节日有（      ）。

A. 红帆节          B. 松树节          C. 新年          D. 胜利日

接下来，拓海贸易有限公司可以根据公司商品的属性和需求，选择速卖通的平台活动，平台活动一般分为_____、_____和_____3种。其中速卖通平台的常规营销活动包括_____、_____、_____和_____；平台大促活动一年有_____、_____和_____等。

14. 那么请你谈谈与其他平台常规营销活动相比，Gaga deals的特点是什么？

_____

_____

15. 付费营销可以分为联盟营销和直通车推广两种类型，关于联盟营销，最重要的就是佣金的设置，比如拓海贸易有限公司的主营产品属于孕婴童类，该类目的佣金比例为3%~5%，考虑到推广力度及已有利润空间，小王选择了_____的佣金比例，并且一次性选择了上限数量为_____的几款产品为主推产品（见图6-6）。

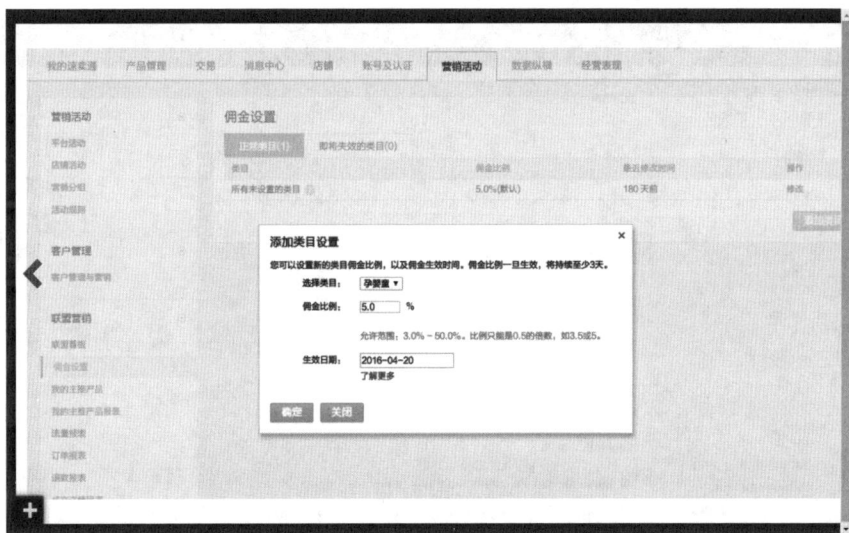

图6-6　佣金设置界面

16. 同时，小王了解到，联盟营销虽然可以随时申请退出，但退出后的____天内，通过联盟营销产生的订单仍然按照当时设定的佣金比例来收费。而且退出联盟营销后，____天内不能再次加入。所以何时加入联盟营销、何时推出联盟营销都需要慎重考虑。并且，联盟营销中不能随时更改主推产品，而是在每月的_____、_____和_____才会重新调整。

17. 除了联盟营销，直通车推广也是一种重要的付费营销手段。在这个过程中，出价往往是最重要的一个环节，所以理解实际点击扣费是很重要的。举例来说：

针对同款产品，其他公司的出价为：1.4、1.8、2.1、2.0、1.9元；拓海贸易公司的出价为2.3元，请问：拓海贸易有限公司的出价可以排第几名，以及实际的点击扣费是多少？你对于联盟营销有什么好的建议吗？谈谈你的看法。

_____

_____

18. 接下来，小王需要正式操作直通车，进入直通车后台后，点击左上角的_____，选择需要新建的计划类型，一般有_____、_____、_____3种；选择合适的计划类型后，就需要选择关键词了，获取关键词的途径，都有哪些呢（见图6-7）？（　　　　）

A. 速卖通的数据纵横里的搜索词

B. 搜索引擎网站

C. 目标地区的节日相关词

D. 留意国内的流行趋势词

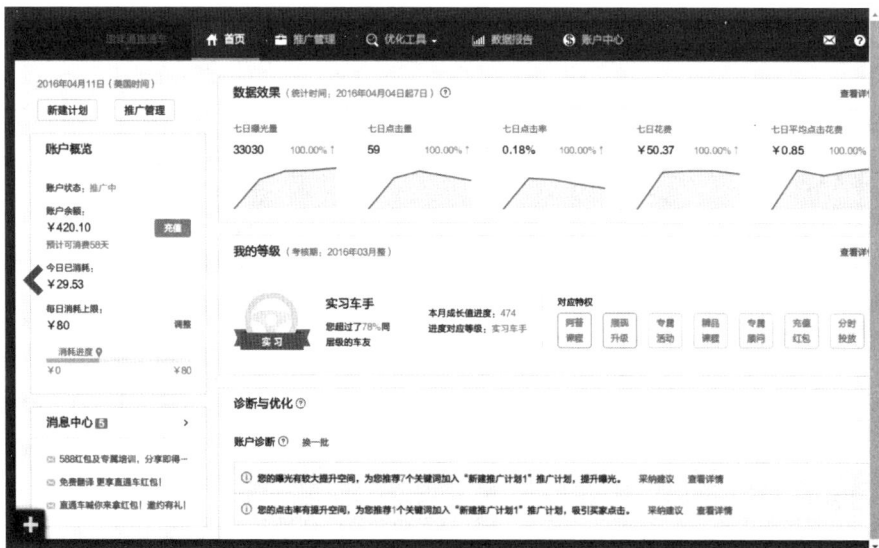

图6-7　直通车后台界面

19. 选择出合适的关键词并出价后，直通车推广中还有一步极其重要，那就是每日消耗上限的设置。通过查看设置好的直通车活动，点击_____按钮，如图6-8所示，就可以开启每日消耗上限了，并根据数据分析，在图6-9中填入合适的每日消耗上限。

图6-8 进入每日消耗上限设置界面

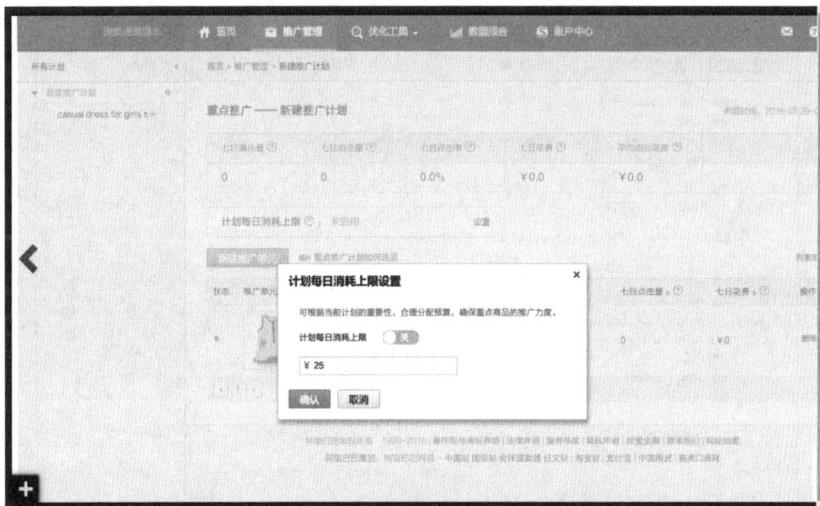

图6-9 设置每日消耗上限

20. 营销推广的目的是为了促使客户下单，而客户下单后及时跟进处理订单也是极其重要的。接下来，小王将跟着丁经理好好学习如何处理各种状态下的订单。

在所有订单中，及时处理已付款的订单尤为重要，因为尽快发货意味着尽早到位，这会提升客户满意度，获得买家五星好评。而发货方式通常分为"线上发货"和"线下发货"两种。经过了解，小王对两种方式做了了解，发现通常情况下，"线上发货"和"线下发货"存在以下不同之处，请填空：

选货代方面：_____物流市场江湖险恶，大小货代鱼龙混杂，_____拥有速卖通官方认可的优质物流才能入驻。

谈折扣方面：速卖通保障_____卖家拥有专属合约价，发1件也便宜，_____则会使运费折扣谈得很辛苦。

付运费方面：_____支持速卖通收款账户美元支付运费，_____则是现金付运费压力大。

时效方面：由于上网时间不稳定，_____的时效没保证，_____则有上网快、时效快等优点。

赔付方面：_____投诉理赔好轻松，_____赔付时间长，赔付少。

21. 丁经理肯定了小王的努力，同时丁经理补充说：这只是大致情况，其实线下发货和线上发货各有优势，很多大的卖家也会选择长期合作的货代进行线下发货，因为有时候线下物流报价更有优势。但有一点要记住，发货时的物流方式，一定要选择客户下单时选择的物流方式，不可随意更换物流方式。如图6-10所示，订单中客户选择的是哪种物流方式？（　　）

A. ePacket　　　　　B. DHL　　　　　C. China Post　　　　　D. EMS

图6-10　订单物流信息

22. 通过查看订单详情，小王联系了DHL物流公司进行线下发货，并获得以下信息，现请大家把这些信息填到速卖通后台正确位置（见图6-11），保证客户第一时间看到物流信息。

物流信息：

订单号：74821647382457

物流服务名称：快速 DHL

货运跟踪号：1007928891

货品来源地：Zhejiang

出口国：China

目的国：United States

发货状态：全部发货

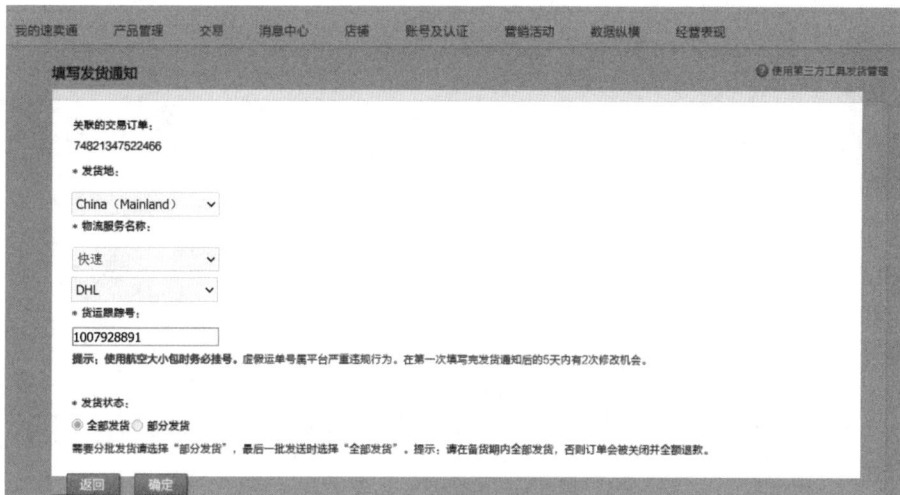

图6-11 填写发货通知单界面

23. 在填写发货通知页面，小王发现发货状态有"部分发货"和"全部发货"两种状态，在请教了丁经理后，小王明白了两者的区别，请判断下面关于"部分发货"和"全部发货"说法是否正确：

（1）如果订单只有一个包裹，一个运单号，选择"全部发货"。　　　　（　　）

（2）如果是有2个或多个包裹，多个运单号，选择"全部发货"。　　　　（　　）

（3）如果是有2个或多个包裹，多个运单号，那第一个运单号选择"部分发货"，最后一个运单号选择"全部发货"。　　　　（　　）

24. 掌握了线下发货流程后，小王开始练习线上发货实操。线上发货一般有4个步骤，请大家按照时间先后把下面4步按顺序填好。

（　　　）——>（　　　）——>（　　　）——>（　　　）

A. 在线创建物流订单

B. 在线选择物流商

C. 交货给物流商

D. 在线支付运费

线上发货时，关键一步就是及时创建物流订单。下面请大家根据所给的信息，创建物流订单。

**物流服务名称：** 标准 China Post Registered Air Mail（中国邮政挂号小包）

订单号：74821347522466

货运跟踪号：RF098321454CN

发货地址：江苏省

物流方式：China Post Registered Air Mail

交货地点：上海仓

包裹尺寸：20cm★15cm★20cm

包裹重量：0.16kg

申报金额：US $3

申报重量：0.2kg

不含锂离子电池

发货状态：全部发货

国内快递：中通

国内物流运单号：715120869233

图6-12　物流信息

图6-13　包裹信息

## 二、拓展实训

### （一）实训方式

学习者通过已注册的速卖通账号，完成一次店铺自主营销活动，包括限时限量折扣、店铺优惠券等免费营销推广活动；进行一次平台报名活动（账号达到一定等级的学习者可参与）；完成一次联盟佣金的设置；进行一次直通车的付费推广，熟悉直通车的各种规则。通过以上实训，学习者可以较为全面地认识和体验速卖通平台的各项营销推广方法。

### （二）实训步骤

1. 完成在本章中所涉及的各种营销推广任务，熟悉操作流程。
2. 查看营销推广后店铺的曝光量、访客数、购买率和订单转化率等指标的变化。
3. 检验营销活动开展的实时效果，对照检查自身是否已具备了平台营销推广的基本知识和能力，在哪些方面还存在不足。
4. 将上述成果撰写成一份实训报告。
5. 制作PPT与同学们分享和讨论。

# 项目七　跨境电商客户维护及纠纷处理

## 一、模拟实训

与客户的良好沟通应该贯穿售前、售中和售后，在完善回答客户问题的同时，要保证言语亲切、自然、热情。通常情况下，售前沟通包括：买家询问产品信息、催促下单、库存不足、买家砍价、断货和推广新产品。接下来这段时间，拓海贸易有限公司的丁经理指导职场新人小王如何正确维护跨境电商客户。

1. 这一天，小王（英文名：Peter）收到了一封客户询问是否有库存的邮件，如果有货该如何回复比较好呢？（　　）

A.

Dear friend,

Thank you for your inquiry. We have this item in stock. If you want, we will arrange shipment for you as soon as possible.

Sincerely,

Peter

B.

Hello,

We have this item in stock. If you want, please place your order as soon as possible.

Sincerely,

Peter

C.

Dear friend,

Thank you for your inquiry. We have this item in stock. If you want, we will arrange shipment for you as soon as possible. Thank you.

Sincerely,

Peter

2.通常客户下单后，卖家可能需要频繁联系客户，比如提醒尽快付款、提醒物流问题、告知已发货等。所以售中的沟通也是很重要的。下面，请将下面这封邮件补充完整。

Dear friends,

_____; however, _____. This is a friendly reminder to you to complete the payment transaction as soon as possible. Instant payments are very important; the earlier you pay, _____.If you have any problems making the payment, or if you don't want to go through with the order,_____, _____.

Thank you!

Best regards,

Peter

A. please let us know

B. the sooner you will get the item

C. we noticed you that haven't made the payment yet

C. We appreciated you purchase from us

E. We can help you resolve the payment problems or cancel the order

3.如已按时寄出商品，则需要拓海贸易有限公司将物流单号等信息告知客户，下面这封邮件就是小王近期发出的，请补充完整。

Dear friend,

Thank you for shopping with us, we have shipped out your order (order ID:6933563440910) on Mar. 15th by EMS. (      ). (      ), but please check the tracking information for updated information. (      ). If you have any further question, (      ).

Sincerely,

Peter

A. Thank you for your patience

B. The tracking number is EA035467836BE

C. Please feel free to contact me

C. It will take 5~10 workdays to reach your destination

4.有时候，客户还会咨询一些与关税相关的问题，下面这份邮件就是小王在丁经理的指导下回复税费相关问题的邮件，请补充完整。

Dear friend,

Thank you for your inquiry and (　　). I understand that you are worried about any possible extra cost for this item. (　　), import taxe falls into two situations.

First, (　　), it did not involve any extra expense on the buyer side for similar small or low-cost items. Second, (　　), buyers might need to pay some import taxes or customs charges even when their purchase is small. (　　), please consult you local customs office.

(　　).

Sincerely,

Peter

A. As to specific rates

B. Based on past experience

C. I am happy to contact

D. I appreciate for your understanding

E. In some individual cases

F. In most countries

5.完成一笔订单并不是买家下单、卖家发货了，就算结束，售后阶段的服务同样至关重要。通常而言，售后服务通常包括4块内容：物流问题、退换货问题、催评、海关通关，此外还有一些特殊情况。

首先，我们先匹配下以下4封邮件的问题。

（1）We were informed package did not arrive due to shipping problems with the delivery company. 　　　　　　　　　　　　　　　　　　　　　　　　　　（　　）

（2）Your shopping experience is very importan to us and our business. We would like to invite you to leave positive feedback on our products and service. 　　　　（　　）

（3）Due to the Spain and Italy Custome are much stricter than any outher Europe Countries, the parcels to these two Countries often meet "customs inspection". 　（　　）

（4）If you are not satisfied with the products, you can return the goods back to us. （　　）

6.在了解售后阶段有可能会遇到的问题后，接下来小王就开始正式处理这些邮件。下面这份是小王回复退换货问题的邮件，请大家补充完整。

Dear friend,

(    ). (    ). (    ). We hope to do business with you for a long time. (    ).

Best regards,

Peter

A. When we receive the goods, we will give you a repalcement or give you a full refund

B. We will give you a big discount in your next order

C. I'm sorry for the inconvenience

D. If you are not satisfied with the products, you can return the goods back to us

7. 有一个订单买家收货后还未评价，小王就发了如下这份邮件，请大家补充完整。

Dear friend,

If you are (    ), we sincerely hope that you can take some of your precious minutes to leave us a positive (    ) and four 5-star Detailed Sellegr Ratings, which are of vital importance to the (    ) of our small company.

(    ), PLEASE DO NOT leave us 1,2,3,or 4-star Detailed Seller Ratings because they are equal to (    ). Like what we said before, if you are not satisfied in any regard, please tell us.

Best regards,

Peter

A. negative feedback

B. satisfied

C. growth

D. comment

E. Besides

8. 俄罗斯一个客户咨询并下单了一款儿童女裙，在这个过程中，该客户想要10%的折扣，并且咨询了进口税等问题，作为公司客服的小王均耐心回复了，同时及时告知快递单号（EA024797863BE），在对方确认收货后，第一时间给客户发邮箱，请求其给予一个五星好评，得到五星好评后，小王认为他已经完成了全流程，再也没有联系过该客户。请同学们分析该过程中小王哪些地方做得到位，还存在哪些可以改进的地方？并请尝试撰写案例中提到的英文沟通的邮件。

_____

_____

_____

_____

_____

## 二、拓展实训

（一）实训方式

熟悉B2C平台中的速卖通、亚马逊、Wish三大平台的特点、功能板块以及具体的操作流程。

（二）实训步骤

1. 选择速卖通、亚马逊、Wish三大平台，了解不同平台跨境客户的特点，熟悉各平台客户沟通的方法和操作步骤，比较异同。

2. 选择三大平台中的任意一个平台，跟进某一客户，要求与其建立起良好的合作关系。

3. 根据自己的分析撰写一份实训报告。

# 项目八　跨境电商支付

## 一、模拟实训

这段时间，丁经理带着小王熟悉拓海贸易有限公司的收款及资金管理流程，首先需要了解速卖通店铺的资金管理流程，如图8-1所示。

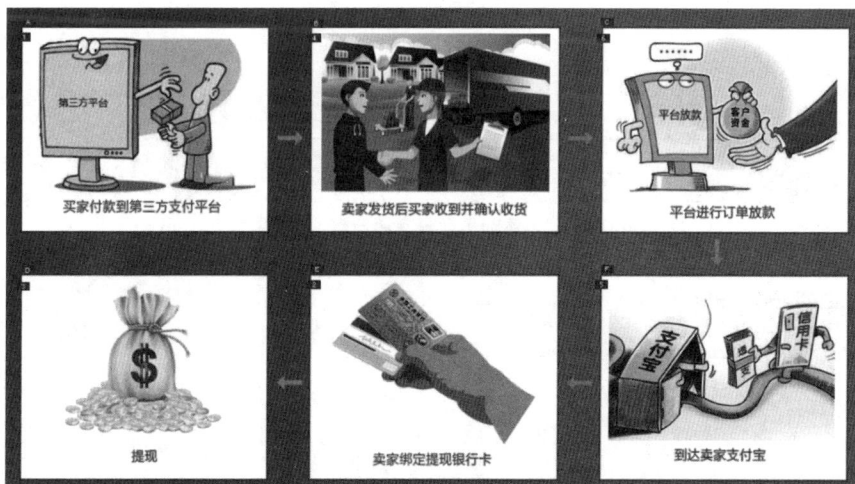

图8-1　速卖通资金管理流程

掌握了速卖通的收款流程，接下来小王准备完成速卖通账户及支付宝国际账户的资金管理设置。下面是赵经理给的一些资料。

身份号证：321162★★★★★★★2210

手机号：138★★★★2385

支付宝账号：411★★★552@qq.com

国际支付宝密码：103869

中国工商银行账号1: 621226★★★★★★32495953

中国工商银行账号2: 6212★★★★★★65213205

账户名：林江昊(LIN JIANG HAO)

速卖通账户绑定银行账户：

中国工商银行账户1: 62122★★★★★★2495953

Swift Code(BIC or Institution name): ICBKCNBJ

开户城市：南京(NAN JING)

首先，根据书本内容，找到速卖通账户后台，然后添加美元提现银行账户信息（见图8-2），再添加人民币提现银行账户信息（见图8-3）。

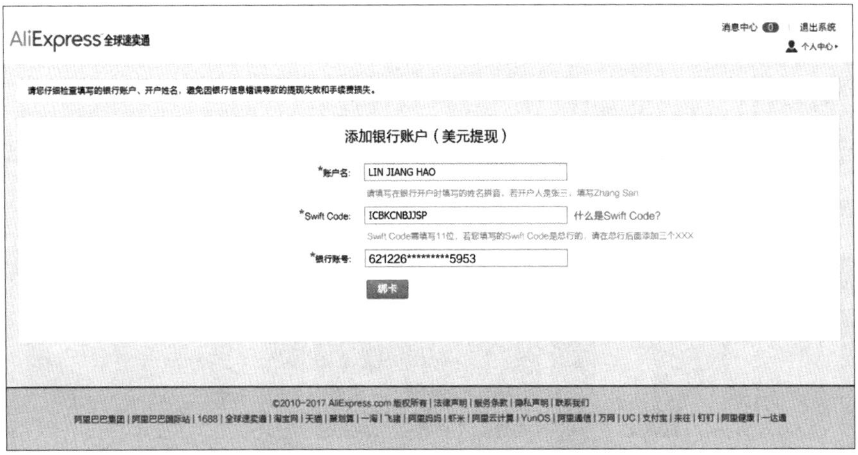

图8-2 添加美元提现银行账户信息

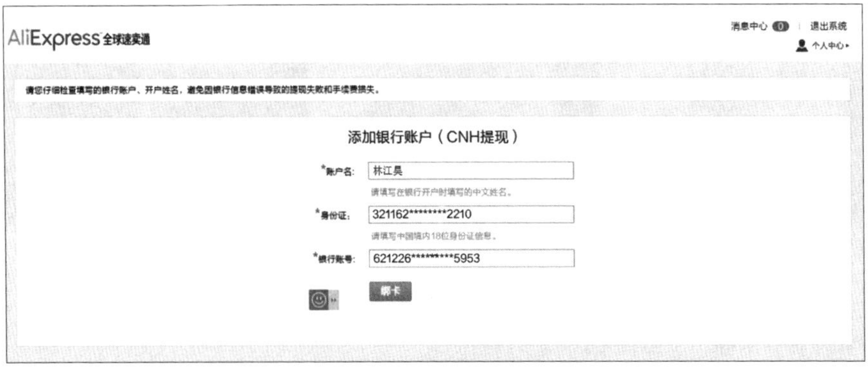

图8-3 添加人民币提现银行账户信息

在实操过程中，赵经理为了加深小王对跨境支付的印象，出了几个题目考验他。

1. 请思考：关于第三方平台处理订单款项时，你觉得卖家发货后多久会放款？（　　）

A. 发货3天后　　B. 发货7天后　　C. 发货15天后　　D. 需考虑综合情况

2. 关于评估订单放款时间，下列说法是否正确：

（1）速卖通平台根据卖家的综合经营情况（例如好评率、拒付率、退款率等）评估订单放款时间。　（　　）

（2）最快放款时间为发货后1天后。　（　　）

（3）买家保护期是指买家确认收货后30个工作日内。　（　　）

（4）有可能在买家保护期结束后立即放款。　（　　）

（5）账号关闭的，且不存在任何违规违约情形，则在发货后180天放款。　（　　）

3. 最后，小王已经提交了账户信息，并且第三方平台也放款后，拓海贸易有限公司就可以选择提现了，提现可以用人民币提现，也可以用美元提现，关于两者，有何区别呢？

_____

_____

4. 结合书本中关于支付宝和PayPal的介绍，你如何看待这两家跨境支付公司，他们各自有哪些优势和不足？如果让你是其中一家的CEO，你会选择哪家？为什么？

_____

_____

## 二、拓展实训

（一）实训方式

熟悉PayPal、支付宝国际账户等常见的跨境电商支付手段。

（二）实训步骤

1. 注册PayPal账户，并使用账户进行收款和提现等操作。

2. 注册速卖通账户，并使用账户进行收款和提现等操作。

3. 根据自己的分析撰写一份实训报告。

实训手册参考答案